BOOSTER son ANGLAIS PROFESSIONNEL

Éditions Eyrolles
61, bd Saint-Germain
75240 Paris Cedex 05

www.editions-eyrolles.com

Maquette et mise en pages : Florian Hue

© Éditions Eyrolles, 2020

ISBN : 978-2-212-57264-3

Elvis BUCKWALTER, Patricia LEVANTI
Sous la direction de Joselyne STUDER-LAURENS

Accueillir, pitcher, présenter, animer, négocier, piloter...

BOOSTER son ANGLAIS PROFESSIONNEL

Les clés
pour bien communiquer
dans toutes les situations pro,
à l'écrit comme à l'oral

Éditions
EYROLLES

Sommaire

Présentation

L'anglais s'est imposé depuis de nombreuses années comme la langue de la communication professionnelle. Mais, au-delà de la pratique de la langue elle-même, c'est en fait l'ensemble de la pratique professionnelle qui s'est totalement transformé. En effet, la mondialisation des entreprises a créé de nouvelles organisations, de nouvelles pratiques et de nouvelles procédures souvent inspirées du modèle anglo-saxon (« *reporting* », « *business model* », « *debriefing* »…). De plus, les réseaux ont contribué à généraliser la diffusion et l'utilisation de concepts professionnels ainsi que la communication qui les accompagne (« *pitch* », « *confcall* »…). De ce fait, la manière de travailler a profondément changé et l'outil que l'on utilise (l'anglais professionnel) est lui aussi très éloigné de ce qu'il était il y a une quinzaine d'années.

C'est ce qui a motivé notre projet. Nous avons voulu rendre compte de ces changements, aussi bien dans la manière de **communiquer à l'intérieur de l'entreprise que dans ses relations avec l'extérieur.**

Nous proposons donc une double approche, méthodologique et linguistique. Nous sommes partis de situations types que l'on peut rencontrer sur le terrain où le savoir-faire professionnel et la pratique de la langue sont des facteurs clés de succès (présenter un cahier des charges, un plan d'action, ou encore animer un réseau commercial). Pour chaque situation, nous proposons **un mode d'emploi de bonnes pratiques et de l'anglais professionnel.**

Cette méthode est issue de notre expérience sur le terrain, à la fois au sein de l'entreprise et dans l'enseignement de l'anglais spécialisé **business**. Nous avons pris le parti d'utiliser comme référence l'anglais américain qui est de plus en plus utilisé au niveau professionnel à l'international.

Bien communiquer avec des collègues étrangers, des partenaires ou votre hiérarchie internationale est souvent un enjeu de taille. Cela nécessite de savoir comment se préparer à une situation donnée et de maîtriser une pratique de l'anglais très ciblée.

De même, véhiculer une image positive de votre entreprise auprès des clients, des prestataires, des fournisseurs et vous exprimer avec précision sont une garantie de qualité et de sécurisation de votre activité.

Ce « *tool book* » (livre outil) se compose de **fiches de situations** organisées autour des principales actions menées dans des contextes professionnels en entreprise, aussi bien à l'écrit qu'à l'oral.

Chaque tête de chapitre est représentée par **un verbe d'action** auquel se rattache **une série de fiches de situations**. Ces situations couvrent aussi bien la vie et les fonctions de l'entreprise en interne que les relations avec des interlocuteurs extérieurs.

Chaque chapitre commence par **une revue des finalités visées par la thématique proposée**, afin de clarifier les progrès que peut réaliser le lecteur en fonction de ses objectifs professionnels.

La structure de chaque fiche est toujours la même, afin de permettre au lecteur un apprentissage plus structuré et un meilleur confort d'utilisation.

Chaque situation donne lieu à **des conseils pratiques, présente les étapes de l'activité ainsi que les expressions clés et le vocabulaire nécessaires** pour bien communiquer en anglais. On trouve dans chaque fiche **un exemple d'application écrite** de la situation traitée ainsi qu'**un dialogue oral, assorti d'expressions typiquement anglo-saxonnes**. Tous les pièges sont décryptés afin d'en finir avec les fautes d'anglais que font quasiment tous les francophones (faux amis, prononciation, tournures de phrases…).

Chaque fiche se termine par **un glossaire** qui vient compléter le vocabulaire utilisé dans les scripts audio et les documents écrits.

Cet ouvrage contient également un **mémento d'anglais** axé sur les principales difficultés de l'anglais professionnel. Celui-ci propose, sous forme synthétique, des outils complémentaires centrés sur les erreurs de prononciation, d'accentuation, d'intonation, de grammaire et de vocabulaire, ainsi que des tableaux d'aide à la prononciation, de présentation des faux amis et des *phrasal verbs* (verbes à postpositions qui changent le sens initial du verbe) utiles dans un contexte professionnel. Ce mémento reprend également les règles de communication écrite et l'étiquette de la communication « business ».

Grâce à un QR code, vous pourrez retrouver sur **le site internet d'Eyrolles** l'intégralité des supports écrits du manuel ainsi que des modèles complémentaires. **Toutes les applications écrites sont téléchargeables** et transformables immédiatement selon vos besoins. **Tous les fichiers audio des dialogues oraux présentés dans le livre peuvent être également téléchargés** afin de mémoriser les expressions qui vous seront utiles. Voir section **« Comment accéder aux compléments en ligne »** en fin d'ouvrage.

Comment utiliser ce « *tool book* » ?

À la différence d'un livre classique, vous pouvez utiliser les thèmes abordés dans le sommaire au gré de vos besoins et sans ordre particulier.

Chaque fois que vous devez vous préparer à une situation nouvelle dans le cadre professionnel, que ce soit en interne ou en externe, à l'écrit ou à l'oral, retrouvez cette thématique dans le livre.

Pour une application écrite : lisez le chapitre et identifiez le vocabulaire et les mots clés dans le glossaire à la fin du chapitre. Puis téléchargez le ou les document(s) nécessaire(s) à votre intervention et adaptez le contenu à vos propres besoins.

Pour une application orale : assimilez les aspects méthodologiques et identifiez les phrases clés utiles à la réalisation de votre mission. Adaptez-les ensuite à vos propres besoins. Écoutez les dialogues pour mémoriser des expressions particulièrement utiles.

Cette méthode vous permettra de gagner en confiance et en efficacité professionnelle, d'optimiser votre temps de préparation de situations nouvelles (donc mal maîtrisées) et d'améliorer votre aisance et votre authenticité dans la pratique de l'anglais professionnel.

Un dernier conseil, glissez-le dans le tiroir de votre bureau et utilisez-le tous les jours !

Accueillir

Au début d'une relation professionnelle, il est nécessaire de réserver un accueil à des individus et/ou à des délégations. Il s'agit d'un premier contact téléphonique ou physique – et très souvent les deux – avec des visiteurs venus de l'extérieur de l'entreprise. C'est ce que l'on appelle l'« accueil externe ». Dans d'autres cas, lorsqu'on accueille des collaborateurs ou des partenaires qui connaissent l'entreprise ou qui en font déjà partie, on parle de l'« accueil interne ». Quoi qu'il arrive, les enjeux de l'accueil sont importants et doivent s'adapter en fonction de la personne (ou des personnes) à accueillir pour les aider à trouver ce qu'elles sont venues chercher.

Or, l'attention que l'on porte à l'organisation de cet accueil est importante, car c'est la première impression que l'entreprise laisse aux visiteurs ; elle représente une vitrine de celle-ci dans son fonctionnement, sa philosophie et son efficacité.

Bien qu'un accueil en langue anglaise demande une préparation supplémentaire en amont du « jour J » et constitue une difficulté supplémentaire, les objectifs restent les mêmes :

- savoir recevoir un visiteur à l'oral et à l'écrit, par téléphone et/ou en face à face de manière pertinente et professionnelle ;
- adapter l'accueil aux besoins du visiteur en fonction de son rôle (collaborateur interne/partenaire commercial/fournisseur étranger, etc.) ;
- mettre à l'aise un visiteur et prendre en compte sa demande et la raison de sa visite ;
- assister le visiteur pour qu'il obtienne ce qu'il est venu chercher (informations/documents/échantillons/signature d'un contrat, etc.) ;
- laisser une bonne première impression qui facilitera de futurs échanges entre les visiteurs et l'entreprise.

Fiches de situations du chapitre

Des correspondants au téléphone

Contexte

La prise en charge d'un appel entrant en anglais est primordiale pour une entreprise qui travaille à l'international, que ce soit pour l'accueil d'un client, d'un fournisseur, d'un prestataire, d'un partenaire, ou encore de collaborateurs internes. Cet accueil doit suivre des étapes bien précises afin de véhiculer une image professionnelle de l'entreprise, de traiter correctement la demande de l'interlocuteur et d'éviter des pertes de temps inutiles.

À l'oral

Il faut tout d'abord permettre à l'interlocuteur de savoir qu'il a bien en ligne l'entreprise et/ou la personne qu'il souhaite joindre et faire en sorte qu'il se sente le bienvenu. Ensuite, identifiez rapidement l'interlocuteur afin d'adapter votre communication. Tout au long de l'appel, on doit se montrer réactif et être à l'écoute de ses demandes et de ses attentes. Enfin, avant de terminer l'appel, vérifiez bien les informations et assurez-vous d'avoir réalisé l'objet de l'appel. L'objectif est également de laisser une impression favorable de soi et de l'entreprise.

Suivre une chronologie logique tout en s'adaptant à son interlocuteur.

1. Introduce yourself	1. Se présenter
ABC company, good morning!	Tout d'abord énoncer clairement le nom de l'entreprise.
After-sales **department**, can I help you?	Puis le service – « *department* » ou « *division* » s'utilise pour la structure dans l'entreprise et « *service* » pour une prestation de service.
Jane Rolson, good morning!	S'il s'agit d'une ligne directe, vous déclinez votre identité, **toujours le prénom suivi du nom** comme en français.

2. Identify the caller

Could you give me your name, please?

Could you **spell** your name, please?

Oh sorry! I've **mispronounced** your name!

Could you **remind me again of** your company's name, please?

Could you give me your **full details**, please?

3. Be aware of the subject

What can I do for you?
May I ask what your call's about, please?
Could you tell me **what it's about**, please?

4. Transfer a call

So, I'll put you through to Mr. Calvert of the sales department. His direct line is **01 23 54 89 65, one moment please, good-bye.**

5. Understand the caller's expectations

I'm sorry, Mrs. Jones is **currently away on business**. She'll be back **by** the beginning of next week, would you like to leave a message or **would you rather** call her back on Monday?

6. Take a message

Would you like me to take a message?

So, let me read it back.

Mr. Charles Osborne has called to **postpone** the appointment of February 15th at 3 pm. Could it be **rescheduled** to Friday 17th, same time?

Fine, **I'll make** sure she gets your message **as soon as she comes back.**

2. Identifier l'interlocuteur

Ne pas confondre « *surname* » ou « *first name* », le prénom, et « *last name* », le nom de famille. Quant au surnom, il se dit « *nickname* » en anglais !

Le verbe « *to spell* » veut dire « **épeler** » à l'oral et « orthographier » à l'écrit.

Le préfixe « *mis* » a toujours le sens négatif de quelque chose de mal fait, ici « **écorcher le nom de quelqu'un** ».

Ne pas confondre « *to remind again of* » pour répéter une information et « *to remind of* » pour rappeler quelque chose à quelqu'un.

Attention « *details* » dans ce contexte veut dire les coordonnées.

3. Connaître l'objet de l'appel

Attention à utiliser un ton agréable car parfois cette question peut être mal perçue par le correspondant.

what is it about? = Quel est l'objet de votre appel ?

4. Transférer un appel

Attention à **ne pas oublier le « *to* »** qui permet d'indiquer le transfert vers le destinataire. On épelle toujours les numéros de téléphone **chiffre par chiffre**. On peut dire également « *Hold on please* ». Ne pas dire « *Bye bye* » qui est familier.

5. Comprendre les attentes de l'interlocuteur

Attention à « *currently* » qui veut dire « actuellement ». « *To be away on business* » est une autre façon de dire « *on a business trip* », c'est-à-dire en voyage d'affaires. « *Would you rather* » est synonyme de « *would you prefer* ».

6. Prendre un message

On peut également utiliser « *note* » pour message. Relisez le message pour vérification.

Synonymes de « *to postpone* » : « *to delay, to put off.* » « *To reschedule* » : reprogrammer. Attention à la concordance des temps : on ne peut pas avoir le futur après « *as soon as* » et « *when* ».

💬 Exemple de dialogue n° 1

LEAVING A MESSAGE

- Switchboard operator: XYZ Corporation, can I help you?
- David: Hello, David Gelin speaking from ABC. **Could you put me through to** Mrs. Jones, please?
- Switchboard operator: Yes, **hold on please**!
- Miss Caldwell: Mrs. Jones' office, Olivia Caldwell, **can I help you?**
- David: Hello, Miss Caldwell, I'm David Gelin, from ABC. I'd like to talk to Mrs. Jones, please.
- Miss Caldwell: Oh, I'm sorry; **Mrs. Jones is having a meeting**, would you like to call back this afternoon?
- David: Well, **I'll be held up at a meeting myself**…
- Miss Caldwell: Would you like to leave a message?
- David: Yes, please tell her that our appointment next week has to be put off. We need to agree on a new date. I'll send her an e-mail with different options.
- Miss Caldwell: Well, let me check in her diary… She's available on Tuesday and Thursday.
- David: Fine, then I'll mention these dates in my e-mail. Thank you very much Miss Caldwell.
- Miss Caldwell: You're welcome, sir. Good-bye.
- David: Good-bye.

Les expressions idiomatiques du dialogue

Could you put me through to…?	Pouvez-vous me passer… ?
Hold on please!	Ne quittez pas !
Can I help you?	Que puis-je faire pour vous ?
Mrs. Jones is having a meeting.	Mme Jones est en réunion.
I'll be held up at a meeting myself.	Je serai moi-même retenu à une réunion.

À l'écrit

Un rendez-vous professionnel doit toujours être confirmé par e-mail. Il vaut mieux faire court tout en montrant que l'on attache de la valeur à cet entretien.

E-mail de confirmation de rendez-vous

To: Janis-Openhauer@CBA.com
From: Thomas-Calvert@ABC.com
Date: June 18, 2020
Subject: Our appointment of next week

Dear Mrs. Openhauer,

We are pleased to confirm our appointment **scheduled** on Thursday 24 June at 2 pm at your head office in Paris.

We would appreciate this opportunity **to go through** your requirements and understand your expectations in terms of quality.
Looking forward to meeting you,
Sincerely,
Thomas Calvert
ABC Sales Manager

Les rendez-vous sont chronophages et parfois difficiles à obtenir. Il faut justifier l'intérêt d'un tête-à-tête et avancer jusqu'à l'accord final.

Il faut éviter de se montrer trop pressant pour prendre un rendez-vous commercial.

Présenter le rendez-vous comme une opportunité positive pour son interlocuteur et lui laisser diverses possibilités.

1. Suggest a meeting

As **I'm planning to** be in Brussels next week, we'll have **a chance** to study our offer in detail.

1. Proposer un rendez-vous

I'm planning to = j'envisage de, j'ai l'intention de…
to have a chance = avoir l'occasion (syn. *opportunity*).

2. Highlight the objectives

As the deadline is very close, this appointment will allow us **to review** the main terms of the contract and finalize our project.

2. Insister sur les objectifs

to review = faire le point.

3. Leave the initiative of the date

Well, which date would suit you best?

Would you be **available** this week?
Would you prefer Tuesday or Wednesday next week?
What time would you prefer next Thursday?
What about next Friday at 10 am?

3. Laisser l'initiative de la date

Eh bien, quelle date vous conviendrait le mieux ?
On utilise :
which quand le choix est limité ;
what quand le choix n'est pas restreint.
available = disponible.
Proposez différentes alternatives pour amener votre interlocuteur à une décision
« *What about…?* » = Que diriez-vous de… ?

4. Confirm the appointment

So, we've **agreed to** meet **on** the 24th of June **at** 4 pm, **at** your head office.

4. Confirmer le rendez-vous

Attention « *to agree* » = tomber d'accord, accepter.
Bien spécifier : la date (*on* devant la date), l'heure (*at* devant un horaire) et le lieu (*at* devant les noms communs de lieux).

💬 Exemple de dialogue n° 2

MAKING AN APPOINTMENT

— Mrs. Jones: Mrs. Jones speaking!

— David: Hello Mrs. Jones, David Gelin speaking from ABC!

— Mrs. Jones: Hello Mr. Gelin, **nice to hear from you!** Thank you for your e-mail.

— David: Oh Mrs. Jones, I'm so sorry about the cancellation of our appointment last week!

— Mrs. Jones: That's alright; to be honest I was quite busy as well!

— David: So, would you be available for a meeting on Thursday, as mentioned in my e-mail?

— Mrs. Jones: Oh, that will do perfectly, **the only point is** that I'll have to leave my office at 6 pm sharp, so any time in the afternoon will suit me.

— David: Wonderful! What about 3 pm at your office?

— Mrs. Jones: That'll be fine. I will have time to study the survey you sent me.

— David: Great, then I'll see you on Thursday 25th of May at 3 pm.

— Mrs. Jones: That's right, Mr. Gelin, thank you for your call.

— David: Good-bye.

— Mrs. Jones: Good-bye!

Les expressions idiomatiques du dialogue

Nice to hear from you!	Heureuse de vous entendre !
The only point is that…	La seule chose c'est que…

 GLOSSAIRE

(to) go through: passer en revue, examiner – *We need to go through all the technical discrepancies* – Nous devons passer en revue toutes les anomalies techniques.

looking forward to meeting you: dans l'attente de vous rencontrer – *We look forward to a continued and close collaboration* – Nous avons hâte de poursuivre notre étroite collaboration.

(to) schedule: programmer/planifier – *The new product launch was scheduled for next spring.* Le nouveau lancement de produit était programmé pour le printemps prochain.

survey: sondage – *The market study required we do a survey of the new territory.* L'étude de marché prévoyait que nous fassions un sondage sur la nouvelle zone.

▶ Pour aller plus loin, voir les fiches 46 et 47

Un visiteur dans ses locaux

 **Contexte**

L'accueil est la première impression que l'on donne à un visiteur externe ou interne à l'entreprise. Afin de réserver un accueil de bonne qualité en anglais, il est nécessaire de prendre en compte le contexte de la visite et de bien préparer celle-ci avec un vocabulaire adapté et des phrases clés sous la main.

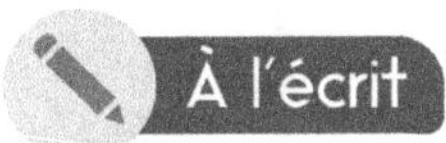 **À l'écrit**

Le message écrit reprend les informations essentielles à l'organisation du rendez-vous : les dates, les horaires et les lieux.

Il est souvent utile de joindre un plan d'accès, une plaquette de l'entreprise ou un dépliant.

Enfin, il convient d'adopter un ton courtois et professionnel.

E-mail d'invitation pour la visite d'une entreprise

To: Ann-Marie Wright
From: Salomon Kooper
Date: January 15, 2021
Subject: Tour in February

Dear Mr. Kooper,

It was a pleasure speaking with you last Friday about your interest in our company. We are very much looking forward to your **upcoming** visit of our new **headquarters** in Brighton next month.

My assistant, Shannon, and I will come meet you at the **reception desk** on February 7th at 9:30 am, after which, we will proceed with a **tour** of our production unit, call center and logistics **department**.

As a reminder, here is our address:

124 Southover Street
Brighton BN2 9UD
United Kingdom

In preparation of your visit to our **premises**, I am **enclosing** a **map** of our campus as well as the **corporate brochure**.

Please do not hesitate to contact me for any questions or further information you might require.

Best regards,
Ann-Marie Wright
CEO
Acme Widgets Company, Ltd.
+44 1034 500 2397
Enc.: - Map of premises
- Corporate brochure

 **À l'oral**

Les trois premières minutes sont essentielles dans la perception que votre interlocuteur aura de vous. Donc, veillez à vous présenter de manière professionnelle et exprimez-vous de manière claire et concise.

L'objectif est de mettre à l'aise votre visiteur, de lui proposer de le débarrasser de ses affaires. N'hésitez pas à lui proposer un rafraîchissement.

Enfin, il faut accompagner, bien orienter son visiteur et l'informer régulièrement du déroulement de la visite.

Visualiser et répéter la première rencontre pour être plus efficace.

ɪ. First contact

Hello Mr. Hines, it's a pleasure to meet you/nice to **meet you.** (first contact)

Hello James, it's a pleasure to see you again (second meeting, or more).

Hello James, it's **nice** to see you again.

Hello Mr. Hines, **I'm happy** to meet you, finally.

Hello James, it's great to get together!

How are you?

How have you been?

What have you been up to?

ɪ. Premier contact

Pour un premier rendez-vous, il est usuel d'utiliser le titre de la personne à accueillir :

« *Mr.* » (*Mister*) ou « *Mrs.* » (*Missus*) pour le premier rendez-vous.

Dès la deuxième rencontre, vous pourrez utiliser le prénom de votre interlocuteur, sauf si le visiteur est à un niveau hiérarchique supérieur au vôtre.

C'est super de se retrouver !

La question « *How are you?* » en anglais est le plus souvent posée afin de saluer, et ne nécessite pas une réponse du type : « *I have had a really hard day today, but it's getting better.* »

2. Make your visitor feel at ease

Can I take your coat?

May I take your umbrella?

Would you like some tea/coffee/water?

How do you take it? **Black?** With **cream** or **sugar?**

Let me show you around.

If you need to use the **restroom**/the **bathroom**/the **toilet,** (it's) right over there.

2. Mettre à l'aise votre visiteur

À noter que « *may* » est plus soutenu que « *can* ».

black = sans sucre
Avec sucre : il faut préciser le nombre de morceaux, « *one/two cubes* ») ; avec lait : « *white* » UK/« *with cream* » US.

Je vous fais visiter.
to show someone around = faire la visite **à quelqu'un**

Les toilettes = the *bathroom*, the *restroom*, the *water closet/WC*, the *lavatory*, the *washroom*, the *ladies' room*, the *men's room*, the *facilities. The **toilet*** (uniquement en anglais britannique).

3. Making small talk	**3. Conversations informelles**

Introductory remarks

How was your trip?

Did you find your way alright?

Did you have any problems getting here?

Giving compliments

I really like your shoes, they are quite original.

It was a pleasure exchanging with you over e-mail.

Your glass frames are quite stylish, where did you get them?

Finding common ground

So I heard that you know Jessica, from the Marketing department?

Where are you from? Cincinnati? My mother-in-law is from there.

I've been to your company's headquarters several times, do you know Mr. Jackson?

Pour briser la glace

Le « *small talk* » sert à détendre l'atmosphère et à briser la glace. Il s'agit d'une brève discussion pour mieux comprendre l'humeur de son interlocuteur et trouver des points communs.

Un petit compliment

Il sert à mettre en valeur son interlocuteur et à lui donner de l'importance. Pour faire un compliment à quelqu'un, l'essentiel est de rester sincère… Éviter la flatterie, car cela s'entendra.

Trouver un point en commun

Des collègues que vous connaissez mutuellement peuvent vous donner un point de repère en commun pour briser la glace/lancer une conversation.

Des villes que vous avez visitées tous les deux, ou des locaux de la même entreprise mais dans un endroit différent, peuvent servir de point de départ.

ATTENTION : C'EST LA PREMIÈRE IMPRESSION QUI COMPTE !

- Prendre connaissance de la bonne prononciation du nom de la personne à accueillir.
- Mettre à disposition un plan du lieu/des locaux à visiter, si besoin est.
- Regarder son locuteur dans les yeux, sans le fixer.
- Soigner son apparence, sourire.
- Parler clairement avec confiance et de façon audible.
- Se renseigner sur les codes de comportement culturels.

Exemple de dialogue n° 3

MAKING A SMALL TALK WITH A VISITOR

— Stephanie: Hello Mr. Hines, it's a pleasure to see you again! How have you been?

— James: Hello Stephanie. James. I'm fine, thank you very much. And you?

— Stephanie: I'm good, thanks. Why don't I take your coat, it's a little warmer inside than out.

— James: Oh, yes, of course! Here you go… thank you. That's so kind of you. Here, let me give you my umbrella, too, if you don't mind? Right?

— Stephanie: Sure, no problem… So, did you have a good trip? It was raining in London, too, wasn't it? I guess you didn't even have to put away your umbrella during the flight!

— James: That's for sure, well equipped, as always! Yes, **it has been raining cats and dogs** for the last several days. Then, an annoying **little spittle**, but it is supposed to let up towards the end of the week.

— Stephanie: Well, let's hope so. Here, **let me show you around**. The restrooms are over on the left, and here is your visitor's badge, which will give you access to the site.

Les expressions idiomatiques du dialogue

It was raining cats and dogs.	Il pleuvait des cordes.
There was a little spittle.	Il pleuv(i)otait.
Let me show you around.	Je vous fais visiter.

 GLOSSAIRE

corporate brochure: plaquette institutionnelle – *Please have the printers send out the new corporate brochures to our suppliers.* Veuillez demander aux imprimeurs d'envoyer les nouvelles plaquettes institutionnelles à nos fournisseurs.

department: service (d'une entreprise) – *Could you tell me how to get to the human resources department?* Pourriez-vous m'indiquer le chemin pour aller au service des ressources humaines ?

(to) enclose: joindre – *Please find enclosed last year's balance sheet.* Veuillez trouver ci-joint le bilan financier de l'année dernière.

headquarters: siège social – *Our company headquarters are located in Warsaw.* Le siège de notre entreprise se trouve à Varsovie (« *headquarters* » est toujours au pluriel).

map: plan/plan d'accès – *If you need a map of the campus, we will gladly send you one by e-mail.* Nous vous enverrons par e-mail un plan d'accès au site si vous en avez besoin.

premises: locaux – *Our CFO will meet you on the premises of our subsidiary in London.* Notre directeur financier vous donnera rendez-vous dans les locaux de notre filiale à Londres. (notez que « dans les locaux » se traduit par « *on the premises* »).

reception desk: la réception (physique) – *Mrs. Johansson is waiting for you at the reception desk.* Mme Johansson vous attend à la réception.

small talk: conversation informelle – *We began with some small talk before entering into negotiation.* Nous avons d'abord discuté un peu avant d'entamer la négociation.

subject: objet (e-mail) – *I asked Jason to put "Bill Collection" in the e-mail's subject line.* J'ai demandé à Jason de mettre « Recouvrement : Facture » dans l'objet de l'e-mail.

tour: visite – *I would love to give you a tour of our new office space!* Je serais ravi de vous faire visiter nos nouveaux locaux !

upcoming: à venir – *Please keep me informed of any upcoming events.* Merci de me tenir au courant des événements à venir.

▶ Pour aller plus loin, voir la fiche 31

Un visiteur sur un salon

 **Contexte**

L'accueil d'un visiteur sur un salon professionnel est compliqué du fait de deux principaux écueils : être trop passif et laisser passer un contact potentiellement intéressant ou se montrer trop pressant et faire fuir le visiteur. L'objectif est donc d'entrer en contact de façon douce en essayant de découvrir, par des questions ouvertes, ce que recherche le visiteur.

 **À l'écrit**

Il importe de montrer que l'on tient à la venue de son interlocuteur et d'insister sur l'intérêt que cela peut représenter pour lui.

E-mail d'invitation sur un salon

To: Mrs. Maria Lopez
From: Rick Duncan
Date: June 15, 2021
Subject: Invitation to visit our booth

Dear Mrs. Lopez,

I was pleased to meet you at the conference about event management in San Diego last week. Your business of **wedding planner** is particularly **in line with** our activity.
As agreed, I am enclosing an invitation to visit our booth during the Designer Show in Palm Springs next August. You will have the opportunity to admire our original wedding accessories, **trendy bride and groom apparel** as well as our full range of top quality gems and jewelry.
I would be delighted to welcome you and show you around. If you are interested to see any particular products, please let me know and I will put them **on display**.
I really hope you will be able to join us during this amazing trade show, one of the best in our sector.
Looking forward to meeting you there!

Best regards,
Rick Duncan
Sales Manager

 **À l'oral**

Là encore, une bonne préparation est essentielle. Il faut disposer d'une documentation adaptée, installer un stand dynamique et aller à la rencontre des visiteurs, sans agressivité.

Le visiteur attendra de vous que vous maîtrisiez le vocabulaire produit. Votre objectif sera d'obtenir des informations et de préparer la suite à donner à ce premier contact.

Prendre l'initiative en posant des questions
et identifier rapidement les points d'intérêt du visiteur.

1. Welcome the visitor

Hello! I represent ABC company, can I help you?
David Gelin, ABC. **Anything I can do?**

If I can help you in any way, **please let me know.**

1. Accueillir le visiteur

Anything I can do? = Puis-je vous aider ?

Please let me know = N'hésitez pas à me solliciter.

2. Discover who the visitor is

May I ask which sector are you specialized in?

Are you **familiar with** this technology?
Do you already use this kind of **equipment**?

2. Découvrir l'identité du visiteur

May I = registre plus poli.

to be familiar with = bien connaître.

equipment = du matériel et non pas *material* (des matériaux).

3. Investigate their needs

What do you know about our **offering**?

Which part of **our display** are you interested in?

This is our **latest** range.
Would you like more information about this model?

Are you considering replacing your current pool?

3. Valider son besoin

offering = l'offre globale des produits, mais *offer* = l'offre commerciale.

our display = les produits exposés.

latest = la toute dernière, la plus récente.

Envisagez-vous de remplacer votre parc actuel ?

4. Offer some literature

We have some **leaflets** here for your information.

Let me give you our **company brochure.**

Here is our catalogue and **the data sheet.**

4. Proposer de la documentation

leaflet = dépliant, brochure.

company brochure = plaquette de la société
corporate brochure = plaquette du groupe.

data sheet = fiche produit – syn. : *specification sheet*.

5. Highlight your product strengths

This new functionality allows increasing **the output by 20%.**

Spare parts can be replaced easily.

Customization is included in the **standard offer.**

5. Attirer l'attention sur les points forts

output = la production (volume produit)

by 20% = de 20 % – toujours *by* pour les variations (*to increase by, to decrease by*).

spare parts = pièces détachées/de rechange. Attention jamais *pieces* pour des pièces mécaniques – *pieces* = morceaux, unités.

standard offer = offre de base.

<table>
<tr><td>

6. Present the price

Our price-list is valid **throughout** the show.

</td><td>

6. Présenter le prix

price-list = tarif produit. Attention car *tariff* se traduit souvent par « tarif douanier ».

throughout a deux sens : temps = pendant toute la durée de, espace = dans toute la zone (*throughout Europe*).

</td></tr>
<tr><td>

We'll be offering **a 10% discount** on all orders placed during the exhibition.

</td><td>

a 10% discount = une remise de 10 %.

</td></tr>
</table>

Quelques mots clés sur les salons

Amenities	Équipements, aménagements
Booth/stand	Stand
Complimentary services	Prestations gratuites
Exhibition/show	Salon
Exhibitor	Exposant
Fair	Foire
Outreach wish list	Vœux de prise de contact
Premium location	Emplacement de premier choix
Press kit	Dossier de presse
Press release	Communiqué de presse
Show guide/directory book	Annuaire du salon
Showroom	Salle d'exposition
To showcase	Présenter les produits sur un salon
Venue	Lieu du salon
Visitor/attendee	Visiteur

Exemple de dialogue n° 4

WELCOMING A VISITOR TO A BOOTH

— David Gelin: Hello ma'am, well this is our latest range.

— Visitor: **I'm just looking around;** I've just arrived.

— David Gelin: Nice to meet you, David Gelin, Sales Manager. Where are you from?

— Visitor: Colorado Springs. Colette Braun, nice to meet you too.

— David Gelin: Great town! When I was there last year, I visited "The Garden of the Gods", how wonderful!

— Colette Braun: **This is one of our major landmarks.**

— David Gelin: Definitely. When I was in Colorado Springs, I noticed that there was a very innovative sector in military IT applications.

— Colette Braun: True, I work for one of them, XYZ Corporation.

— David Gelin: What is your specialty?

— Colette Braun: Satellite communications.

— David Gelin: Oh you're an expert, then! Well, if you have any question about our range of transistors, I'm here to help! Is there anything you'd like to know about our products?

| I'm just looking around. | Je fais juste un tour. |
| This is one of our major landmarks. | C'est l'un de nos principaux emblèmes. |

 ## GLOSSAIRE

bride and groom apparel: vêtements de mariés – *Bride and groom apparel have become more and more original.* Les vêtements de mariés sont devenus de plus en plus originaux.

in line with: en rapport/en phase avec – *Our new collection is in line with the current market trends.* Notre nouvelle collection est en phase avec les tendances du marché.

on display: exposé, en exposition – *Our whole new range is on display today at our showroom.* L'ensemble de notre nouvelle collection est exposé aujourd'hui dans notre showroom.

trendy: à la mode – *Customized sneakers are very trendy this year.* La personnalisation des baskets est très tendance cette année.

wedding planner: organisateur de mariage – *In order to develop our market share, we could sign a partnership with a leading wedding planner.* Afin de développer notre part de marché, nous pourrions signer un partenariat avec un organisateur de mariage important.

▶ Pour aller plus loin, voir la fiche 17

Un partenaire

 **Contexte**

Aujourd'hui, de nombreuses entreprises développent leur activité via des partenariats, comme les joint-ventures, les alliances, les contrats cadres ou d'externalisation.

Une confiance mutuelle est la clé d'un partenariat réussi dans le monde des affaires, c'est pourquoi la façon de recevoir un partenaire dans les locaux de l'entreprise donne le ton de votre collaboration présente et future. Un accueil chaleureux basé sur le respect mutuel ne pourra qu'engendrer un partenariat dynamique et fructueux. En revanche, un manque de préparation dans l'accueil d'un partenaire ne fera que donner une image non professionnelle de votre société et sera susceptible d'entraîner la fin de la coopération.

Ainsi, la préparation en amont de l'accueil d'un partenaire est la règle d'or. Faites des recherches et tâchez de représenter votre entreprise le mieux possible, son avenir en dépend !

 **À l'écrit**

L'e-mail d'invitation doit être succinct et concis. Il comportera toutes les informations nécessaires pour que l'invité trouve son chemin facilement jusqu'au lieu de l'invitation en citant l'heure, l'endroit précis (bâtiment, adresse, plan d'accès) sans oublier de demander une confirmation. Pour ce dernier, il existe des outils qui permettent à l'invité d'accepter l'invitation facilement en cliquant sur un lien hypertexte.

E-mail d'invitation d'un partenaire

To: Dr. Dan Drake
From: Tiffany Carter
Date: January 15, 2021
Subject: Invitation to visit our company

Dear Dr. Drake,
I hope you have been well since our last meeting at the 12th Annual Automobile Show in Reno.
My team and I would like to invite you to our board meeting on March 4th, 2021 in order to discuss our future partnership.
The meeting will be held on our **company's campus** in the Bacon Building, 3rd floor, Northfield, MN, 55057.
You will find the meeting agenda in the enclosure, which includes **areas** in which both our companies can make synergies.
Please **RSVP** before February 15th, 2021 by replying to this e-mail directly or, if you prefer, click on this link.

Best regards,
Tiffany Carter

 **À l'oral**

Il est important de mettre en valeur la fiabilité de l'entreprise, les points forts du produit pour le partenaire et de tester son intérêt par des questions.

Le premier contact est crucial !

Être crédible et créer un climat de confiance.

1. The first words

Hello John! **Nice to see you again!**

How was your flight?

Let me take your coat.

1. Les premiers mots

Ne pas confondre avec « *nice to meet you* » que l'on utilise uniquement la première fois.

How was your flight? = Comment s'est passé votre vol ?

Je prends votre manteau.

2. Offer a drink

You must need some tea or coffee after your **journey**.

2. Proposer une boisson

journey = un voyage (faux ami).

3. Present the program

I **suggest** going around our showroom where our latest collection is **on display**.

There I'll have the opportunity to say a few words about our **organization** and activity.

Then we'll go to our plant for a visit, **it's only a five-minute drive**.

After this busy morning I'll be pleased to invite you **to** lunch.

This afternoon, we'll discuss **the draft agreement**.

3. Présenter son programme

On ne met jamais *you* après *to suggest*.

on display = exposé.

organization s'utilise de plus en plus pour désigner une entreprise.

It's only a five-minute drive = c'est à 5 minutes en voiture. Attention pas de *s* à *minute*, c'est un adjectif composé avec un trait d'union.

Attention à la préposition, ni *at* ni *for*.

the draft agreement = un projet de contrat.

Attention *a draft* = une traite.

! ATTENTION : POUR UN PRODUIT OU UN SERVICE, N'UTILISEZ PAS LES MÊMES TERMES !

- Pour un produit : *product* (produit), *customer* (client), *supplier* (fournisseur) et *price* (prix).
- Pour un service : *service* (prestation), *client* (client), *provider* (fournisseur) et *rate* (prix).

Les types de clients/partenaires

Distributor/Dealer	Distributeur
Partner	Partenaire (terme générique)
Intermediary/middleman	Intermédiaire (général)
Trading company	Société de négoce
Broker	Courtier
Importer	Importateur
Agent	Agent
Licensee	Licencié
Franchisee	Franchisé

Exemple de dialogue n° 5

WELCOMING A PARTNER

— David: Hello Kate, how are you? It's nice to see you again! **Still on the move?**

— Kate: Yes, I'm in Europe for 2 weeks!

— David: How is the hotel?

— Kate: Oh it's perfect, very close to the town center.

— David: Great. Denis Lambert, our CEO, will join us this afternoon, **he asked me to give you his regards** and to tell you that we really appreciate your interest in our joint project. We trust it will ensure ongoing growth for both our firms in the near future. There are many synergies to be enhanced between our products and technologies.

— Kate: **Definitely!** Our board has decided to validate further discussions and I'm convinced that we could build a strong and profitable partnership. You know, as I'm planning to be in Paris for a week, I'll ask you to give me the best advice to make the most of my stay in your wonderful city.

— David: Sure! What are your interests, history, gastronomy, art?

— Kate: Well a bit of everything! There are so many great places! I read that the Louvre museum is open on evenings twice a week and I'd like to visit the palace of Versailles, too.

— David: True, it's an opportunity to visit the museum at night but you have to select what you want to see, it's so huge! I'll send you a link where you can be aware of the different galleries open to the public. As for the palace of Versailles, it's worthwhile visiting during the weekend.

— Kate: I'll plan my visits accordingly. That's very kind of you! Thank you.

— David: So here is our program for today. First we'll have a look at our new collection; **I'd like to have your feeling**. Then I'll introduce you to our designers and the marketing team. After that **you will be my guest for lunch**. This afternoon we'll visit the **production facilities** and meet Denis Lambert at the head office at about 4 pm.

— Kate: Fine, I'm looking forward to it!

Expressions idiomatiques du dialogue

Still on the move?	Toujours par monts et par vaux ?
He asked me to give you his regards.	Il m'a demandé de vous transmettre ses amitiés.
Definitely!	Absolument !
I'd like to have your feeling.	J'aimerais avoir votre avis.
You will be my guest for lunch.	J'aimerais vous inviter à déjeuner.

GLOSSAIRE

area: domaine – *The CEO is not really competent in that area.* Le PDG n'est pas vraiment compétent dans ce domaine.

company's campus: le site de l'entreprise – *Our new company's campus is being erected in Florida.* Le nouveau site de notre entreprise est en construction en Floride.

production facilities: site de production – *The new production facilities were inaugurated last month.* Le nouveau site de production a été inauguré le mois dernier.

(to) RSVP: confirmer un rendez-vous – *Mr. Shiroko wasn't sure whether she was coming because she didn't RSVP.* M. Shiroko ne savait pas si elle venait car elle n'a pas confirmé sa présence.

▶ **Pour aller plus loin, voir les fiches 15, 23 et 31**

Un collaborateur

 **Contexte**

Il est assez courant aujourd'hui, dans les entreprises internationales, d'avoir à accueillir un collègue venant d'une autre entité du groupe dans un autre pays. Il faudra le faire en anglais et se montrer à la fois professionnel et sympathique afin que le collaborateur étranger se sente à l'aise et prenne rapidement ses marques.

 **À l'écrit**

Un e-mail sera envoyé au futur collègue afin de lui donner les premières informations relatives à son arrivée, lui montrer qu'il est attendu et le rassurer sur son intégration dans ce nouveau contexte professionnel.

E-mail d'accueil d'un collaborateur étranger

To: Pepita Rosario
From: Jean-Pierre Ferré
Date: May 13, 2021
Subject: Welcome to Paris!

Dear Pepita,

The whole marketing team is **eager** to meet you next week here in Paris!

I will personally pick you up at the airport on Monday, I think you will recognize me!

Then I will drive you to your hotel for **check-in,** but it's only for the first week, your flat will be ready within 10 days. You may need the rest of the day to **recover from** the jet lag and unpack your luggage.

On Tuesday, we have organized a **greeting party** with the team for breakfast at about 8:30 am. You will have the opportunity **to get to know** your new colleagues and introduce yourself. This will be followed by a tour of the division so that you can find your way rapidly and meet other teams. We will have lunch with the marketing director, Elsa Riley, to respond to your questions and make you **feel at home**. A meeting has been scheduled at 2:15 pm to review your major assignments and **get down to work!**

Feel free to ask me any questions or give me a call. See you soon!

Best regards,

Jean-Pierre

 À l'oral

Afin de créer une ambiance chaleureuse, il est important de montrer que l'on est heureux de l'accueillir et que l'on a pris soin de bien le connaître. Cela permettra de personnaliser rapidement la relation.

L'objectif est d'encourager son autonomie et de faciliter son intégration en lui donnant toutes les infomations utiles.

Être enthousiaste et lui montrer que vous allez l'aider à trouver sa place rapidement.

1. Show that you are satisfied

Good morning, Mr. Lester!

Welcome **to ABC**!

1. Montrer sa satisfaction

Utiliser la préposition **to** et non *in* ou *at*.

2. Introduce yourself

I'm David Gelin, Sales Manager.

2. Se présenter

Pas d'article quand on se présente mais on dira « *He's a Sales Manager* ».

3. Break the ice

Please call me David!

So you managed to find us all right?

Did you have a good trip?

I'm glad you enjoyed it!

Let me take your coat.

Can I get you something to drink?

3. Briser la glace

to manage to = réussir à.

Ne pas confondre *to have* (auxiliaire sans *do*) et *to have* (avec *do*, ex. : *to have lunch, to have a meeting*…).

Can I get you? = Puis-je aller vous chercher ?

4. Tell the person what is going to happen

First, I'll introduce you to our **CEO**, Mr. Jean Bernier.

Then you'll meet with your team, they **are looking forward to seeing you**!

After that, I'll show you around so that you get to know the premises.

4. Lui dire ce qui va se passer

CEO pour *Chief Executive Officer* (PDG).

to look forward to + verbe en *-ing* = être impatient de.

Ensuite, je vais vous faire visiter afin de vous familiariser avec les locaux.

5. Introduce the person to a colleague

John, I'd like you to meet our finance manager, Johanna. Johanna, this is John Lester, our new **business engineer**.

5. Lui présenter un collègue

On ne dit jamais *financial manager*.

business engineer = ingénieur d'affaires.

! ATTENTION : ON ADAPTE SON COMPORTEMENT AUX CODES CULTURELS LOCAUX !

- On présente sa carte de visite devant soi des deux mains au Japon.
- On serre la main d'un Américain et on le regarde dans les yeux.
- Un Indien doit être accueilli par un supérieur hiérarchique.
- À la deuxième rencontre, pas de poignée de main mais un simple salut pour les Anglais et les Américains.

💬 Exemple de dialogue n° 6

WELCOMING A NEW COLLEAGUE

— David: Hello Kate, how are you? It's nice to see you again! **I'm sorry I had you wait! Did you find your way easily?**

— Kate: Yes, it was quick although **the traffic was quite busy** but **it was freezing cold** when I disembarked!

— David: Well, I'm sure you'll get used to the climate after a while. **It's a bad spell you've got to get through. Aren't you jet-lagged** as you're coming straight from the airport?

— Kate: Not yet, but I'm afraid the afternoon **will take forever!**

— David: We'll leave on the dot at 5 pm or even sooner and I'll take you to your hotel, **it's a stone's throw away, only 4 km away as the crow flies.** Jenny, our sales manager, **is on her way**, she'll join us in my office. Can I get you something to drink?

— Kate: Yes, please, a hot coffee would be wonderful!

— David: I have an espresso machine in my office. I'm so glad to have you on our team! Our impatriation department has found a very nice flat close to our Neuilly branch, it will be available next month, but you can visit it tomorrow to see if you like it.

— Kate: She has sent me some pictures. It seems perfect!

— David: Oh great! Here is Jenny! Jenny, come and meet our new project manager, Kate Morgan. Kate, this is Jenny Williams, our sales manager.

— Jenny: Nice to meet you, Kate, and welcome to our head office! Please call me Jenny!

— Kate: I'm so pleased to meet you at last! I've heard a lot about you.

— Jenny: Oh, thank you Kate!

Les expressions idiomatiques du dialogue

I'm sorry I had you wait!	Désolé de vous avoir fait attendre !
Did you find your way easily?	Avez-vous trouvé facilement ?
The traffic was quite heavy.	Il y avait beaucoup de circulation.
It was freezing cold!	Il faisait un froid de canard !
It's a bad spell you've got to get through.	C'est un mauvais moment à passer.
Aren't you jet-lagged?	Souffrez-vous du décalage horaire ?
It will take forever.	Cela va durer une éternité.
It's a stone's throw away.	C'est à un jet de pierre.
As the crow flies.	À vol d'oiseau.
She is on her way.	Elle est en route.

 ## GLOSSAIRE

check-in: enregistrement d'arrivée – *Do you prefer to check in at the hotel first?* Est-ce que vous préférez passer d'abord à votre hôtel pour l'enregistrement dès votre arrivée ?

eager: impatient – *The team is always eager to see the results of a new product launch.* L'équipe est toujours impatiente de connaître les résultats du lancement d'un nouveau produit.

(to) feel at home: se sentir à l'aise – *Please make sure that your new colleague feels at home as soon as possible.* Merci de faire en sorte que votre nouveau collègue se sente à l'aise le plus tôt possible.

(to) get down to work: se mettre au travail – *Now that we have completed the presentation of our department, let's get down to work!* Maintenant que nous avons terminé la présentation de notre service, mettons-nous au travail !

(to) get to know: faire connaissance – *The aim of this cocktail is for all employees to get to know the newest team members.* L'objectif de ce cocktail, c'est que tous les employés fassent connaissance avec les nouveaux collaborateurs.

greeting party: fête de bienvenue – *A greeting party will be organized once a month to welcome newcomers.* Nous allons organiser une fête de bienvenue chaque mois pour accueillir les nouveaux arrivants.

(to) recover from: se remettre de – *Your journey must have been quite exhausting, you will need a whole day off to recover.* Votre voyage a dû être épuisant, vous aurez besoin d'une journée complète de repos pour vous en remettre.

▶ **Pour aller plus loin, voir la fiche 13**

Les participants à un événement

Contexte

Les entreprises sont souvent amenées à organiser des événements marketing, commerciaux ou de management. Ceux-ci peuvent s'adresser aussi bien à des collaborateurs en interne (séminaire annuel, formation) qu'à des partenaires, clients ou investisseurs, par exemple. C'est une situation de communication pure et toute l'image de l'entreprise est en jeu, il faut donc s'y préparer soigneusement. Il faut garder à l'esprit que l'anglais est une langue beaucoup plus joviale et décontractée que le français, même si on doit bien sûr adapter sa communication selon le public auquel on s'adresse. Dans le cas d'un événement interne, le style sera plus informel que lorsque l'on reçoit des personnes extérieures.

À l'écrit

On enverra une invitation aux participants de l'événement en temps utile afin qu'ils puissent se libérer et on leur communiquera toutes les informations nécessaires à leur participation, sans oublier de valoriser l'importance de leur présence.

Mémo d'invitation à une formation interne

To: All **department heads**
From: Livio Romano – Training Manager
Date: October 4, 2021
Subject: Re: Seminar 3443 – "Improve **team building**"

Participation to above-referenced in-house training

1. Please note that your **attendance** is requested to this training seminar, taking place on October 26, 2021, from 9 am until 5 pm. As explained earlier, it has proved very effective to improve teamwork and productivity as well as **working atmosphere**.

2. We expect your confirmation within 48 hours.

3. You will find the program enclosed. Feel free to ask any questions relating to this document, I'd be pleased to provide any necessary information.

Enc.: Training program
Copy: HR Director

 **À l'oral**

La démarche d'accueil est structurée et suit des étapes précises. Cela permet de prendre en charge et de rassurer les participants.

Être à la fois professionnel et convivial.

1. Create a pleasant atmosphere

Pleased to meet you! Nice to meet you!

How do you do? ≠ How are you?

1. Créer une ambiance agréable et accueillante

Enchanté de vous rencontrer !

How do you do? ne veut pas dire « comment allez-vous ? » mais « enchanté ! »

On ne peut pas dire *How are you?* la première fois que l'on rencontre une personne.

2. Socialize

Thank you for coming!

How long are you staying in Paris?

This is the first time you have traveled to Europe, isn't it?

How was your trip?

2. Briser la glace

Une phrase de bienvenue.

Quelques questions ouvertes pour engager la conversation.

3. Attract attention

Excuse me, can I have your attention, please?

Right, everybody, perhaps we should begin!

OK, let's get started!

3. Attirer l'attention

Formel.

Informel.

Informel.

4. Welcome the group

Good evening, ladies and gentlemen!

I was very pleased to be invited to speak to you today!

It's a pleasure to be here today!

Hello, everybody!

Good morning, everyone!

4. Accueillir le groupe

Formel.

« *Ladies and gentlemen* » n'est pas snob, ni « *sir* » pour monsieur.

Formel.

Semi-formel.

Informel.

Informel.

5. Introduce yourself

My name's Jean Dupont and I'm from ABC Company.

I'm an international business engineer at ABC Company.

I'm Jean Dupont and I represent ABC Company.

I think you all know me!

5. Se présenter

I'm from… = il est usuel de contracter les auxiliaires à l'oral.

Informel.

- *3.5%* (et non pas 3,5 %).
- *10,000 euros* avec virgule.
- *2 billion dollars* (**billion** sans « s ») = 2 milliards de dollars.
- Mais *billions of dollars* = des milliards de dollars.

Exemple de dialogue n° 7

WELCOMING COLLEAGUES TO A CORPORATE OUTING

— David: Hello Dorian! It's really great to see you again, it's been what… two years??

— Dorian: Almost, I'm afraid! **Time flies!**

— David: Well, It's like we had a drink last week!

— Dorian: True. Look who's coming! Diana!

— David: Hi Diana, how was your trip, not too tiring?

— Diana: Well fortunately, I had a business class seat and I could sleep most of the time.

— David: Oh perfect! Let's have a cup of coffee, there's also orange juice and pastries. I heard you've been promoted to a management position, congratulations! We'll celebrate this tonight with your team. How is Sandra, I learned she couldn't make the outing this year, is she alright?

— Diana: Well, I don't know exactly. People say it's due to a family matter.

— David: Oh, I see. Dorian how was your business trip to Spain; **did you fill up on contracts?**

— Dorian: Well pretty much so, although **some deals are to be ratified later on.**

— David: Fine. **Oh, time's up!** Well, everyone's here, **as far as I can see**. OK, so let's get started! So, first of all, welcome to our **company outing**, last year we couldn't organize one and I know you appreciate the opportunity to see colleagues from international locations! **So here we go again!** As usual, besides teamwork on corporate projects, there'll be time for fun and entertainment. Tonight we'll be attending a concert at the hotel theater. Tomorrow afternoon will be dedicated to hiking up the hill where **the view is breathtaking!** On Sunday morning, we'll have the opportunity to meet local craftsmen and visit a typical village in the rainforest. But for now, let's get back to work. This year the topic of our seminar will be: "Product diversification" which **stands as** a new strategic direction for our company. We are eager to share your contributions, so here is the agenda…

Les expressions idiomatiques du dialogue

Time flies!	Le temps file !
Did you fill up on contracts?	As-tu fait le plein de contrats ?
Some deals are to be ratified later on.	Certains accords doivent être ratifiés plus tard.
Oh, time's up!	Oh, il est l'heure !
The view is breathtaking!	La vue est époustouflante !
So here we go again!	Donc c'est reparti !

 ## GLOSSAIRE

above-referenced: référencé en objet – *The above-referenced product is currently sold out.* Le produit référencé ci-dessus est épuisé.

as far as I can see: à ce que je vois – *As far as I can see, the meeting room is full.* À ce que je vois, la salle de réunion est pleine.

attendance: participation – *Do you know if attendance to the seminar is optional?* Est-ce que tu sais si la participation au séminaire est facultative ?

company outing: sortie d'entreprise – *When is the next company outing planned?* À quelle date est prévue la prochaine sortie d'entreprise ?

department heads: chefs de service – *All department heads are supposed to attend the meeting.* Tous les chefs de service sont censés participer à la réunion.

stand as: se présenter – *This new product stands as the bestseller of the year!* Ce nouveau produit se présente comme le best-seller de l'année !

team building: esprit d'équipe ou consolidation d'équipe - *Team building is critical to improve productivity.* L'esprit d'équipe est indispensable pour améliorer la productivité.

working atmosphere: ambiance de travail – *Working atmosphere depends a lot on the quality of team management.* L'ambiance de travail dépend beaucoup de la qualité de l'encadrement.

▶ **Pour aller plus loin, voir la fiche 27**

CHAPITRE 2

Pitcher

L'anglicisme « pitch » rencontre depuis quelques années un succès grandissant, par exemple pour résumer l'histoire d'un film ou d'un livre. Ce terme, très court et facile à mémoriser, s'est également étendu au domaine professionnel dans deux situations particulières : l'argumentaire commercial et la présentation des start-up aux investisseurs.

Dans les deux cas, cela a permis de concevoir des structures, voire une méthodologie, pour dérouler les présentations et communiquer de manière adaptée avec ses interlocuteurs.

Ce mode d'interaction s'avère bien utile en entreprise et permet souvent de faire la différence sur le résultat.

Les objectifs de ce chapitre visent à développer les compétences suivantes :

- améliorer sa préparation aux différentes exigences du pitch et son expression orale ;
- identifier les étapes de conception écrite et de présentation orale des différentes situations de « pitch » ;
- savoir utiliser des documents écrits spécifiques (modèles d'argumentaires, de diaporamas, de business plan) ;
- maîtriser les mots clés et expressions types des différentes présentations ;
- s'entraîner à la compréhension et mémoriser le vocabulaire technique ;
- gagner en confiance.

Fiches de situations du chapitre

The « Elevator Pitch »

Contexte

Il est devenu très courant aujourd'hui, dans le domaine professionnel, de devoir présenter son projet, ses objectifs dans un format très court qui doit intéresser et interpeller son interlocuteur afin de déclencher un contact plus approfondi. Il faut donc parvenir à éveiller l'intérêt d'une personne dont le temps est compté et qui se trouve à un niveau hiérarchique supérieur.

La présentation éclair ou « *elevator pitch* » reprend l'idée d'une rencontre fortuite du dirigeant ou d'un cadre de haut niveau dans l'ascenseur, une rencontre qui se produit rarement et une opportunité unique de se faire remarquer.

Il faut donc être prêt pour, le moment venu, ne pas être pris de court et réussir dans un délai très bref à retenir l'attention de son interlocuteur.

À l'oral

L'objectif est de passer un message en 45 secondes ! Tout d'abord on va se présenter brièvement pour être identifié par son interlocuteur : prénom, nom, poste, service.

Puis on abordera son parcours (formation, expérience), suivi d'un focus sur ses domaines d'expertise et, enfin, on mettra en valeur un projet clé que l'on a mené et ses résultats. La conclusion portera sur vos aspirations.

Montrez que vous vous projetez dans l'entreprise !

Convaincre de sa valeur en moins d'une minute.

1. The first words	**1. Les premiers mots**
Pleased to meet you Mr. James, I'm David Gelin from the export department. **I'm in charge of** sales in Eastern Europe.	*to be in charge of* = être responsable de.
2. Catch attention	**2. Créer une accroche**
I am currently working on new development projects in this area.	Ne pas donner l'impression que l'on ne parle que de soi.
3. Highlight your experience and added value	**3. Valoriser son expérience et sa valeur ajoutée**
Indeed, as I was our **branch manager** in Hungary for 3 years, **after graduating from my business school**, I am fully aware of this market potential.	*branch manager* = directeur de succursale. *after graduating from my business school* = après avoir obtenu mon diplôme d'école de commerce.

<table>
<tr><td>

4. Outline your vision

I am convinced that setting up partnerships would give us an opportunity for a **breakthrough** there.

</td><td>

4. Présenter sa vision

setting up partnerships = la mise en place de partenariats.

breakthrough = une percée sur un marché.

</td></tr>
<tr><td>

5. Incite him to meet you

I have made out a business plan for this project you may find of interest.

</td><td>

5. L'inciter à vous rencontrer

J'ai établi un business plan pour ce projet qui pourrait vous intéresser.

</td></tr>
<tr><td>

6. Position yourself

I would enjoy leading this project I'm very keen on and I believe I'm the right person for this job.

</td><td>

6. Se positionner

I'm very keen on = qui me tient vraiment à cœur.

</td></tr>
</table>

ATTENTION : VOUS MONTEZ DANS L'ASCENSEUR ET VOTRE PDG EST LÀ !

▶ Pour mieux gérer son stress, une seule solution : être bien rodé !

▶ Une communication équilibrée, ni trop réservée ni trop expansive.

▶ Prendre l'initiative, une poignée de main ferme et un regard direct.

▶ Une attitude concentrée mais naturelle.

▶ Un débit régulier et pas trop rapide et une bonne accentuation sur les mots clés.

 **À l'écrit**

Après avoir réussi à attirer l'attention de votre patron, il est impératif de lui adresser très rapidement un e-mail afin de lui joindre un document ou de lui détailler votre projet.

Reprise de contact par e-mail après un « elevator pitch »

To: JoanWood@ABC.com
From: TeaMullen@ABC.com
Date: March 26, 2020
Subject: A draft project for more effective after-sales

Dear Mrs. Wood,

We had the opportunity to exchange a few words yesterday in the elevator about a project I'm currently working on, in order to improve after-sales organization. I took this initiative since I felt, as the after-sales manager, that the quality offered to the clients was no longer **up to standard**.

I am enclosing the first **findings** of this survey as well as the solutions we could implement rapidly and **at no extra cost**. This project could be integrated into the overall quality program for 2020.

I'll be pleased to answer any question you may have or supply additional information.

Sincerely,

Tea Mullen
ABC After-Sales Manager

 **Exemple d'intervention orale n° 8**

THE ELEVATOR PITCH

— **Lester**: Good morning Mr. Cook, it's a pleasure to meet you!

I'm John Lester from the finance department where I manage customer credit.

It's an exciting job really, since you can measure the result of your efforts. We have already improved our collection times.

Recently, however, I realized that we let customers go beyond their credit limits due to a lack of control and a very large portfolio.

That's why I'd like to set up a program to optimize credit control.

It's still only at the planning stage, but I can see how it could operate. Besides, this program could also help to harmonize our financial terms across our portfolio.

Well that's the big picture. I could send you my draft project if you think it can be of interest. I enjoy this kind of challenge and I'm sure that a "credit manager" position could be created one day in the department to monitor and supervise our accounts more effectively.

Les expressions idiomatiques du dialogue

It's still only at the planning stage.	Ce n'est encore qu'un projet.
Well, that's the big picture.	Enfin, c'est une vue d'ensemble.

 # GLOSSAIRE

at no extra cost: sans aucun coût supplémentaire. *Business process reengineering does not require additional external resources, it can be carried out at no extra cost.* La rétroconception des procédures de l'entreprise ne nécessite pas de ressources additionnelles : elle peut être réalisée sans coût supplémentaire.

collection times: délais de recouvrement – *We have seen a deterioration of our collection times, over the last quarter.* Nous avons assisté à une dégradation de nos délais de recouvrement au cours du dernier trimestre.

customer credit: crédit alloué au client (délais de règlement) – *Each time customer credit is exceeded, we have a cash flow shortage.* Chaque fois que le crédit alloué au client est dépassé, nous subissons un déficit de trésorerie.

findings: conclusions – *The findings of the customer satisfaction survey are disastrous.* Les conclusions de l'enquête de satisfaction client sont catastrophiques.

up to standard: à niveau – *The quality of your products is no longer up to standard, as compared to your sample.* Vos produits ne correspondent pas au niveau de qualité de votre échantillon.

▶ **Pour aller plus loin, voir la fiche 11**

Un argumentaire commercial

Contexte

Convaincre un client et l'amener à l'acte d'achat est devenu très compliqué, dans un environnement de marchés concurrentiels et changeants.

L'argumentaire ne doit pas ressembler à un discours appris par cœur et qui s'adresse à n'importe qui. Au contraire, l'argumentaire sera dédié à un produit et à un type de cible client et devra faire l'objet d'une adaptation au cas par cas en fonction des informations que l'on possède sur le client et son historique.

À l'écrit

Il est souhaitable de concevoir un modèle structuré qui permettra de dérouler l'argumentaire en face à face tout en l'adaptant aux attentes de son interlocuteur.

Un modèle d'argumentaire

Customer's data & potential requirements	Architectural firm in Brussels – Relevant target for DEM®, our software in document management – According to press article: looking for innovative IT tools and eco-friendly solutions likely to be deployed abroad.
Introduce yourself + context	Business Developer at GEDI company, in charge of new product launch in Brussels – Last week meeting at a trade show. DEM®+ Paperless filing® to reduce paper storage and manage business units on line.
3 key questions to check needs	▶ How do they currently manage all their documents? ▶ Are they planning to invest in document management software? ▶ What do they expect from an IT partner?
3 major arguments and benefits for this customer	▶ Software package is adapted to SMEs + benefit for them. ▶ Internet application for overseas offices + benefit for them. ▶ Carbon footprint reduction + benefit for them.
2 potential objections + key arguments	▶ No experience on the Belgian market. Resp: close & French-speaking area. ▶ No international experience. Resp: product adapted to global deployment & we are ready to commit to a long-term partnership.
2 examples of your customers' satisfaction testimonials	▶ Architectural firm in Paris: 34% decrease in **record keeping** & 45% reduction in paper waste. ▶ Design office in Toulouse: improvement of updates, follow-up and reduction in storage costs.

.../...

.../...

Factual differentiation with competitors	▶ Skilled and loyal IT staff.
	▶ Customizable to customers' requirements.
	▶ Separate module working with existing IT systems.
Next steps and closure	Meeting with customer's IT teams.

À l'oral

Les Français ont le goût des phrases longues et des grands discours, mais l'anglais est une langue efficace et directe. Il est donc important d'aller à l'essentiel et de laisser le client intervenir et poser des questions. Une solide préparation permettra de s'assurer que l'on n'oublie aucun argument et que l'on a prévu les objections potentielles.

**Ne pas s'enfermer dans la structure de son argumentaire
et savoir rebondir sur les attentes du client.**

1. Present yourself and the context

Thank you for accepting my invitation to a demo of our new IT application. I'm in charge of new product development at GEDI and **I strongly believe** that this software will bring effective responses to your expectations.

1. Se présenter ainsi que le contexte

I strongly believe = je suis fermement convaincu. Ici *believe* est proche du sens de « penser » et non de « croire en quelque chose ».

2. Ask questions to investigate needs

You mention in the interview that you're always **on the look out for** new techniques, is your company already **fitted with** specialized software for document management? Do you **endeavor** to limit your paper use?

2. Poser des questions pour préciser les besoins

to be on the look out for = être à l'affût de.

to be fitted with = être équipé de.
to endeavor = s'efforcer de.

3. Give specific arguments plus benefit for the customer

As you are currently opening offices abroad, this software will be **sized** to support your international deployment with simplicity and **at an affordable price.**

You want **to spread the word** on passive architecture in order to reduce **energy bills** and our software **aims at** reducing carbon footprint through lower paper use.

3. Proposer des arguments précis et souligner l'avantage pour le client

to be sized = être dimensionné/calibré. On peut utiliser *oversized* (surdimensionné) et *undersized* (sous-dimensionné)

at an affordable price = à un prix abordable.

to spread the word = faire passer le message.
energy bills = factures d'électricité.
to aim at = s'efforcer/tendre vers – syn. : *to strive towards*.

4. Be ready to reply to objections

Objection: No export experience.

Yes, I see what you mean. However our solutions are really adapted to online international development and we are particularly eager **to enter into a partnership** for a long-term collaboration and **devote the necessary resources.**

4. Être prêt à répondre aux objections

to enter into a partnership = conclure un partenariat.

to devote necessary resources = consacrer les ressources nécessaires. Attention un seul « s » à re*s*ources.

5. Give examples of customers' testimonials

When browsing our website, you will find some customers' **testimonials** such as this one. The general manager of this architectural office in Paris highlights the major **payoffs** of our software, namely a 10% decrease in **operating costs**, through lower purchase of paper and ink cartridges.

5. Donner des exemples de témoignages clients

when browsing (our website) = lorsque vous parcourez.

testimonials = témoignages.

payoffs = ici des retombées, des gains.

operating costs = coûts d'exploitation.

6. Stress your difference with competitors

The other **software packages** offered in the market are **tailored** for large-scale groups. Therefore, their implementation is long and costly.

6. Insister sur ce qui vous différencie des concurrents

software packages = des logiciels, *software* ne prend jamais de « s ».

tailored = conçu pour/adapté à.

large-scale groups = des grandes entreprises.

 Exemple de dialogue n° 9

A SALES PITCH IN ACTION

— Dominique Cartier: Good morning Mr. Moreno, I'm Dominique Cartier, sales manager at GEDI. Thank you for seeing me. I was really interested to read your interview online, as the new software package we are going to launch in Brussels is particularly adapted to your needs and your original positioning. We think that your architectural office could be interested in developing a partnership with GEDI.

— Mr. Moreno: Well, we are open to any innovation that can bring productivity gains.

— Dominique: **That's the point**, Mr. Moreno. You mentioned that your company has four partners, so I believe that you are seeking ways to streamline your activity, especially regarding document processing.

— Mr. Moreno: Definitely, this low added-value activity is **time-consuming**. **We have too many irons on the fire!**

— Dominique Cartier: Well, our DEM software has been designed to resolve this issue and **cut red tape**. As you are very innovative in the development of **eco-friendly** buildings and since your activity generates a lot of documents and records (blueprints, drawings, technical specifications, etc.), have you already considered investing in new software solutions to reduce your carbon footprint as well?

— Mr. Moreno: Well, I reckon that we'll have **to take the bull by the horns** shortly!

— Dominique Cartier: Our offer includes both a document management software package and a consulting service to substantially reduce your CO_2 emissions, while dropping your **staff**

workload. Besides, these solutions are adapted to SMEs and can be deployed easily overseas through a web application, which could be **an asset** to support your coming installation in New York City.

— Mr. Moreno: Sounds great, but, as far as I know, you have no experience in Belgium, **let alone in the US**.

— Dominique Cartier: I understand your concern, as going global is quite a challenge. We want to face it and we are ready to invest in new skills and talents. What about becoming our strategic partner and market reference?

— Mr. Moreno: It's a bit early to say yes, this has to be studied in depth. **What will be will be**.

— Dominique Cartier: True, Mr. Moreno. Now, I'd like to show you an interesting **customer testimonial**, since it's a French **design office** that looks very much like your firm. Let's have a look at the video… So Mr. Moreno, I suggest to meet your IT specialist to go through your specific requirements and see how we can meet your expectations at the best price.

— Mr. Moreno: That's alright with me. I'll be attending the meeting too.

— Dominique Cartier: What about next Tuesday at 2 pm?

— Mr. Moreno: Perfect, see you next week.

Expressions idiomatiques du dialogue

That's the point.	Justement/C'est tout l'intérêt.
We have too many irons on the fire!	Nous avons trop de choses à faire !
To cut red tape.	Réduire la paperasse.
To take the bull by the horns.	Prendre le taureau par les cornes.
Let alone in the US.	À plus forte raison aux États-Unis.
What will be will be.	Qui vivra verra.

 ## GLOSSAIRE

customer testimonial: témoignage de client – *Posting customers' testimonials on your website is critical to attracting new sales leads.* Il est indispensable de mettre en ligne sur le site web des témoignages de clients afin d'attirer de nouveaux prospects.

design office: bureau d'études – *The operations of a design office produce a lot of documents.* Le fonctionnement d'un bureau d'études produit beaucoup de documents.

record-keeping: archivage – *Our record-keeping method should be streamlined.* Nous devrions rationaliser notre méthode d'archivage.

staff workload: charge de travail du personnel – *Our new IT system has allowed to reduce our staff workload.* Notre nouveau système informatique a permis de réduire la charge de travail de nos équipes.

▶ **Pour aller plus loin, voir la fiche 25**

La start-up devant des investisseurs

Contexte

Présenter la start-up à des investisseurs est un exercice à très fort enjeu et extrêmement formaté. Il existe aujourd'hui des concours de pitch car c'est presque devenu une compétence en soi. Les investisseurs n'ont pas de temps à perdre et doivent être séduits et convaincus très rapidement. La difficulté essentielle réside souvent dans la crédibilité non seulement du projet, mais surtout de ses créateurs qui subissent une forte pression sur le résultat de leur présentation.

À l'écrit

Il est souhaitable de concevoir un diaporama, le moins long possible et qui devra suivre un schéma précis.

Modèle de diaporama de pitch de start-up

Slide	Explanation
Problem... Many people can't afford going on holidays, as hotels are too expensive, especially in premium locations!	The first slide will present the "problem" or "gap" that has led the founders to identify an unmet need in the market. Here, there is a potential demand that has no satisfactory offer (affordable prices in premium locations for tourists).
Solution... Offer a peer-to-peer platform between individuals for short or long stays in popular destinations!	The second slide will present the "solution" to resolve the "problem". Here, to connect individuals (tourists and homeowners) through an Internet platform.
Business model No tangible fixed assets Low fixed costs Double source of revenue	The business model is essential to demonstrate to potential investors that the activity will be highly profitable. (See point 10 in this section: "Pitcher le modèle économique")
Competition Hotels and holiday rentals: very expensive, limited capacity in premium locations	This slide gives an overview of competitors, explains how you can beat them and what your competitive advantage is.

.../...

.../...

Founding team

Hotel managers with **concierge experience**

Business Developers with service network animation background

In this slide you will present the founding team. The goal is to demonstrate that all members are skilled to succeed in such a business. Also highlight that their skills are complementary.

Fundraising

Initial original own funds €50,000

1st round of financing €30,000

The goal of this slide is to justify the amount of investment needed. Ideally, the founders should bring a part of the total investment.

Présenter l'équipe dirigeante : diplômes et titres équivalents

AA	*Associate of Arts* (bac + 2 : BTS/DUT/DEUG)
BA	*Bachelor of Arts* (bac + 4 : licence/maîtrise)
MA	*Master of Arts* (bac + 6 : master 2)
MBA	*Master of Business Administration* (bac + 6 : master 2 en commerce)
MST	*Master of Science in Taxation* (bac + 6 : master 2 en fiscalité)
JD	*Juris Doctor* (bac + 7 : master 2 en droit)
PhD	*Philosophiae Doctor* (bac + 8 : doctorat)
CPA	*Certified Public Accountant* (DECF/DCA)

Le commentaire de chaque diapositive doit être précis et court. Son impact sera d'autant plus important que vous mettrez l'accent sur les points forts du projet.

Faire preuve d'enthousiasme et de beaucoup de pragmatisme.

I. Present the problem	**I. Présenter le problème**
Currently, in some **downtown areas**, hotels are almost constantly **sold out** and their **rates** have become **overpriced**.	*downtown areas* = les centres-villes. *sold out* = complet. *overpriced rates* = tarifs hors de prix.
Tourists are desperately looking for cheaper **vacancies** and there is no response.	*vacancies* = chambres libres.
Besides, a lot of **individual homeowners** travel on vacation or **on business** and their flats are vacant.	*individual homeowners* = propriétaires particuliers. *to travel on business* = partir en voyage d'affaires.

2. Introduce the solution and value proposition

We want to create a web platform where homeowners and tourists can **match** their offer and demand.

We **support homeowners in making** their homes attractive and **reasonably priced.**

We help tourists find the most relevant accommodation for their stay, plus some interesting advice about the **location.**

All operations can be made **in no time** and booking is secured!

3. Make a focus on competitive advantage

Direct competition is currently quite limited. Private **seasonal rental** is complex to manage by **individuals on their own.**

Besides, hotels are costly and they can't respond to the demand during the **peak season.**

The prices offered are **budget-friendly** and housing is more diversified to meet specific needs.

Therefore, our competitive advantage will be based on both **cost and differentiation.**

4. Highlight the skills of the founding team

Our team is highly skilled to succeed in this project.

First, Julia is an experienced **IT engineer**, with a PhD in web platform development.

Then, Frank has proven skills in the real estate sector, thanks to 5 years in **holiday resort** management.

As for me, I am specialized in communication and marketing applied to **travel trade.**

We think we are very lucky to have this opportunity **to build on** our synergies of skills and knowledge.

5. Conclude on fundraising

Now let's turn to the critical part of fundraising.

Our goals are **to rely on** our own resources as much as we can, while **moderating external funds over time.** This will allow a safety margin if we need to readjust our investment forecasts.

That's why we'd like **to raise** €30,000 for the first year of operation.

2. Présenter la solution et la proposition de valeur

to match = faire correspondre – syn. : *to fit, to suit.*

to support someone in doing = accompagner pour réaliser quelque chose.

reasonably priced = à un tarif correct.

location = emplacement – syn. : *site, spot.* Attention : la location se dit *rent* ou *lease.*

in no time = en un temps record.

3. Se concentrer sur l'avantage concurrentiel

seasonal rental = la location saisonnière
individuals = les particuliers.
on their own = par eux-mêmes, tout seuls.

peak season = la haute saison.

budget-friendly = abordable – syn. : *affordable.*

cost advantage = avantage de coût.
differentiation = attention à l'orthographe.

4. Mettre en valeur les compétences des fondateurs

IT engineer = ingénieur en informatique.

holiday resort = stations touristiques.

travel trade = le secteur du tourisme.
to build on = s'appuyer sur.

5. Conclure sur la levée de fonds

to rely on = compter sur.
to moderate something overtime = lisser quelque chose dans le temps.

to raise funds = lever des fonds.

 **Exemple d'intervention orale n° 10**

THE START-UP PITCH

— **David:** Good morning, ladies and gentlemen, dear investors. Thank you for your interest in our ambitious start-up project called "Save in the air".

As you well may know, the cost of airfares has been decreasing regularly over the past 10 years, therefore attracting more and more passengers both on business and holidays.

However, we have realized that, due to a deteriorating purchasing power, lower middle classes and **youngsters** cannot travel as much as they would like. **This proves detrimental** to the development of a new market segment, which could represent a significant share of the passenger air service industry.

We are convinced that it will be possible, thanks to a very original business model, to open this new "low cost" market segment.

We will target **medium-haul routes** and use one single category of aircraft in order to streamline operations and maintenance. Our competitive advantage will be very low fares without any complementary services, which will have **to be paid extra** at a high cost. Flight tickets will be sold online only.

Our founding team includes a **former** airline pilot, an airport administrator and a CEO, our main funder, himself an experienced entrepreneur. **We all have an ear for** developing this activity.

As we'll start by **leasing** our aircraft, the initial investment will amount to 5 million euros, half of which is already available. Then we are planning **to go through an IPO** to sustain our growth. Well, this is the big picture, now we'll be happy to answer your questions.

Expression idiomatique du dialogue

We all have an ear for developing this activity.	Nous avons tous du talent pour développer cette activité.

 ## GLOSSAIRE

former: ancien – *Former airline pilots generally become flight instructors.* En général, les anciens pilotes de ligne deviennent instructeurs de vol.

(to) go through an IPO (Initial Public Offering): entrer en Bourse – *Industrial companies need to go through an IPO to fund their growth.* Les entreprises industrielles ont besoin d'entrer en Bourse pour financer leur croissance.

concierge experience: expérience de conciergerie hôtelière – *I worked as a concierge for 5 years in a 3-star hotel in Paris.* J'ai travaillé comme concierge pendant cinq ans dans un hôtel 3 étoiles à Paris.

leasing: location – *Aircraft fleets are often operated under leasing contracts.* Les flottes d'avions sont souvent exploitées en crédit-bail.

medium-haul routes: les lignes de moyen-courrier – *Medium haul routes are mainly in continental Europe.* On trouve les lignes de moyen-courriers essentiellement en Europe continentale.

this proves detrimental to: cela s'avère préjudiciable à – *The development of passenger air service is detrimental to the environment.* Le développement du transport aérien de voyageurs est mauvais pour l'environnement.

(to) pay extra: payer un supplément – *If you* want *a drink during the flight, you will have to pay extra.* Si tu veux une boisson pendant le vol, tu devras payer un supplément.

youngsters: les jeunes – synonymes : *youths/teenagers* – *Youngsters are more and more willing to travel.* Les jeunes sont de plus en plus prêts à voyager.

▶ Pour aller plus loin, voir les fiches 12, 13 et 15

Le modèle économique

Contexte

Le modèle économique ou « *business model* » est la pierre angulaire du business plan que l'on présente aux investisseurs potentiels. En effet, il s'agit de leur expliquer concrètement comment les choix d'organisation et de stratégie de l'entreprise vont convertir leur offre en valeur et générer des profits. Il faudra notamment s'assurer que la start-up parviendra à : optimiser ses coûts, créer de la valeur, développer des synergies et diversifier ses sources de chiffre d'affaires. C'est également une démarche qui oblige à mettre à l'épreuve du réel la viabilité du projet. Comme tout ce qui concerne les start-up, ce modèle est appelé à évoluer en fonction des retours d'informations (*feedback*) et d'expérience (*debriefing*).

À l'écrit

La conception du modèle économique s'organise autour de 10 questions clés qui vont permettre d'arbitrer les différentes options possibles pour aboutir à une organisation cohérente et optimale.

Tableau de modèle économique

Do we need partners or key service providers to develop our business?	Why are they important? Who could it be? What could they bring (optimization, scales, risks reduction, acquisition of resources and skills)?
What activities are needed to operate the business?	What activities are integrated or outsourced? What activities are critical in the value proposition?
What are the necessary resources to launch and sustain the business?	Innovation and patent rights? Human resources and key skills? Distribution network? Budget for brand enhancement?
What are the selected customers' segments?	B2B? B2C? Key account strategy? Mass market? Niche? High end? Low cost? What could be the value creation by segment?
What are the best-suited distribution channels?	Relevance of channels as per selected segments? Integrated or outsourced distribution? Relevant for brand awareness? Performance management (customer feedback, after-sales)?
How to communicate with clients and ensure high standards in CRM?	What are the clients' expectations and their costs? How to maintain contact and retain customers? How to collect and process customers' feedback (IT tools)?

What problem do we solve? What is the value delivered to the customer?	Products/services offered to the client segment, organization of customer support, response to customer's needs (innovation, performance, customization, design, price, brand value).
What is our cost structure?	How do we optimize operating costs (especially fixed ones)? What are the fundamental costs derived from our business model? Which key resources and key activities represent a significant expense to the business?
Will our revenue flows significantly exceed our cost structure so as to generate the highest level of profitability?	What are our different sources of revenue, one-off and ongoing (subscription, licensing, cash back, advertising, high-priced consumables, add-ons, etc.)? Will the customer accept our price (pricing policy and life cycle)? What benefits will encourage customers to pay more for? What will be our payment terms and their impact on cash flow?

 **À l'oral**

La présentation du modèle économique doit être très claire afin que les investisseurs puissent facilement et rapidement comprendre comment la start-up va leur faire gagner de l'argent. Les points clés et leurs liens doivent être soulignés afin de démontrer de manière dynamique la création de la rentabilité finale, en particulier sur le ratio coûts (*cost structure*) et chiffre d'affaires (*revenue flows*).

**Ne pas trop se perdre dans les chiffres
mais veiller à étayer sa démonstration.**

1. Present the use of the business model	**Présenter le fonctionnement du modèle économique**
Now, let's turn to the presentation of our **peer-to-peer** business model.	*peer to peer* = entre pairs (souvent non traduit en français).
The goal is to create a business relationship between **guests and hosts** through our platform.	*guests and hosts* = invités et hôtes.
The major **tradeoff** has been to address the niche of **unusual accommodation**, namely tiny houses in Europe, which are very trendy.	*tradeoff* = arbitrage ou compromis. *unusual accommodation* = hébergement insolite. Attention à l'orthographe, deux doubles consonnes, très rares en anglais.
2. Introduce the main blocks of the business model	**2. Présenter les principaux éléments du modèle économique**
We charge both hosts, around 3% and guests, between 6 and 8%. We also make money from advertisers.	*to charge* = facturer – syn. : *to bill* (US), *to invoice* (GB).
We work with free-lance photographers **to enhance** our **look and feel**. This is the only activity that we outsource.	*to enhance* = valoriser. *look and feel* = l'apparence ou l'interface graphique.
We **collect all clients' feedback** directly from the platform.	*to collect clients' feedback* = recueillir les commentaires des clients.

.../...

.../...

<table>
<tr><td>

3. Focus on the major links between elements to create profits

So, **the major driver** to cost reduction is the minimum level of **tangible fixed assets** and low promotional expenses.

Our prices are more competitive than hotels and we have no direct competitors on our segment.

Thanks to our **niche approach**, our major value creation driver is the storytelling around exceptional homes and locations.

</td><td>

3. Se concentrer sur les principaux liens qui créent des bénéfices entre les éléments

the major driver = le facteur majeur.
tangible fixed assets = immobilisations corporelles.

niche approach = stratégie de niche.

</td></tr>
<tr><td>

4. Conclude on the ratio between cost and revenue

Our business model is **easily scalable** through diversification to other segments, for example historic houses.

The **running costs** and investment needed are quite **below average**, even in the same field.

This business model allows optimizing costs, while creating value for the customer and providing several **sources of revenue**.

</td><td>

4. Conclure sur le rapport entre les coûts et le chiffre d'affaires

scalable = extensible.
easily scalable = facilement modulable.

running costs = coûts d'exploitation – syn. : *operating costs*.
below average = au-dessous de la moyenne.

sources of revenue = sources de recettes.

</td></tr>
</table>

 ## Exemple d'intervention orale n° 11

PRESENTING THE BUSINESS MODEL

— David: After presenting our **go-to-market plan**, we'd like to focus on the business model, which is **a must** to demonstrate the potential profitability of our start-up.

It seems pretty challenging to evidence future profits while presenting a low-cost business model. However, there are a lot of examples around us and not SMEs!

So the major concern is obviously cost reduction. Fixed costs are under control thanks to different factors: the choice of peripheral locations for accommodation and rooms standardization. Since we target young travelers who share their experience on social networks, **we can rely on word-of-mouth advertising**, which is free. On top of that, some projects are entitled **to** local subsidies for building renovation, which could be an opportunity to enter the downtown locations segment. As for staff management, we will negotiate low fixed wage and **high-powered incentives** to ensure quality of work.

We offer **loss leader prices** with standard service, which is well adapted to our target; therefore we expect **economies of scale** through volume and yield management through social networks.

We are planning to generate extra revenue through **ancillary services** (laundry, access to the kitchen, breakfast kit in the room, etc.) and partnerships with local restaurants and entertainment providers.

We are convinced that this business model will prove very effective and successful for future developments.

Thank you for your attention, ladies and gentlemen.

| This is a must. | C'est indispensable. |
| We can rely on... | Nous pouvons compter sur... |

 ## GLOSSAIRE

ancillary services: prestations complémentaires – *Ancillary services are sold at a high price to compensate for low standard fares.* Les services complémentaires sont vendus à un prix élevé afin de compenser le prix très bas du billet standard.

go-to-market plan: plan de commercialisation – *If you want to get a bank loan, you'd better come with a clear go-to-market plan.* Si vous voulez obtenir un prêt bancaire, il vaut mieux arriver avec un plan de commercialisation clair.

high-powered incentives: incitations financières très puissantes – *Highly-powered performance incentives are effective, but they create staff turnover.* Les incitations financières liées à la performance sont très motivantes, mais elles créent des départs fréquents du personnel.

loss leader prices: prix d'appel – *Loss leader prices can prove counterproductive if customers do not switch to premium subscription.* Les prix d'appel peuvent s'avérer contre-productifs si les clients ne passent pas à l'abonnement premium.

SMEs: PME – *We have decided to target SMEs because it's still a niche segment.* Nous avons décidé de cibler les PME car c'est encore un marché de niche.

under control: maîtrisé – *Fixed costs must remain under control in order to protect overall profitability.* Nous devons maîtriser les coûts fixes afin de protéger la rentabilité globale.

word-of-mouth advertising: le bouche à oreille – *Word-of-mouth advertising allows to increase brand recognition at a low cost.* La publicité virale permet d'augmenter la reconnaissance de la marque pour un coût moindre.

▶ Pour aller plus loin, voir les fiches 9 et 10

Le business plan

Contexte

Le *business plan* ou « plan d'affaires » est une méthodologie qui permet aux entrepreneurs de présenter à leurs interlocuteurs un document structuré et complet afin qu'ils puissent appréhender avec précision le projet proposé.

Aujourd'hui, la méthode du business plan est également utilisée en entreprise pour préparer l'approche d'un nouveau marché, lancer un produit, concevoir un partenariat ou partir à l'international. Le business plan permet d'éprouver la faisabilité d'un projet en posant toutes les questions clés et en prenant en compte l'ensemble des paramètres décisionnels : technique, marketing, commercial, juridique, stratégique, financier. Il est donc très utile, par exemple, pour convaincre son banquier.

À l'écrit

Le document doit avoir une structure précise afin de permettre de trouver rapidement les informations clés. Les investisseurs et autres partenaires ou interlocuteurs ont l'habitude de lire des business plans et de retrouver les informations selon un certain déroulement.

Modèle de business plan

COVER PAGE – 1 page	Indicate company name and logo, title and date. **Less is more**!
CONTENTS – 1 page	Outline the different items in the business plan.
EXECUTIVE SUMMARY – 2 pages	The executive summary underlines the key points of the business plan with a very positive and effective perspective (market opportunity, innovation, business model, critical success factors, scalability, financial viability). The aim is to convince stakeholders to go through the whole business plan.
PROJECT DESCRIPTION – 2 pages	Company identity, founding team, offer and innovation, organization and resources, business model.
MARKET – 2 or 3 pages	Demand, mix (product, distribution, pricing, promotion), segments, competitive advantage, market growth, market share forecast, sales action.
OPERATIONAL PLAN – 2 pages	Operating cycle to deliver services or create and sell products. Necessary skills and materials to be sourced. What will be outsourced, relationships with suppliers and service providers. Payment cycle of the business.
DEVELOPMENT STRATEGY – 1 or 2 pages	**Scalability,** growth model, market entry strategy, international development planning.
LEGAL ASPECTS – 1 or 2 pages	Know-how protection, terms of contracts (procurement, distribution and sale), legal compliance.

FINANCIAL DATA – 3 to 5 pages	**Documents to be presented:** ▶ **startup expenses** and fund-raising: cost to launch the business and origin of capital ▶ a twelve-month **profit and loss projection** (month-by-month) and a three-year profit and loss projection (quarter-by-quarter) ▶ a twelve-month **cash-flow projection** and a three-year cash-flow projection (quarter-by-quarter) ▶ a projected balance sheet at startup and at the end of years one to three ▶ a **break-even calculation**
RISKS AND PROSPECTS – 1 Page	Risks have been identified, foreseen and covered Prospects: high potential for revenue and margin growth
APPENDICES – 8 to 12 pages	**Documents to be enclosed:** ▶ brochures and advertising materials ▶ industry studies ▶ detailed lists of equipment owned or to be purchased ▶ copies of leases and contracts ▶ letters of support from future customers ▶ market research studies ▶ list of assets available **as collateral for a loan** ▶ detailed financial calculations and projections

 **À l'oral**

Tout d'abord, il faut apparaître à son avantage (look professionnel) et cibler des investisseurs susceptibles d'être intéressés. Les investisseurs ne sont pas patients, il faut aller à l'essentiel et bien connaître son business plan afin de répondre précisément aux questions.

Travailler sa présentation orale est essentiel pour être crédible !

1. Create interest through storytelling	**1. Créer de l'intérêt grâce au storytelling**
My wife and I were desperately looking for an after-school **nanny** and our 65-year-old retired neighbor offered her help. We realized that there was an opportunity **to match offer and demand**. We have then successfully tested our idea **on early adopters**.	*nanny* = nourrice. *to match offer and demand* = faire coïncider l'offre et la demande. *early adopters* = premiers utilisateurs.
2. Start by the executive summary	**2. Commencer par la synthèse**
As you can see, this concept is **viable** as it responds to a **growing demand, requires** limited resources and can be easily deployed throughout the country and overseas.	*viable* = viable (financièrement et dans le temps). *growing demand* = demande croissante. *to require* = nécessiter.

.../...

.../...

3. Show your experience to create trust

As an IT engineer with an experience in **corporate management** in the field of e-commerce and collaborative platforms, I will **handle almost all** technical and managerial **issues**.

4. Use facts and figures

After **starting with a bang**, the current sales volume in this sector has **remained flat** at 4 million euros over the last 6 months due to **poor** after-sales service and lack of solution **upgrading**.

5. Deliver a realistic analysis

We have direct competitors but they offer a limited solution that does not **meet market expectations**. Moreover we have a proprietary technology, **which puts us miles ahead!**

6. In the conclusion, be enthusiastic and confident about the future

We have identified and foreseen potential risks and they are **under control**.

Our growth prospects are substantial and we have the capacity **to keep our edge** in the mid-term.

3. Montrer son expérience pour créer la confiance

corporate management = gestion d'entreprise.

to handle issues = traiter les questions ou régler les problèmes.

4. Utiliser des données chiffrées

to start with a bang = démarrer en trombe.
to remain flat = stagner.
poor = médiocre (dans ce contexte).
upgrading = amélioration ou mise à niveau.

5. Présenter une analyse réaliste

to meet market expectations = répondre aux attentes du marché.
which puts us miles ahead = qui nous donne beaucoup d'avance.

6. Dans la conclusion, être enthousiaste et confiant dans l'avenir

under control = maîtrisé.

to keep our edge = conserver notre avance.

 **Exemple d'intervention orale n° 12**

PRESENTING THE BUSINESS PLAN

— Good morning, ladies and gentlemen. Thank you for coming to the presentation of our business plan. After introducing our concept this morning, **we'll go now into more details**. So, our goal is to offer to sneakers shoppers the opportunity to customize their running shoes and remove the embellishment when they want.

The app provided ensures that the customer can configure the personalization at home and receive the product at home within two days. Our competitors do not offer an app and a removal system. These are our differentiating factors, which will allow our offer to stand out from competition. Our customization technology is very flexible, quick and easy to perform at a reduced cost. The app is based on a unique technology that is **patented**.

The startup expenses are already covered by our own **up-front investment**, thus we need to raise capital to fund our mid-term growth. Indeed, we are planning to enter into partnerships with specialized distribution networks in sports products, in order to achieve economies of scale and profit maximization. As you can see in the financial statements, the forecasted revenue growth reaches a total of 50% over the first three years.

The risk of new entrants is limited, due to our proprietary technology and the fact that **we are far ahead** in terms of variety of designs, colors and sizes.

We are convinced that our concept will be successful and we are ready **to throw everything into** developing our offer and making money!

Thank you for your attention, ladies and gentlemen. Now there's time for questions.

Expressions idiomatiques du dialogue

We'll go now into more details.	Nous allons maintenant décrire plus en détail.
We are far ahead.	Nous avons beaucoup d'avance.
To throw everything into…	Jeter toutes ses forces dans…

 # GLOSSAIRE

as collateral for a loan: comme garantie pour un prêt – *As CEO, I'm prepared to mortgage my house as collateral for the bank loan.* En tant que PDG, je suis prêt à hypothéquer ma maison comme garantie pour le prêt bancaire.

break-even calculation: calcul du seuil de rentabilité – *Break-even calculation is critical for investors.* Le calcul du seuil de rentabilité est décisif pour les investisseurs.

cash flow projection: prévisions de trésorerie – *The accountant should review our cash flow projection on account of the new product increasing sales.* Le comptable devrait revoir nos prévisions de trésorerie en fonction de l'augmentation des ventes du nouveau produit.

less is more: point trop n'en faut – *I really do think that less is more when dealing with this supplier.* Je pense que point trop n'en faut quand on traite avec ce fournisseur.

operating cycle: cycle de fonctionnement ou d'exploitation – *Start-ups have difficulties in funding their operating cycle.* Les start-up rencontrent des difficultés pour financer leur cycle d'exploitation.

profit and loss projection: résultats prévisionnels – *Our profit and loss projection shows a slight decrease in our gross margin.* Nos résultats prévisionnels montrent une légère baisse de la marge brute.

scalability: évolutivité ou variabilité d'échelle (on entend souvent l'anglicisme « scalabilité »), c'est la capacité de l'entreprise à grandir – *Flexibility and scalability are the major key success factors in entrepreneurship.* La flexibilité et l'évolutivité sont les deux facteurs clés de succès dans l'entrepreneuriat.

startup expenses: frais de démarrage ou d'établissement. Ne pas confondre *startup expenses*, dépenses de démarrage, et *start-up expenses*, les dépenses de la start-up – *Our startup expenses are currently covered.* Nos frais de démarrage sont actuellement couverts.

up-front investment: investissement initial – *A minimum upfront investment of €15,000 is necessary to set up the production equipment.* Un investissement initial minimum de 15 000 € est nécessaire pour mettre en place le matériel de production.

▶ Pour aller plus loin, voir les fiches 9 et 10

CHAPITRE 3

Présenter

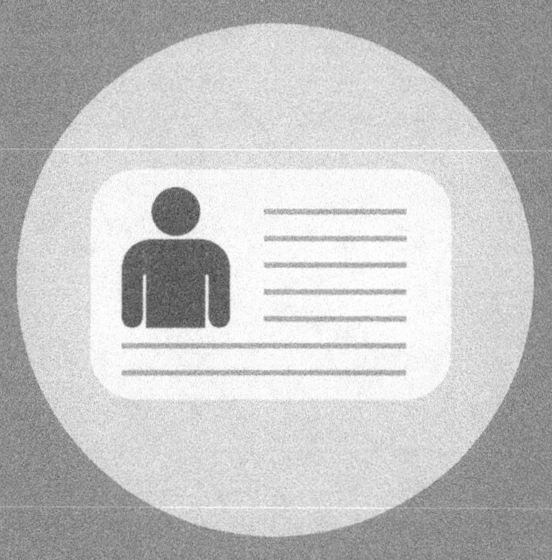

I l existe aujourd'hui de très nombreuses situations en entreprise qui nécessitent de présenter en anglais des personnes, des documents, des projets, des conclusions, face à un auditoire plus ou moins restreint.

L'enjeu est ici très critique, dans la mesure où, au-delà de l'importance de transmettre des informations et une analyse, vous jouez votre image et votre crédibilité. Ces situations sont d'autant plus stressantes lorsque l'on doit y faire face pour la première fois.

Dans ce contexte, les objectifs de ce chapitre visent à développer les compétences suivantes :

- savoir préparer et structurer son intervention en fonction des objectifs poursuivis ;
- maîtriser le vocabulaire spécifique des discours de présentation selon différentes situations ;
- produire des supports de présentation de dimension professionnelle ;
- améliorer sa communication et son aisance orale par une utilisation fluide des mots et expressions clés ;
- utiliser des termes précis en fonction des différents documents techniques présentés dans le chapitre ;
- être en mesure d'adapter sa communication à l'environnement culturel et au contexte de l'entreprise (en interne et vis-à-vis de personnes extérieures).

Fiches de situations du chapitre

L'organisation de son entreprise

Contexte

Dans le cadre de contacts commerciaux ou stratégiques, il est utile de savoir présenter la structure de son entreprise car elle véhicule de nombreux messages. Elle doit démontrer qu'elle est cohérente par rapport à l'activité et à la taille de la société, qu'elle permet des processus efficaces, la création de valeur et le contrôle de la performance, sans oublier la valorisation des compétences humaines.

L'organisation de l'entreprise sera exposée avec précision et clarté sans trop entrer dans les détails mais en donnant une vue d'ensemble et en insistant sur les points forts des choix de structure et leur impact sur la qualité du management.

À l'écrit

La présentation de l'organigramme doit être facile à lire et à comprendre par des intitulés de fonctions et d'activités reconnus dans le management et le secteur. Il vaut mieux éviter des organigrammes très détaillés et complexes avec de nombreuses strates, cela peut faire penser que la prise de décision est lente et la hiérarchie pesante.

À l'oral

Il est important d'éviter d'utiliser un vocabulaire « maison » ou des acronymes internes que vos interlocuteurs peuvent ignorer et qui vont donner une dimension « technocratique » à votre discours.

Comme c'est un sujet assez aride, le ton sera plutôt enthousiaste car vous défendrez les choix d'organisation et cela permettra de conserver la dimension naturelle et convaincante de votre intervention.

Il sera indispensable de vous demander quel message vous voulez faire passer, c'est-à-dire quelles informations vos interlocuteurs devront absolument retenir.

Organigramme d'entreprise fonctionnel

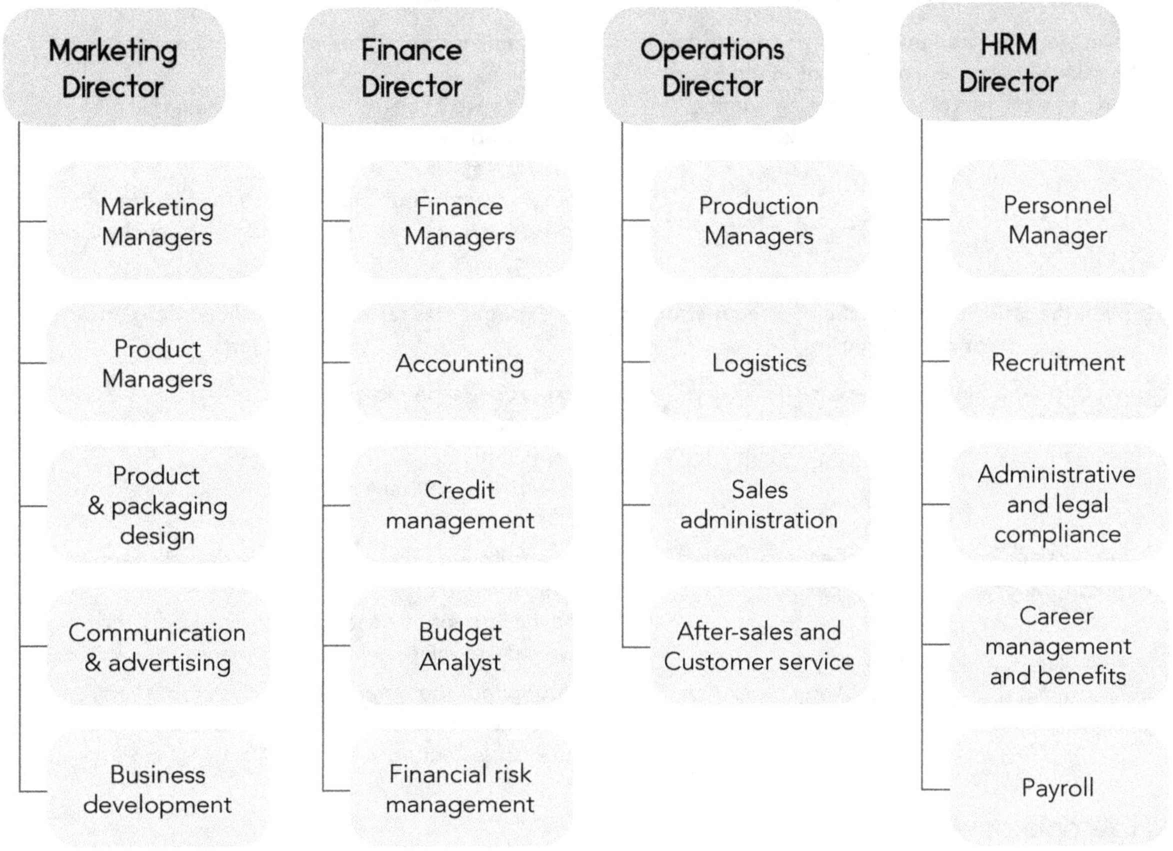

Marketing Director	Finance Director	Operations Director	HRM Director
Marketing Managers	Finance Managers	Production Managers	Personnel Manager
Product Managers	Accounting	Logistics	Recruitment
Product & packaging design	Credit management	Sales administration	Administrative and legal compliance
Communication & advertising	Budget Analyst	After-sales and Customer service	Career management and benefits
Business development	Financial risk management		Payroll

Cet organigramme d'entreprise (« *organization chart* » ou « *organizational chart* ») s'organise autour des principales activités de l'entreprise (« *functional* »). On voit la différence entre « *director* », qui est une fonction de direction, et « *manager* », le responsable opérationnel.

Se mettre à la place de son interlocuteur et centrer la présentation sur l'essentiel.

1. Present a summary organisation chart

We are presenting **a streamlined corporate structure for the sake of clarity** and **on account of** the size of our company, as well as its numerous **business units**.

1. Présenter un organigramme simplifié

a streamlined corporate structure = organigramme simplifié.

for the sake of clarity = dans un but de clarté.

on account of = du fait de – syn. : *due to, owing to, because of.*

business units = divisions opérationnelles de différentes formes, par exemple des succursales (*branches*), des filiales (*subsidiaries*).

2. Explain the rationale for the choice of your structure and its strengths

So, our structure is functional because it allows to develop specialized staff with increased **expertise** and **to implement** an **effective** performance management system.

It also **ensures powerful** knowledge management **throughout the organization** worldwide.

Our divisional structure **enables** to focus our resources and skills on our numerous products lines.

2. Expliquer les raisons de son choix d'organisation et ses points forts

expertise : prononcez [expeurtiise].

to implement = mettre en œuvre/exécuter et surtout pas « implanter » !

effective = « efficace » ou « en vigueur ». Ici, c'est efficace.

to ensure = peut s'utiliser dans le sens de permettre – syn. : *to enable.*

powerful dans ce contexte veut dire « performant » – syn. : *performing* ou *high-performance.*

throughout the organization = dans toute l'entreprise. Le terme « *organization* » s'utilise de plus en plus pour qualifier les entreprises.

Exemple de dialogue n° 13

PRESENTING THE CORPORATE STRUCTURE

— Flora: Well, ladies and gentlemen, now let's turn to the presentation of our new company organization. David, please take the floor.

— David: Thank you Flora! So here is **a short-form** organization chart **for ease of reference**. As you know, our group has turned into a global structure, so last year we had t**o reengineer** our worldwide organization. The present structure has been effective for the last 3 months and some **light readjustments still lie ahead**. However, it's important to understand your new work environment right away.

Our president and CEO, Barbara Celznic, is now **supported by** 4 executive vice-presidents, **namely**: Linda Tomazzi as **Chief Legal Officer** in charge of global risk management and ensuring **legal compliance across borders** and Jonathan Rize as **Chief Financial Officer** in charge of global reporting, strategic and financial planning.

Then, Mark Ravensbruk as global human resources, in charge of worldwide talent and **career path management** and Helen Knight, as global brand and communications in charge of branding strategy and **overseas sales channels**.

The second **layer** is **devoted** to functional divisions, namely global operations, global R&D as well as global marketing and portfolio, which monitor **the lines of business** deployed on the different markets.

They work hand-in-hand with regional headquarters supervising business development in Europe, the Americas and growth markets.

This new organization will be a key success factor to **sustain** our global development, enhance our brand value worldwide and **make our products stand out**!

Thank you for your attention.

— Flora: Thank you David. Now it's time for questions! Yes Andrew, please go ahead!

Les expressions idiomatiques du dialogue

For ease of reference.	Pour plus de commodité.
Light readjustments still lie ahead.	De légers réajustements restent à venir.
To work hand-in-hand.	Travailler en étroite collaboration.
Make our products stand out!	Pour que nos produits fassent un carton !

 # GLOSSAIRE

across borders: à l'étranger – *It's about time to expand across borders.* Il est temps de nous développer à l'étranger.

a short-form organization chart: un organigramme abrégé – *Due to the scale of our group, we have decided to present a short-form organizational chart to our partners.* Du fait de la taille de notre groupe, nous avons décidé de présenter à nos partenaires un organigramme abrégé.

(to) be supported by: être appuyé par – *Our office technicians are supported by local field specialists.* Nos techniciens sédentaires sont appuyés par des spécialistes locaux sur le terrain.

career path management: gestion des plans de carrière – *In our firm, career path management has been implemented for years.* La gestion des plans de carrière existe depuis des années dans notre entreprise.

Chief Financial Officer (CFO): directeur financier – *The CFO has been transferred to our regional headquarters in Malaysia.* Le directeur financier a été muté à notre siège régional en Malaisie.

Chief Legal Officer (CLO): directeur des affaires juridiques – *The new CLO has been appointed, she will take up her duties next month.* La nouvelle directrice des affaires juridiques a été nommée, elle prendra ses fonctions le mois prochain.

devoted: affecter, allouer – *The proportion of resources devoted to business development have fallen over the past decade.* La proportion des ressources allouées au développement commercial a chuté au cours de la dernière décennie.

layer: niveau – *Our corporate structure is flat—there are only 4 layers—which allows more flexibility and quick decision-making.* Notre organigramme ne compte que 4 niveaux, ce qui apporte plus de flexibilité et une prise de décision rapide.

legal compliance: respect de la législation – *In our activity, legal compliance is quite a challenge.* Dans notre secteur, le respect de la législation représente un défi de taille.

lines of business (LOBs): lignes d'activité/catégories d'affaires – *This technology may mean new lines of business in the future.* Cette technologie pourrait représenter de nouvelles catégories d'affaires à l'avenir.

namely: à savoir (avant de citer une liste) – *The quality assurance team will be composed of 3 staff, namely Jonathan, Iris and Melinda.* L'équipe chargée de l'assurance qualité sera composée de 3 collaborateurs, à savoir Jonathan, Iris et Melinda.

overseas sales channels: canaux de vente à l'étranger – *We need to hire an expert in overseas sales channels management.* Nous devons recruter un expert dans la gestion des canaux de vente à l'étranger.

(to) reengineer: restructurer, remanier – *Today, large-scale corporations have to reengineer their operations in order to generate productivity gains.* Les grands groupes doivent aujourd'hui restructurer leur fonctionnement afin de générer des gains de productivité.

(to) sustain: maintenir – *All efforts must be deployed to sustain our growth in India.* Nous devons déployer tous les efforts nécessaires pour maintenir notre croissance en Inde.

▶ Pour aller plus loin, voir les fiches 13 et 24

Son service et son équipe

Contexte

Les responsables de service peuvent être amenés à présenter l'organisation ainsi que le fonctionnement de leur département, aussi bien face à des interlocuteurs internes au groupe que vis-à-vis de partenaires extérieurs. L'objectif est bien entendu de valoriser au mieux son entreprise en démontrant que le service est organisé en fonction d'objectifs pertinents, avec des compétences adaptées et des procédures claires et rationalisées. C'est également l'occasion de présenter son équipe soit pour l'accueil d'un nouveau collaborateur, soit pour rassurer un client sur la qualité de l'équipe.

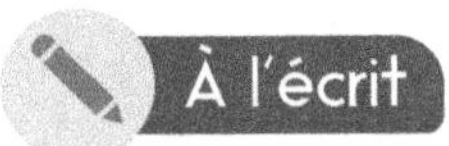

À l'écrit

Il est utile de pouvoir présenter un organigramme du service que l'on dirige afin de clarifier l'organisation des opérations réalisées et le rôle de chaque membre ainsi que ses compétences.

En interne, cela pourra permettre à un nouveau collaborateur de comprendre son positionnement dans la structure du service et le fonctionnement de son environnement immédiat.

En externe, cela pourra permettre de rassurer des clients ou des partenaires sur l'efficacité de l'organisation mise en œuvre pour satisfaire leurs attentes.

Une diapositive à l'intérieur d'une présentation générale pourra permettre des explications plus claires.

Organigramme d'un service après-vente

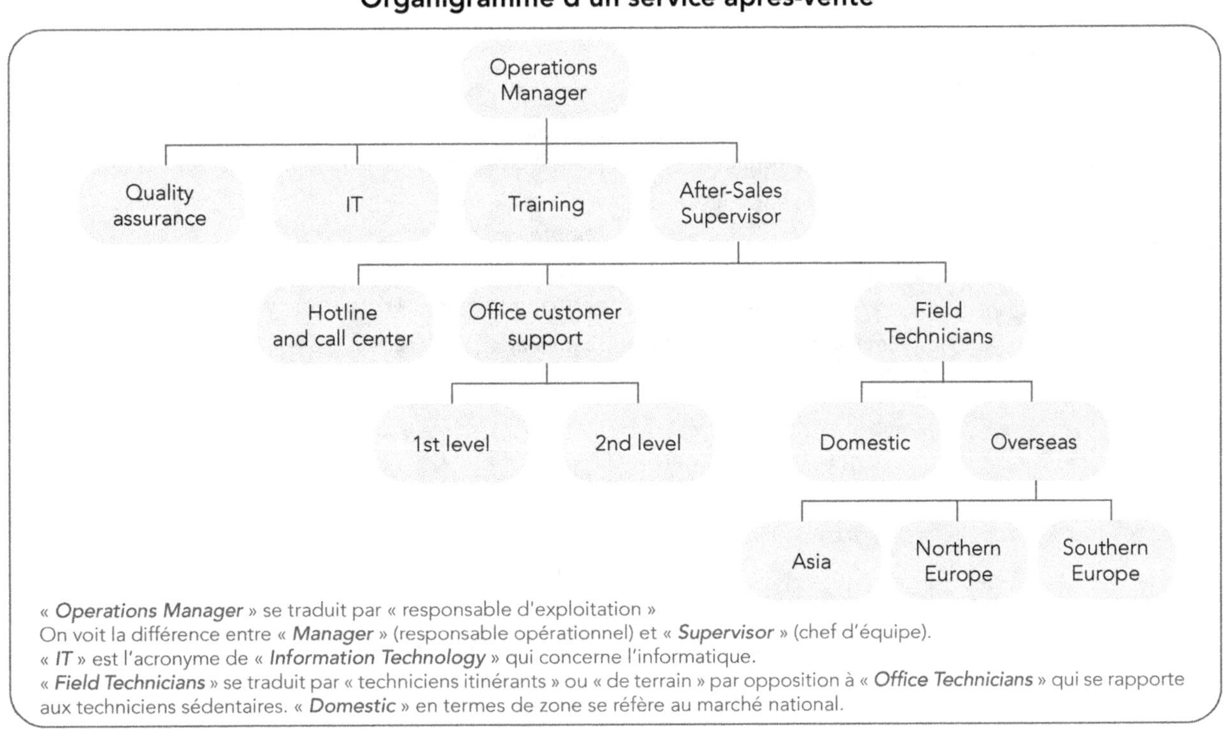

« *Operations Manager* » se traduit par « responsable d'exploitation »
On voit la différence entre « *Manager* » (responsable opérationnel) et « *Supervisor* » (chef d'équipe).
« *IT* » est l'acronyme de « *Information Technology* » qui concerne l'informatique.
« *Field Technicians* » se traduit par « techniciens itinérants » ou « de terrain » par opposition à « *Office Technicians* » qui se rapporte aux techniciens sédentaires. « *Domestic* » en termes de zone se réfère au marché national.

 **À l'oral**

Il est important d'expliquer clairement « qui fait quoi » et les liens opérationnels entre les membres de l'équipe ainsi que la qualité de service offerte par l'équipe.

Éviter d'utiliser un vocabulaire administratif ou avec une connotation trop hiérarchique.

1. Position your department in the organisation chart

The after-sales department **directly reports to** the operations manager.

The after-sales supervisor has to implement the procedures and manage the team.

The operations manager is also **in charge of** IT applications, quality assurance and **skills enhancement** in the division.

1. Positionner son service dans l'organigramme

directly reports to = dépend directement de. Ne pas confondre avec « *to report on* » = faire un rapport sur.

in charge of = responsable de, et non pas « chargé de » (faux ami).

skills enhancement = perfectionnement des compétences (ici se réfère à la formation).

2. Demonstrate how this department organization is relevant and successful

The direct reporting to the Operations Manager is very effective in terms of **responsiveness** to **shortcomings** and allocation of necessary resources.

The after-sales department is well-structured to respond to our customers' **queries** both at home and abroad as well as online and face to face.

It also provides different categories of support according to the type of **incident** and the **service level agreement**.

2. Démontrer en quoi cette organisation du service est pertinente et efficace

responsiveness = réactivité – syn. : *reactivity*.
shortcomings = dysfonctionnements, défaillances, carences.

queries = requêtes, questions, demandes.
Il faut éviter d'utiliser le mot « *problem* ». Pour le rendre plus neutre on peut utiliser *query, matter, question*.

incident = incident – syn. : *mishap* ou *disturbance*.

service level agreement = accord de prestation de services.

3. Present the team

The hotline and call center are in charge of **screening** first contacts and responding to **standard requests**.

Then our 10 office technicians are able to solve first and second level issues **remotely**.

Finally, our field technicians can **act** within 24 hours both in France and abroad through a **service network**.

So, here is John, our hotline **team leader** and Sarah, our highly experienced after-sales supervisor, who manages all technical teams.

3. Présenter l'équipe

screening = filtrage.
standard requests = demandes courantes (FAQ).

remotely = à distance.

to act = intervenir.
service network = réseau de service.

team leader = chef d'équipe.

 ## Exemple d'intervention orale n° 14

PRESENTING A NEW DEPARTMENT STRUCTURE

— David: Thank you for coming to this exceptional department meeting. As you know, following the merger with XYZ, our main competitor, our department has been **revamped**. **I reckon that** this represents a **major concern** for most of the team, that's why I have decided, as your department manager, to call this meeting.

So, here is the new organization that will come into force next February. The after-sales departments of the two companies have been **merged and streamlined**. However, the field technical teams have been **preserved**, especially for the major European markets. **As for** overseas markets, since XYZ already has a service network in Asia, their teams of field technicians will be in charge of this area, together with the associated **office customer support**. Some of you were offered a **transfer** to domestic after-sales, but **I'm confident that** the European market growth will be sustained **beyond our forecasts** and that you will soon be back here in the overseas department. After very tough negotiations, **we have wrested a concession** and the hotline and call centers will remain in France. To sum up then, a part of our structure, namely office customer support and field technicians for Asia, have been transferred to our partner's locations. We keep control and closeness with our customers in Europe and we will probably benefit from XYZ European clients shortly. I hope that you have a better view of our department restructuring. **Now let's move forward!**

Les expressions idiomatiques du dialogue

I reckon that…	Je pense que/il me semble que…
I'm confident that…	Je suis convaincu que…
Beyond our forecasts.	Au-delà ne nos prévisions.
We have wrested a concession.	Nous avons arraché une concession.
Now let's move forward!	Allons de l'avant maintenant !

 # GLOSSAIRE

as for: en ce qui concerne – *As for our network of branches, no closure has been anticipated at this point.* En ce qui concerne le réseau de succursales, aucune fermeture n'est envisagée/prévue à ce stade.

major concern: un grave sujet de préoccupation – *Our profitability degradation is a major concern among shareholders.* La dégradation de notre rentabilité est très préoccupante pour les actionnaires.

merged and streamlined: fusionné et rationalisé – *Due to the economic downturn, the three marketing departments must be merged to reduce the wage-bill and the sales process must be streamlined to achieve cost reduction.* Du fait du ralentissement économique, les trois services marketing doivent fusionner pour réduire la masse salariale et nous devons rationaliser le processus de vente pour réaliser des réductions de coûts.

office customer support: support client sédentaire – *A new office customer support will be created specifically for the UK.* Nous allons créer un support client sédentaire spécialement pour le Royaume-Uni.

preserved: conserver/sauvegarder – *Our domestic organization was preserved after the merger.* Notre organisation sur le marché intérieur a été conservée après la fusion.

revamped: réorganiser/restructurer – *After the takeover, all head office divisions were revamped.* Après le rachat, toutes les divisions du siège social ont été restructurées.

transfer: mutation – *The account manager has received his transfer notice.* Le chargé d'affaires a reçu son ordre de mutation.

▶ Pour aller plus loin, voir la fiche 14

Le manager face à sa nouvelle équipe

 Contexte

S'intégrer dans une nouvelle équipe est un défi à la fois passionnant et angoissant. Le premier contact avec sa nouvelle équipe en tant que manager est une situation délicate où l'on doit gagner la confiance de ses futurs collaborateurs. C'est également un enjeu d'image qui demande une communication précise.

 À l'écrit

L'annonce de l'arrivée d'un nouveau collaborateur ayant une fonction de management doit être faite officiellement auprès de l'équipe concernée.

Un mémo peut être utilisé en interne, il doit montrer l'importance d'être présent et indiquer les informations essentielles à l'organisation de ce premier contact entre l'équipe et la nouvelle recrue.

Mémo d'invitation à assister à l'arrivée d'un nouveau manager

MEMO

To: All Project Managers
From: Mary Lynn Keaton
Date: September 15, 2020
Subject: New Project Director for Key Accounts

Please note that the new Project Director for **Key Accounts**, Norma Jones, wishes to introduce herself on September 28 at 3 pm in the conference room of the 23rd floor. We expect all project managers **to clear their schedule** in order to be present.

Please give her a hearty welcome.
MLK

 **À l'oral**

Il faut faire court (moins de trois minutes) et être très structuré. L'objectif est de montrer ce que l'on peut apporter, faire preuve d'esprit d'équipe et clarifier ses objectifs.

Être à la fois professionnel et énergique.

1. Thank them for their greeting

First, thank you for your friendly **welcome** this morning!

It's a **pleasure** to be here.

So, let me say a few words about my **background**.

1. Remercier de l'accueil

welcome = accueil.

pleasure : prononcez [plèjeur].

background = pour une personne, son expérience ; pour une entreprise, son historique.

2. First, say a few words about your education

After a **Master's Degree** in Civil Engineering, I **joined** XYZ Corp as a project engineer 5 years ago.

2. Commencer par un mot sur sa formation

master's degree : deux ans après le *Bachelor's Degree*.

Attention au sens de *to join* : être embauché, se joindre à, adhérer.

3. Highlight your skills

So, I have some **hands-on** experience in **business development,** involving **team management** and project planning overseas.

3. Mettre en valeur ses compétences

hands-on = pratique, de terrain.
business development : s'utilise de plus en plus pour le développement des ventes.
team management = encadrement d'équipe ; *management* seul, c'est la gestion.

4. Specify your objectives

My major **assignment** within the team will be to increase our **tender win rate** especially in emerging countries.

4. Préciser ses objectifs

assignment = mission.
tender win rate = taux de transformation des offres en commandes.

5. Value the company and the team

I trust your skills and **expertise** will be very helpful to reach our common targets.

5. Valoriser l'entreprise et l'équipe

expertise : prononcez [expeurtiise].

ATTENTION : NE LAISSEZ PAS VOTRE ATTITUDE VOUS TRAHIR

- Si l'on est assis : prendre appui sur la table, les mains ne s'agitent pas, elles ponctuent discrètement les propos.
- Si l'on est debout : ne pas croiser les bras, ne pas mettre les mains derrière le dos. Prendre appui sur une jambe pour être moins rigide, sans se balancer.
- Articuler et respirer calmement.
- Regarder le groupe et les personnes alternativement.
- Sourire, faire des gestes ronds, non saccadés et tournés vers l'extérieur.

THE INTRODUCTION SPEECH

— David: It's my pleasure to introduce our new project manager to the **IT team**, Norma Jones, who will take on our key accounts' projects. Norma, please take the floor.

— Norma: Thank you all for coming! This is my first day at ABC and I'm eager to meet each of you personally. First, I'll give you an overview of my **education** and experience. Then we'll go into our organization and goals for the coming year.

I'm from Detroit, Michigan. After graduating from an engineering school in Chicago, I joined Oracle as an IT consultant where I specialized in the automotive **field**. I spent 5 years there and was promoted to a position of senior consultant after 2 years and project manager the year after. Thanks to this experience, I can manage project teams and **liaise** with **key accounts** in a very **demanding** environment.

I'm really proud to join ABC today because of its ambitious prospects and **appealing mission statement**.

I'm convinced that **we're way out front** so we can expect our market share to increase.

As you know, ABC is planning to develop a **portfolio** of key accounts in the field of car parts manufacturers. So, **there is still a long way to go** but I'm sure that **I can depend on you** to face this challenge!

I will call a meeting next week to outline the new organization we want to set up at ABC. You will be offered training seminars to develop team **empowerment**. There will be room for new responsibilities in the team.

I hope you will be interested and **dedicated** to this challenging opportunity so that we can ensure sustainable development of ABC activities.

I'll be pleased to see you next week. Thank you for your attention.

— David: Thank you so much Norma for this presentation.

Les expressions idiomatiques du dialogue

We're way out front.	Nous sommes à la pointe du progrès.
There is still a long way to go.	Il y a encore du chemin à faire.
I can depend on you.	Je peux compter sur vous.

 GLOSSAIRE

appealing: attrayant – *This range of products is innovative and the design quite appealing.* Cette gamme de produits est innovante et le design très attrayant.

car parts: pièces automobiles – *The market of car parts has turned global.* Le marché des pièces automobiles est devenu mondial.

(to) clear one's schedule: libérer son agenda – *All technicians have to clear their schedule on May 28 to attend this training seminar.* Tous les techniciens doivent libérer leur agenda le 28 mai pour assister à cette formation.

dedicated: dévoué – *I know that the entire staff at ABC consists of very dedicated people.* Je sais que tout le personnel d'ABC est très motivé.

demanding: exigeant – *We'll soon have to face this very demanding task.* Nous devrons bientôt affronter cette tâche très exigeante.

(to be) eager to: avoir hâte de – *The IT team is eager to use the new information system.* L'équipe informatique a hâte d'utiliser le nouveau système d'information.

education: formation initiale – *She has decided to join a vocational training program after her education.* Elle a décidé d'intégrer une formation professionnelle après sa formation initiale.

empowerment: capacités d'initiative – *Department managers should focus on developing team empowerment to create commitment and productivity gains.* Les responsables de service doivent développer les capacités d'initiative au sein des équipes, afin de générer de l'engagement et des gains de productivité.

field: domaine/secteur – *I was in charge of leading an acquisition in the field of robotics.* J'étais responsable d'un rachat dans le domaine de la robotique.

IT team: équipe informatique – *A new IT team must be recruited to manage this strategic project.* Nous devons recruter une nouvelle équipe informatique afin de gérer ce projet stratégique.

key accounts: grands comptes – *In 2017 she became marketing director and responsible for key accounts at XWZ.* En 2017 elle est devenue directrice marketing avec la responsabilité des comptes clés chez XWZ.

(to) liaise: assurer la liaison – *An external consultant will liaise between IT and sales to ensure effective communication.* Un consultant externe assurera la liaison entre le service informatique et le service commercial afin de garantir une communication efficace.

mission statement: déclaration d'objectifs – *Our actions should fit our mission statement.* Nos actions doivent être en accord avec notre credo.

portfolio: portefeuille – *We need to diversify our product portfolio.* Nous avons besoin de diversifier notre portefeuille de produits.

(to) take the floor: prendre la parole – *First the CEO will take the floor to present last year's results and outline our strategy for the coming year.* Tout d'abord, le PDG prendra la parole pour présenter les résultats de l'année précédente et donner les grandes lignes de notre stratégie pour l'année à venir.

▸ **Pour aller plus loin, voir la fiche 13**

L'entreprise à un client/ partenaire

Contexte

Présenter son entreprise de manière claire et succincte est une nécessité. Qu'il s'agisse d'un entretien avec un fournisseur, d'un argumentaire commercial ou d'un salon professionnel, vos partenaires ont tous besoin d'informations synthétiques et complètes avant de s'engager. Une présentation bien structurée ouvrira la voie à un monde d'opportunités !

À l'écrit

La présentation est structurée de façon logique afin de permettre de comprendre le positionnement et l'évolution de l'entreprise, que ce soit sur une présentation PowerPoint ou un document papier ou électronique.

Le profil de l'entreprise

Communiquée en externe, la présentation du profil de l'entreprise est un document clé pour donner un aperçu synthétique de ses activités. Le profil présente un résumé rapide et clair des informations essentielles pour que clients, fournisseurs et investisseurs puissent avoir la vision la plus complète possible de la société.

Profil d'une entreprise

CAB Corporation

Headquartered in Minneapolis, Minnesota, CAB LLC is a general contractor specialized in construction site management. We have 20 years of expertise in project management thanks to a tradition of **seamless** coordination between subcontractors in accordance with our clients' specifications. Our references include both public (Minnesota Department of Corrections, Minnesota Office of Higher Education) and private sector (Saint Olaf College, 3M, Cargill) **contracting owners**.

CAB is Minnesota's largest privately held general contractor. With an annual sales turnover of $7.2 billion (2019), CAB employs 407 people throughout the United States.

Our mission statement is: « At CAB, we **strive** to give our customers quality general contracting services with the utmost professionalism. »

Les statuts juridiques d'entreprises selon les pays

US	UK	France
LLC	LLP	SARL
Delaware LLC	LTD	SAS
C-Corporation	PLC	SA

L'historique du groupe

Bien que la présentation de l'historique d'une entreprise puisse paraître banale, elle joue un rôle important dans la confiance qu'elle inspire vue de l'extérieur. Chaque entreprise se doit de présenter les moments clés de son histoire : qui l'a créée et pourquoi, ses évolutions majeures, ainsi que d'autres événements qui ont contribué à la définir et à la valoriser.

Historique d'une entreprise

CAB

"The contracting professionals"

Company History

Located in Bloomington, near Minneapolis-Saint Paul, CAB Corporation was founded in 1982 by Chris Cappetta, Jennifer Alexis and Damien Blais as a small **general contractor** serving the southern metro area. The company gets its name—"CAB"—from the first letter of each of its founders' last names, all three of whom graduated from the University of Minnesota's Carlson School of Management. Thanks to a strong economy and a dynamic construction industry in the Twin Cities area in the early '80s, the three decided to consolidate their talents and founded CAB to **take advantage of** the growing general contracting market there.

With Cappetta's accounting background, Alexis' architectural experience, and Blais' management know-how, CAB LLC had everything it needed to succeed, and **landed** its first major contract in 1987 with 3M, which had had plans to build a state-of-the-art research facility in Maplewood and a 250,000 sq. ft. extension to its main administrative offices in Saint Paul. This was a turning point in CAB's history as it provided for a challenging and complex management project that would not only help it **forge** its reputation as one of the region's most trusted general contracting firms, but also give it the capital it needed to expand its operations to all of southern Minnesota and northern Iowa.

In 1993, CAB's client portfolio grew to a net value of $500 million, and included the acquisition of several large contracts, including three awarded by Fortune 500 companies. Faced with a booming construction market and insufficient human resources to meet this growing demand, CAB **underwent** an in-depth restructuring process in 1999 to take on ten new employees, as well as a new equity partner, Alice Osborne.

In 2005, CAB launched an **IPO** on NASDAQ and was authorized to issue 200,000 common voting shares, allowing it to raise over $10 million in investment capital to better serve its customers nationwide.

Today, CAB continues its tradition of excellence in project management, and looks forward to laying the foundations for your next building **endeavor**!

Il vaut mieux proposer une structure simple et claire et, ensuite, présenter des éléments d'analyse (réalisations/tendances) étayés par des faits sans oublier d'illustrer la valeur ajoutée. L'objectif sera aussi d'expliquer la stratégie de développement et ses étapes en valorisant des choix judicieux et payants.

Ne pas se perdre dans les détails.

1. A few words about the background	**1. Quelques mots sur l'historique**
Well, we are at the firm's **headquarters** where the company was **established** 80 years ago.	*headquarters* = le siège social, toujours avec un « s » final.
	to establish = fonder, créer une entreprise – syn. : *to found*.
Our founder, Philippe Lebert, was a civil engineer and he had **the first patent registered** in the field of pre-stressed **concrete**.	*to register a patent* = déposer un brevet d'invention. *concrete* = béton (faux ami).

2. Explain the progress made	**2. Expliquer les progrès**
Since then, our R&D has **upgraded** this technology 7 times **to keep up with** an increasing demand.	Attention ne pas confondre : *to upgrade* = faire évoluer et *to update* = mettre à jour. *to keep up with* = se maintenir à niveau.
This **cutting-edge** process is now widely used in all industrial projects worldwide.	*cutting-edge* = de pointe – syn. : *leading-edge*.

3. Outline projects	**3. Présenter les projets**
Now **our staff** is reaching 550 **employees** and we have opened **branches** all over Europe.	*staff* = personnel, effectif. *employees* : prononcez [aimployiz]
Recently a **subsidiary** has been **set up** in Hungary for a better **market coverage** in emerging Eastern Europe.	*to set up* = implanter, mais *to implant* = inculquer ! *subsidiary* = filiale. Attention : *subsidy* = subvention. *market coverage* = couverture du marché.
Besides, we are planning **to enter** the Brazilian market within 2 years.	*to enter a market* : jamais de préposition !

Ne pas confondre succursale et filiale

Succursale	Filiale
Branch (syn. : *office, agency*)	*Subsidiary* (syn. : *affiliate*)
Siège social = *head office*	Maison mère = *parent company*
Une seule entreprise	Plusieurs entreprises

Exemple de dialogue n° 16

PRESENTING THE COMPANY

— David Gelin: Well Mrs. Lancel, thank you for your time.

— Mrs. Lancel: Oh Mr. Gelin, the tour we did of your showroom was really interesting!

— David Gelin: Now I'd like to say a few words about our company. Please feel free to ask any questions. So, a well-known interior designer, Jeffrey Simpson, created ABC 10 years ago. His idea was to offer affordable office furniture with an original design and possible customization, in order to respond to new needs from customers. **It was an instant hit!** Start-ups were looking for this kind of furniture and, after targeting SMEs, we have now turned to larger-scale groups. Our mission is to keep close to our customers' expectations while **abiding by** sustainable development standards. We were **awarded a prize** last year in recognition of our efforts. We are now planning to expand to overseas markets through franchising which offers excellent opportunities to upgrade our know-how and deploy our customization process to new cultures and tastes.

— Mrs. Lancel: Well, **on the face of it**, I believe our group could consider entering into negotiations in view of setting up a franchised network in the United States. Of course, this will be **subject to** the validation of your proposal by our lawyers.

— David Gelin: Thank you Mrs. Lancel, we are looking forward to our next contact.

Les expressions idiomatiques du dialogue

It was an instant hit!	Ce fut un succès immédiat !
On the face of it…	À première vue…
Subject to…	Sous réserve de…

# GLOSSAIRE

abiding by: en conformité avec – *The new regulation forces us to abide by sustainable development standards.* La nouvelle réglementation nous impose de respecter les normes de développement durable.

(to be) awarded a prize: recevoir un prix – *Our subsidiary in India has been awarded the best customer service prize!* Notre filiale en Inde a reçu le prix du meilleur service client !

contracting owners: maître d'ouvrage – *We have started working with public contracting owners, mainly local authorities.* Nous commençons à travailler avec des maîtres d'ouvrage publics, principalement des collectvitiés locales.

endeavor: projet – *The Director of Strategy has embarked upon several new endeavors.* Le directeur stratégique a entamé plusieurs nouveaux projets.

(to) forge: se forger – *We forged a reputation of quality and service.* Nous nous sommes forgé une réputation de qualité et de service.

general contractor: maître d'œuvre – *Our general contractor will hire an electrician.* Notre maître d'œuvre embauchera un électricien.

headquartered: doté d'un siège – *The company is headquartered in Miami.* Le siège de l'entreprise se trouve à Miami.

IPO (Initial Public Offering): introduction en Bourse – *The company launched an IPO.* La société est entrée en Bourse.

(to) land: gagner/conclure – *Our sales team landed 14 contracts last week!* Notre équipe commerciale a gagné 14 contrats la semaine dernière !

seamless: continu – *Our communication within the joint venture must be seamless.* Notre communication au sein de la JV doit être continue.

subject to: sous réserve de – *The offer is accepted subject to confirmation within 2 days.* L'offre est acceptée sous réserve d'une confirmation sous 48 heures.

(to) take advantage of: profiter de – *The managing director took advantage of the corporate loopholes.* Le directeur général a profité des failles dans l'entreprise.

(to) undergo: subir – *The law firm underwent a recent fiscal audit.* Le cabinet d'avocats a dû subir un audit fiscal récemment.

▶ Pour aller plus loin, voir la fiche 4

Le déroulement
d'un diaporama d'entreprise

Contexte

Le diaporama est devenu un outil incontournable dans la communication d'entreprise. Sa forme et son utilisation sont devenues très formatées et de plus en plus exigeantes. Les entreprises ne s'y sont pas trompées quand elles imposent une charte graphique à toute présentation interne comme externe. L'erreur la plus répandue est d'ouvrir l'outil et de commencer à remplir des diapositives sans savoir où l'on veut aller et souvent dans l'urgence. Il est recommandé de se poser quelques questions simples avant de commencer afin de construire son diaporama de manière pertinente.

À l'écrit

Après avoir défini le sujet, le public auquel s'adresse la présentation, les objectifs et le contenu, on peut développer le storyboard. Le *storyboard* (littéralement « plan de l'histoire ») sert à mieux organiser les points à aborder tout en incorporant les spécificités des objectifs à atteindre. N'hésitez pas à utiliser des images/du son/de la vidéo dans le diaporama afin de le rendre plus agréable et de capter l'attention de votre auditoire !

Le diaporama de présentation doit être court, structuré et parfaitement relu et corrigé. Rien n'est pire en termes d'image que des fautes de frappe ou d'orthographe sur un diaporama.

Voici des exemples de présentations en 20 minutes.

Exemples de plans

Binaire	Tripartite	Linéaire
Bordeaux wine sales	**Presentation of ABC Company**	**Business Cycle**
1. Red wines 2. White wines	1. Company history 2. Current positioning 3. Future perspectives	1. Sourcing 2. Production 3. Sales

Une fois le storyboard validé, on peut procéder à la création des diapositives à proprement parler :

- ajouter une page de titre, ne pas inclure beaucoup de texte et ne pas lire le texte repris dans la diapositive ;
- penser à la taille et à la couleur du texte et du fond et vérifier la lisibilité ;
- ajouter images/schémas/animations dans la mesure du possible, si ceux-ci sont pertinents.

À l'international, il est important d'adapter les diapositives aux références culturelles du public concerné. Voici quelques points de repères non exhaustifs.

Exemples de plans de diaporamas par zone

Pays latins (France, Europe du Sud, Amérique latine…) : présentation structurée et formelle, avec un plan annoncé, communication protocolaire, questions réservées à la fin.

I. Introduction
II. Purchasing
III. Production
IV. Sales
V. Conclusion

Pays anglo-saxons (États-Unis, Royaume-Uni, Australie…) : présentation pragmatique, format plus spontané, questions posées pendant la présentation.

How to make your company profitable: A former executive shares his secrets

Pays asiatiques (Chine, Corée, Japon, etc.) : culture clanique et collective, l'individu se définit par rapport au groupe, structure non linéaire.

Our Company Values
– Respect
– Relationships
– Responsibility

Retail Distribution
☐ Outlet location
☐ Customer demand
☐ Stocks and inventory

Ajoutez des puces pour énumérer les éléments d'une liste ou pour introduire une série de concepts qui se suivent de manière logique.

! ATTENTION : LE MIEUX EST L'ENNEMI DU BIEN !

▸ Ne pas surcharger vos diapositives avec trop de texte, et limiter le nombre de points clés à trois. De plus, cette pratique vous incitera à lire votre présentation, ce qui est **fortement déconseillé !**

▸ Ne pas abuser des animations et du minutage qui ne sont pas toujours synchronisés avec votre propre rythme de présentation.

Il faut garder à l'esprit les attentes de l'auditoire et aller à l'essentiel. On reste toujours tourné vers l'assistance pour garder le contact et montrer une intention positive (les mains tournées vers le public et pas vers soi, par exemple).

Être concis, prendre le temps de préciser le contexte et le mode opératoire.

1. Introduce the subject

> ABC – 2020 overview
> 1
> A challenging
> future for our firm

> ABC – 2020 overview
> 2
> A new
> policy

> ABC – 2020 overview
> 3
> Rewarding prospects

> ABC – 2020 overview
> 4
> A decentralized
> structure

1. Présenter l'objet

1. The focus of my talk will be **to outline** our strategy for next year.

2. The subject of my presentation will be our new advertising campaign.

3. The purpose of this talk is to analyse our **sales forecasts**.

4. I've come here today to inform you about our new organization chart.

to outline = donner les grandes lignes.
sales forecasts = les prévisions de vente.
organization chart = un organigramme.
rewarding = financièrement intéressant.

2. Specify the structure

> Contents
> 1. Market overview
> 2. Sales action plan
> 3. Partner research

2. Préciser la structure

I've divided my talk into 3 parts…

My talk will focus on 3 main areas…

1. In the first part I'll look at our market share evolution.

2. The second part will deal with our new commercial strategy.

3. In the final part I'll say something about our coming partnerships.

A talk ou *a presentation* s'utilisent dans le domaine professionnel, mais on utilisera **a speech** pour un discours officiel.

Attention au verbe *to divide **into*** et non pas *in*.

3. Specify the duration

I plan to speak for about thirty minutes.
This should only **last** about half an hour.

3. Indiquer la durée

for est obligatoire devant une durée.
to last = durer.

4. Specify when to ask questions

Please feel free to interrupt me at any time if you have a question.

Interrupt me if you want me to clarify something.

There'll be time at the end for questions and discussions.

4. Préciser quand poser les questions

Pour une présentation courte, préférez les questions à la fin.

Une manière polie de dire que l'on ne souhaite pas être interrompu.

5. Start

That completes my brief introduction. I'd like to start now by looking at the figures for next year.

Firstly, I'd like to consider the question of outsourcing.

To begin with, I'm going to review recent developments in our strategy.

5. Commencer

to complete = faux ami, terminer.

Commencez par une anecdote, une histoire, une question ou des chiffres frappants pour capter l'attention.

to begin with = tout d'abord.

 **Exemple d'intervention orale n° 17**

PRESENTING A NEW POLICY

— **Sue:** Well, ladies and gentlemen, may I have your attention please! First of all, thank you for coming to this meeting. I'm Sue Davis, category buyer at ABC. We appreciate your involvement with our company, as key **vendors**. The subject is to introduce our new **procurement policy**, which will come into force next year.

As you probably know, our group is currently facing a fast growth in a highly competitive environment. Our challenge is to take advantage of market opportunities through better quality and competitive prices. That's why we need to review our purchasing policy, especially regarding our **strategic procurement**.

We have divided our presentation into four parts. First, Sylvia Ramirez, our procurement director, will outline the global objectives of our purchasing department to support our strategy. I will present the second point, namely the major changes in our procurement procedures. Then, Paul Hunter, our senior product manager, will give an overview of the products and services directly affected by these **alterations**. Finally our quality manager, Barbara Stanwood, will focus on the new standards to be **enforced** in our suppliers' relationship management, regarding reduction of carbon footprint.

Feel free to ask questions at any time during the presentation. Sylvia, please take the floor…

(…) Now that the presentation is over, we want to point out that we are aware that these changes will **call for efforts on your side**, however we are prepared to set up partnerships and to develop trust with our key vendors. We are confident that you all want **to start off on the right foot!**

Now let's turn to our Q&R session. Yes, Mr. Brown…

(…) Well, if there are no more questions, **we'll finish up now!**

Please, pick up the folder **on your way out**, this document summarizes the 4 topics of the presentation.

Thank you for your attention.

Les expressions idiomatiques du dialogue

To call for an effort.	Demander des efforts.
To start off on the right foot!	Partir du bon pied !
We'll finish up now!	Nous avons terminé !
On your way out.	En sortant.

 # GLOSSAIRE

alterations: modifications – Pas de sens négatif comme en français – *We have brought very innovative alterations to the car design.* Nous avons apporté des modifications très innovantes au design de la voiture.

enforced: mis en application – *We have to enforce new payment terms.* Nous devons appliquer de nouvelles conditions de paiement.

outline: ne pas confondre « *an outline* » (un sommaire) et « *to outline* » (donner les grandes lignes) – *The outline of the slideshow is very useful to explain the different topics addressed.* Le sommaire du diaporama est très utile pour expliquer les différents sujets abordés.

procurement policy: politique d'achat – *Our new procurement policy has two major goals: reducing purchase costs and delivery times.* Notre nouvelle politique d'achat vise deux objectifs : réduire les coûts d'achat et les délais de livraison.

strategic procurement: achats stratégiques – *Strategic procurement covers all products necessary to our core business.* Les achats stratégiques couvrent tous les produits nécessaires à notre cœur de métier.

vendors: fournisseurs – *We are planning to sign framework agreements with our key vendors.* Nous envisageons de signer des accords-cadres avec nos principaux fournisseurs.

▶ Pour aller plus loin, voir les fiches 23 et 24

Ses produits sur un salon

Contexte

Les salons professionnels offrent une opportunité unique de faire connaître ses produits directement à de futurs acheteurs. Le niveau d'exigence des visiteurs sur un salon est très élevé, d'autant que l'on joue également son image professionnelle et sa crédibilité. Il est donc important de préparer avec soin cet événement et en particulier les documents dédiés à la présentation du produit. Il est également très intéressant de pouvoir, lors d'un salon, conduire une démonstration du produit en face à face, ce qui permet de mettre en valeur ses performances et de répondre sur le vif aux questions du visiteur. Une démonstration bien structurée qui s'appuie sur une fiche technique produit claire et concrète permettra de susciter l'intérêt du visiteur et de l'amener plus sûrement à passer une commande !

À l'écrit

La fiche technique produit doit toujours être à disposition et mise à jour, afin de servir de base à l'argumentation technique et commerciale. Sur un salon, on se trouve au tout début du cycle de vente et, selon la technicité du produit ou du service, il sera judicieux de ne pas noyer le visiteur sous trop d'informations techniques et de conserver du contenu pour le « CTA » (*call to action*). L'objectif est d'amener le futur acheteur à entamer une mise en relation hors salon.

On peut envisager deux types de fiches produits : une à destination des commerciaux (synthétique) et une autre pour les acheteurs techniques (plus détaillée).

Les rubriques d'une fiche produit synthétique

English	Français
Product description	Désignation du produit
Main benefits (with action verbs)	Principaux avantages (avec verbes d'action)
Call-out box (with customer's testimonial)	Encadré d'illustration (avec témoignage client)
Examples of use cases	Exemples de différents contextes d'utilisation
CTA (call to action)	CTA (incitation à passer à l'action)

Les rubriques d'une fiche produit détaillée

English	Français
Product description	Désignation du produit
Product specifications/features	Caractéristiques du produit
Composition/contents	Composition/contenu
Performance and key benefits	Performance et principaux avantages
Areas of applications	Domaines d'application
Directions for use/requirements for use	Mode d'emploi/conditions d'utilisation
Product limitations/warnings	Mises en garde
Approval tests and standards	Tests d'homologation et normes
Packaging	Conditionnement
Storage conditions	Conditions de stockage
Maintenance and warranty	Maintenance et garantie

À l'oral

Conduire une démonstration de produit demande beaucoup de préparation et même de répétitions, comme pour une saynète. Là encore, il faut aller à l'essentiel, ne pas perdre votre audience en route et être certain d'être compris. Votre déroulé de présentation est prêt et vous le maîtrisez mais attention à laisser de la place pour des questions et des interactions, qui permettront à votre interlocuteur d'obtenir des éclaircissements et à vous de mettre en valeur la qualité et les performances de votre produit.

Être concis, concret et adapter le niveau technique à son interlocuteur.

1. Try to have the visitor stay at your booth

If you have a moment **to spare**, I'll show you a video demonstration of the concrete results you can expect.

If you'd like to stay for 5 minutes, we'll be making **a full-scale demonstration** of our latest model.

1. Faire rester le visiteur

to *spare* a moment = accorder un instant, différent du sens usuel « épargner » quelqu'un ou quelque chose.

a *full-scale demonstration* = une démonstration complète.

2. Lead your demonstration

As you have **noticed** on the **specification sheet**, **assembly** is quick and easy.

There's no need to train your team to the **operating instructions**, they are very simple.

This **device** is **suitable for all uses**, both indoors and outdoors.

2. Animer la démonstration

to *notice* = remarquer, plus fort que *to note*, noter.
specification sheet = fiche technique.

operating instructions = mode d'emploi pour une machine – syn. : *directions for use*.

device : attention c'est un appareil (ou un moyen) mais jamais un devis (*estimate* en anglais).

suitable for all uses = souple d'utilisation.

The red button in the middle is the **emergency switch**.

emergency switch = bouton d'arrêt d'urgence.

The screen lighting can be **enhanced** like this.

to enhance = ici augmenter mais aussi améliorer (quantitatif et qualitatif).

3. Prepare the next contact

3. Préparer le prochain contact

Can I leave you my card?
Would you like to leave your **contact details**?
Have you got a business card?

contact details = les coordonnées.

If you leave your address I'll **arrange for** our agent to visit you.

to arrange for = s'assurer que.

When would be a good time to contact you?

Quel serait le moment idéal pour vous contacter ?

 ## Exemple de dialogue n° 18

DURING THE TRADE SHOW

— David: Hello, I'm David Gelin, from ABC, can I help you?

— Jenny: Well, in fact I'm just having a look at your **display**.

— David: May I ask what you're interested in?

— Jenny: I'm Jenny Collins from XYZ in Toronto. We are specialized in designing high-end bathroom equipment and layout**.**

— David: Oh, I see. So both our activities are complementary as we produce taps for kitchen and bathroom. As you can see, we offer high quality and **trendy design products**.

— Jenny: Indeed. Can I have a look at your catalogue?

— David: Of course, you can discover our new collection on this laptop and here is a **hard copy** with all references. I also have some prestige items here with me. Please have a seat.

— Jenny: Thank you.

— David: If you have any question, I'd be pleased to provide more information.

(A few minutes later.)

Well Mrs. Collins, may I ask what are your 3 major requirements, when choosing taps for your clients?

— Jenny: **I'm not going to give you my hand!** No, more seriously, this may differ according to the taste of our customers. However, I'd say that the quality of materials always comes first, followed by the original design and finally the technology offered, like spa applications.

— David: That's true; spa applications are so trendy nowadays. We introduced this feature 5 years ago, and our hydrotherapy technology was immediately a hit. We registered a patent for these very small holes that deliver very powerful massage jets to increase well-being.

— Jenny: That's interesting. But you see, we signed an agreement 2 years ago with a French supplier but **he let us down** after 3 months. So we definitely need a reliable partner because it could also **end in failure** for us.

— David: Oh, I understand! Do you have to fit large projects sometimes, like real estate ones?

– Jenny: Exactly. We subcontract interior design for hotel chains.

– David: Now, let me tell you, Mrs. Collins, that when we do business with companies like yours, **we undertake to hold a stock** locally to supply the building site, so **no risk of shortage**. Can I invite you to visit our showroom next week? It's only a 15-minute drive. You will have a concrete overview of our products in their layout.

– Jenny: Oh, that'll be fine!

– David: Which date would suit you best?

– Jenny: Tuesday will be perfect.

– David: Here is my card. Do you want me **to pick you up** at your office at 2 pm?

– Jenny: Why not, that's very kind of you. Here is my business card as well.

– David: Anything else I can do?

– Jenny: That's alright, Mr. Gelin, I'll see you next week then. Good-bye.

– David: Good-bye Mrs. Collins.

Les expressions idiomatiques du dialogue

I'm not going to give you my hand.	Je ne vais pas vous dévoiler mes batteries.
He let us down.	Il nous a fait faux bond.
It ended in failure.	Cela s'est soldé par un échec.
We undertake to hold a stock.	Nous nous engageons à maintenir un stock.

 GLOSSAIRE

display: présentoir (produits exposés) – *Each display rack accommodates products from our different ranges.* Chaque étagère du présentoir reçoit des produits de nos différentes gammes.

hard copy: un exemplaire papier – *If you prefer, I can give you the data sheet in hard copy.* Si vous préférez, je peux vous donner la fiche technique sous format papier.

in their layout: dans leur agencement – *The showroom allows to display the products in their lively layout.* La salle d'exposition permet de visualiser les produits dans un agencement vivant.

no risk of shortage: pas de risque de rupture – *Thanks to our just-in-time stock management system, there's no risk of shortage.* Grâce à notre système de gestion de stock en flux tendus, il n'y a aucun risque de rupture.

(to) pick you up: passer prendre quelqu'un – *I'll pick you up tomorrow at 10:30 am at the head office.* Je passerai vous prendre demain matin à 10 h 30 au siège social.

product data sheet/specification sheet: fiche du produit/fiche technique – *This is the data sheet of our latest product.* Voici la fiche technique de notre tout dernier produit.

trendy design: design très tendance – *The major strengths of our products are trendy design and quality materials.* Les principaux atouts de nos produits sont le design tendance et des matériaux de qualité.

▸ Pour aller plus loin, voir les fiches 3, 6 et 8

Une problématique

Contexte

Les fonctions du management impliquent de devoir résoudre des problèmes ; cela représente souvent un moment critique de communication. Il est alors nécessaire de savoir présenter une problématique qui se pose à l'entreprise et pour laquelle on doit trouver des solutions ou prendre des décisions. Le manager a pour mission de présenter de manière structurée la problématique ainsi qu'un premier diagnostic qui sera mis en discussion au sein de l'équipe. Cela permettra de gagner du temps et de mener des échanges organisés et constructifs.

À l'écrit

Une diapositive synthétique, avec une structure pertinente en fonction de la problématique traitée, constitue un support très adapté. En effet, le manager pourra s'en servir tout d'abord pour rappeler succinctement le problème de manière factuelle, puis poser son diagnostic et enfin ouvrir le débat avec son équipe afin d'atteindre l'objectif visé (évaluation, choix d'une option, décision, etc.).

Slide 1 : trouver une solution

ISSUE TO ADDRESS: Response to a decrease in revenue

PRESENT SITUATION	POSSIBLE CAUSES
▶ Decrease in market share (- 15% last year) ▶ Deterioration of brand image	▶ Pricing policy ▶ Standard products ▶ Lack of product renewal and communication

POSSIBLE SCENARIOS AND SOLUTIONS

▶ Customizable products

▶ Customer's loyalty program

▶ A scale of quantity discounts

Slide 2 : prendre une décision

ISSUE TO ADDRESS : Need for product adaptation

CONSTRAINTS	VARIABLES
Requested investment	Production process modification
Time pressure/**new standards**	Flexibility of procurement

ALTERNATIVE AVAILABLE
- Work with local R&D
- Installation of an e-tendering platform

CRITERIA TO MAKE A DECISION
- Availability of R&D skills in the country
- Technical feasibility of e-procurement

La structure de la diapositive étant adaptée à la problématique présentée, il est alors assez simple de la suivre et de construire son intervention orale en en suivant le déroulé. Le défi sera de rester assez synthétique, tout en donnant les informations clés pour permettre à l'auditoire d'appréhender le contexte du problème, son périmètre, ses impacts ainsi que les paramètres à prendre en compte pour le résoudre.

Ne jamais oublier de passer du temps sur le contexte et de planter le décor !

ı. Finding a solution	**ı. Trouver une solution**
The present situation	La situation actuelle
As you know, our market share has been decreasing for 1 year.	Comme vous le savez, notre part de marché baisse depuis un an.
Our brand image has been deteriorating since the merger.	Notre image de marque se détériore depuis la fusion.
We think things are coming to a head.	Nous arrivons à un stade où il faut prendre une décision ou passer à l'action.
The identified causes	Les causes identifiées
We might blame our pricing policy, which is above market level.	C'est peut-être la faute de notre politique de prix qui est au-dessus du niveau du marché.
Our products are not customizable.	On ne peut pas personnaliser nos produits.
The demand has been leveling out over the past year.	La demande se tasse depuis un an.
On average, our competitors launch a new line every season.	En moyenne, nos concurrents lancent une nouvelle gamme chaque saison.

The suggested solutions	Les solutions proposées
We could offer a scale of quantity discounts.	Nous pourrions proposer un barème de remise sur quantité.
Our R&D should design more flexible products.	Notre service R&D devrait concevoir des produits plus souples.
Why don't we set up a customer loyalty program?	Pourquoi ne pas mettre en place un programme de fidélité pour nos clients ?

2. Making a decision	**2. Prendre une décision**
What are the constraints?	Quelles sont les contraintes ?
The stake is to adapt our product.	L'enjeu est d'adapter notre produit.
We have to remain within budget.	Nous devons respecter le budget.
We have to remain on schedule.	Nous devons respecter le planning.
I'm afraid the new standards have to be complied with.	J'ai bien peur que l'on soit obligé de respecter les nouvelles normes.
What are the variables?	Quelles sont les variables ?
We could modify our production process.	Nous pourrions modifier notre process de production.
We have quite a flexible purchasing process for raw materials and components.	Nous disposons d'un process d'achat très souple pour les matières premières et les composants.
The possible options	Les alternatives possibles
We could appeal to a specialized design office locally.	Nous pourrions faire appel à un bureau d'études spécialisé sur place.
What about installing an e-procurement platform with our suppliers to gain flexibility?	Pourquoi ne pas installer une plateforme d'achat électronique avec nos fournisseurs, pour gagner en souplesse ?

Exemple de dialogue n° 19

IMPROVING CUSTOMERS' SATISFACTION

— **David**: Good morning everyone! I hope you had a nice weekend!

Well, as I mentioned in the e-mail, this meeting has been called to discuss a potential issue, which has recently emerged at ABC and needs a quick response. In order to summarize it, I have prepared a slide. So, **according to my reckonings** over the last 2 months, the number of customers' claims has jumped by 25%. This is obviously **detrimental** to our brand image and market share development. **The loss of profit amounts to 50,000 euros**, so we have to analyze this situation and suggest some solutions to be implemented in no time.

Here are the major possible causes. First, it appears that there are more and more claims regarding **non-compliant orders**, which lead to returns of goods and extra costs.

Secondly, the percentage of on-time deliveries has dropped to 68% whereas our KPI should be 85% minimum. This demonstrates a deterioration of our logistics organization, which has to be investigated.

Finally, customers complain about a lack of responsiveness to their queries by the after-sales department. This **entails** delays and mishaps for them, regarding repairs and maintenance. Again, organizational problems need to be rapidly studied.

So, I suggest reviewing together some possible solutions. Regarding discrepant orders, one solution could be to make sure that the offer and the purchase order check with each other in order to avoid discrepancies. Marilyn, do you think we could agree on a **monitoring** procedure with the sales admin team?

— Marilyn: Sure, I will make it out and train the team to implement it next week.

— David: Now concerning delivery delays and after-sales **shortcomings**, James could you carry out an audit and send your findings shortly?

— James: Yes, it will be done within 10 days.

— David: Oh, great. Now, **if you have no objections**, I'd like all team members to send me their suggestions, so that we can improve our quality of service rapidly. **Keep me posted** on these issues as soon as possible. Thank you all for coming! Have a good day!

Les expressions idiomatiques du dialogue

According to my reckonings.	D'après mes estimations.
The loss of profit amounts to 50,000 euros.	Le manque à gagner s'élève à 50 000 euros.
If you have no objections.	Si vous n'y voyez pas d'inconvénient.
Keep me posted.	Tenez-moi au courant.

GLOSSAIRE

constraints: contraintes – *The current shortage in key components remains a constraint to organize our production schedule.* La pénurie actuelle de composants essentiels reste une contrainte qui pèse sur l'organisation de notre planning de production.

detrimental: préjudiciable/néfaste – *A price war on the domestic market could prove detrimental to corporate profitability in the mid to long term.* Une guerre des prix sur le marché intérieur pourrait s'avérer préjudiciable pour la rentabilité des entreprises à moyen et long terme.

(to) entail: entraîner/engendrer – *The restructuring should entail cost reduction in the near future.* La restructuration devrait entraîner des réductions de coûts dans un proche avenir.

monitoring: contrôle – *Quality monitoring will become a must in all companies.* Le contrôle de la qualité va devenir incontournable dans toutes les entreprises.

new standards: nouvelles normes – *New safety standards will be effective in January 2021.* De nouvelles normes de sécurité vont entrer en vigueur en janvier 2021.

non-compliant orders: commandes non conformes – *Our customers are making numerous reservations about non-compliant orders.* Nos clients font de nombreuses réserves concernant des commandes non conformes.

shortcomings: défaillance/insuffisance/lacune – *Alongside undeniable progress, there are shortcomings and obvious delays.* À côté de progrès indéniables, il y a des lacunes et des retards évidents.

▶ Pour aller plus loin, voir les fiches 39, 40 et 41

Un plan d'action

 **Contexte**

Les entreprises ont sans cesse besoin de s'adapter à des marchés changeants, ce qui n'est pas facile à mettre en œuvre sur le terrain. Une fois les décisions prises, il faut pouvoir les transmettre aux équipes concernées et surtout s'assurer que les actions prévues seront bien exécutées.

 **À l'écrit**

Le plan d'action est un outil simple et très pratique pour lancer et suivre les actions qui doivent être menées sur le terrain. Comme on le voit sur l'exemple ci-dessous, il permet de lister tout d'abord les objectifs poursuivis selon une chronologie logique et, pour chaque objectif, de recenser les différentes actions nécessaires à sa pleine réalisation. Ensuite, il sera important, pour chaque action, de détailler les informations suivantes : la personne responsable *(owner)*, le statut de l'action – NS = *not started* (non commencé), S = *started* (commencé) et C = *completed* (terminé). Puis on indiquera un niveau de priorité pour chaque action *(high, medium* ou *low)*. Enfin, on précisera le livrable *(deliverable)*, c'est-à-dire ce qui prouvera la réalisation effective de l'action, les ressources allouées à chaque action (budget, temps, ressources humaines…) ainsi que la date limite de réalisation.

Sur la base de ce plan d'action de départ, il sera aisé de suivre la réalisation de chaque action ainsi que l'atteinte des objectifs poursuivis. Il permettra de vérifier la progression et de réajuster éventuellement le planning.

Plan d'action pour partir à l'international

PROJECT: INTERNATIONAL DEVELOPMENT – DATE: Sept. 15, 2020							
OBJECTIVE	ACTION	OWNER	STATUS NS/S/C	PRIORITY H/M/L	DELIVERABLE	RESOURCES	TERM
1 Common understanding	Meeting: **consensus building** about the strategy and planning	**Consulting firm** + CEO and key staff	NS	H	Report presenting the strategy	Budget as per consulting firm quote	Q 1
2 Better international market knowledge	Market study **Competitive intelligence**	Consulting firm	NS	H	A survey on international competition Business intelligence tools	Budget as per consulting firm quote	Q 1

.../...

.../...

3 Domestic growth	Prospecting new sectors Developing key accounts in the US	Product Manager + Sales Manager	NS	H	Database and customers portfolio Key account strategy	Promotion budget Time of sales and product managers	Q 2
4 Strategic planning	Drawing up a business plan	Sales Manager & CEO + specialized staff	NS	M	Business Plan for new activity and new structure (HR, network…)	Management time	Q 2
5 Financial capability	Fundraising	CEO + finance	NS	M	**New equity**	CEO time and lobbying	Q 3
6 Global plan	Drawing up international strategy	Consulting firm + CEO + Key staff	NS	L	Business Plan for new markets	Budget as per consulting firm quote + management time	Q 3
7 Possible partnerships	Search for partners	Sales Manager & CEO + Legal Advisor	NS	L	Partnership negotiation	Legal Advisor fees and management time	Q4

Il est utile de rappeler le contexte dans lequel le plan d'action va se dérouler et pourquoi il est important.

On commencera la présentation orale du plan d'action par l'objectif recherché puis les étapes pour le réaliser en démontrant l'efficacité du déroulement au travers des différentes colonnes horizontalement. Il faut éviter de lire mais apporter les compléments d'information utiles aux personnes concernées et solliciter des questions pour s'assurer de la clarté. Il faut toujours garder à l'esprit que les personnes qui vous écoutent seront responsables de la mise en œuvre du plan d'action.

Être convaincant afin de faire valider sa stratégie et d'obtenir des ressources.

ɪ. Present the action plan

As part of our restructuring plan, which has been ratified **by general management**, we need to carry out the following action plan. So, here is the detailed action plan we have designed **to regain** reasonable **cost effectiveness** within the coming year.

ɪ. Présenter le plan d'action

general management = la direction générale.

to regain = retrouver.
reasonable = ici comprendre « acceptable ».
cost effectiveness = rentabilité – syn. : *profitability*.

<table>
<tr><td>

2. Introduce each objective and related actions

As mentioned, our second **goal** is to reduce delivery delays.

So, we are planning a meeting with all stakeholders next week to investigate causes to **have the new procedure enforced by** the end of November. The Purchasing Manager will be in charge.

</td><td>

2. Présenter chaque objectif et les actions qui s'y rattachent

goal = but – syn. : *objective, aim* ou *target*.

to have the new procedure enforced = pour faire appliquer la nouvelle procédure.
procedure : prononcez [prossidjeur].

by = ici, « d'ici à la fin novembre ».

</td></tr>
<tr><td>

3. Explain each line horizontally

Now, **regarding** our third goal, value creation in HR, we suggest reviewing the **training plan** for **recruiters**, in order to enhance their knowledge of **job requirements for production**.
This will **require** an additional budget and a performance follow-up action.

</td><td>

3. Expliquer chaque ligne horizontalement

regarding = en ce qui concerne.
training plan = plan de formation.
job requirements = ici, les exigences du poste.

to require = ici, nécessiter – syn. : *to need*.

</td></tr>
</table>

 Exemple de dialogue n° 20

PRESENTING AN ACTION PLAN

— David: Well Jill, let's look at the action plan now.

— Jill: Alright. According to our objectives, we can suggest the following actions. Concerning objective 1: "Strengthening our leading position on the BtoC segment", we suggest developing **loyalty programs**, offering premium services, as outlined below: preferential locations and seats, discounts, upgrades, free meals and a premium welcome service. **The budget allocated to these actions** has been **assessed** to €20,000 for the first year. The marketing manager will be in charge of these actions. We expect to have the full operation implemented within 3 months, deadline on the 31st of May.

— David: **I think that's perfect timing!** Our **peak period** is generally in the summer season!

— Jill: **That was on purpose.** Now regarding objective 2, "Developing our market share on the B to B segment for key accounts", we have designed the following actions: visiting all key accounts with our Chief Engineer to collect new needs. This should be done by the key account manager before the end of April. On the basis of the identified requirements, we are planning to offer to some of our key accounts a free training seminar to allow them to understand the added value of our new solution. We have sent an e-mailing recently for this launch, and we have received 25 inquiries out of 50 contacts, which is a lot. **It's an unmistakable sign**. This action should be completed by the end of June.

— David: Don't you think that the deadline in June is a bit early in relation with the forecasted actions?

— Jill: Yes, maybe, but I think this action should be completed before the summer; otherwise we have to postpone until September. **What's your feeling?**

— David: Well, we have to be realistic but **we can't wait to see which way the wind blows!** Well, Jill, **let's stick to this**. Thank you for this presentation. Please keep me informed of implementation.

Les expressions idiomatiques du dialogue

The budget allocated to these actions.	Le budget alloué à ces actions.
I think that's perfect timing!	Ça tombe à pic !
That was on purpose.	C'était intentionnel.
It's an unmistakable sign.	C'est un signe qui ne trompe pas.
What's your feeling?	Qu'en pensez-vous ?
We can't wait to see which way the wind blows!	On ne peut pas attendre de voir d'où vient le vent.
Let's stick to this.	On va rester là-dessus.

 ## GLOSSAIRE

assessed: évalué ou estimé – *Our logistics department has assessed an average delivery time of 3 weeks.* Notre service logistique a évalué un délai de livraison moyen de trois semaines.

competitive intelligence: veille concurrentielle – *We have to set up effective competitive intelligence tools, in order to respond to our competitors' strategic moves.* Nous devons mettre en place des outils de veille concurrentielle efficaces, afin de répondre aux nouvelles orientations stratégiques de nos concurrents.

consensus building: rapprochement des points de vue – *Before deciding on our new strategy, it would be advisable to organize a consensus-building seminar for the management team.* Avant de décider d'une nouvelle stratégie, il serait recommandé d'organiser un séminaire pour créer un consensus au sein de l'équipe de direction.

consulting firm: cabinet de conseil – *We have appointed a specialized consulting firm to audit our export division and make recommendations for improvement.* Nous avons nommé un cabinet de conseil spécialisé pour auditer notre division export et recommander des améliorations.

loyalty programs: programmes de fidélisation ou fidélité – *Today consumers are brand switchers, so we have to set up loyalty programs to retain them.* De nos jours, les consommateurs changent très souvent de marque, donc il est impératif de mettre en place des programmes de fidélisation pour les retenir.

new equity: augmentation de capital – *We'll need to go through new equity in order to fund our growth in China.* Nous allons avoir recours à une augmentation de capital afin de financer notre croissance en Chine.

peak period: période de pointe ou haute saison – *The new sales organization should be ready before our peak period.* La nouvelle organisation des ventes devrait être prête avant la haute saison.

▶ Pour aller plus loin, voir les fiches 39, 40 et 41

Un projet

Contexte

Un projet se différencie des activités récurrentes et standardisées, notamment en entreprise, car il répond à un besoin particulier et requiert une méthode d'organisation et de travail spécifique afin de répondre à ce besoin. Il est porteur d'enjeux, vise un résultat concret, est validé par un commanditaire, managé par un chef de projet, novateur donc présentant des risques, limité dans le temps et souvent transverse. Tous ces éléments rendent le projet complexe à gérer et demandent des outils et des compétences particulières. Aujourd'hui les entreprises ont besoin de gérer leurs clients et leurs activités en mode projet : appels d'offres, informatique, clients grands comptes, externalisation, partenariats, alliances, projets industriels, etc. Les performances attendues dans ce domaine sont de plus en plus élevées. Les compétences en management de projet sont devenues essentielles pour tous les managers. Le respect des délais et le suivi de la réussite d'un projet représentent un atout essentiel pour toute entreprise. Pour réaliser un projet, il est important de mettre en place dès le départ un calendrier de mise en œuvre et un mode de suivi, puis de définir la répartition des tâches, sans oublier de créer des outils de reporting et de centraliser les informations. Enfin, tout au long du projet, il faut réajuster en fonction de l'avancement.

À l'écrit

Les personnes concernées par le projet doivent être rapidement informées afin de se mobiliser en amont et de pouvoir se rendre disponible au moment opportun. Une fiche de présentation du projet est alors très utile pour donner une vue d'ensemble et permettre de répondre aux premières questions clés. Cette fiche doit être structurée et indiquer les informations essentielles.

Définition du projet

Refurbishment of our car rental agencies network

SUBJECT: Renovating our domestic network, including 25 rental agencies over a total of 40 (mainly those located in airports and big cities).

PURPOSE: Our purpose is to upgrade our **premises** in order **to convey** a modern brand-image and to **enhance** the customers' experience, through a comfortable and cozy atmosphere.

OBJECTIVES: This project **pursues** three major objectives:

- **expedite** rental operations by the installation of terminals where customers will issue their rental agreement ;
- make the waiting time more pleasant (free refreshment and snacking area, magazines and TV channels) ;
- advertise our partnerships in order to generate **extra revenue**.

RESOURCES: A task force of 10 staff will be dedicated to the follow-up of this project and the interface with our architects. The budget is being currently evaluated.

DEADLINE: Works to be completed by the end of December this year (9 months).

 **À l'oral**

Il est important d'expliquer dès le départ le contexte et les enjeux du projet et son importance pour l'entreprise. La fiche de définition écrite sert de base à une présentation plus détaillée du projet et à une interaction avec les personnes concernées afin de détecter leur préoccupation le plus tôt possible et de pouvoir y répondre.

Ne pas éluder les questions et noter les informations à communiquer ultérieurement.

1. Remind the context of the project

As you know, our first rental agencies, especially those **based** in airport and city centers, were created 15 years ago and they need **to be refurbished**.

This is a **critical** project for our brand-image.

1. Rappeler le contexte du projet

based = situé – syn. : *located*.
to be refurbished = rénové – syn. : *to be renovated*.

critical = crucial, décisif, primordial.

2. Present the subject of the project

So, the subject of this project is **to redesign** our agencies in order **to meet our customers' requirements**.

2. Présenter l'objet du projet

to redesign = ici, réaménager les locaux.
to meet our customers' requirements = répondre aux besoins des clients.

3. Introduce the purpose and objectives

The purpose refers to the overall goal for the company whereas the objectives are more concrete and should allow achieving the purpose.

3. Présenter les finalités et les objectifs

La finalité concerne le but général pour l'entreprise, alors que les objectifs sont plus concrets et doivent permettre de réaliser la finalité.

4. Present the resources allocated to the project and the deadline for completion

The resources mainly focus on the **task force** (ie. the team appointed to supervise the project), as well as the external support (architect) and the budget allocated to the project.

The deadline for project completion should be mentioned to permit project planning.

4. Présenter les ressources affectées au projet et la date limite d'achèvement

Les ressources concernent essentiellement la *task force*, (c'est-à-dire l'équipe de travail nommée pour superviser le projet), ainsi que le support externe (l'architecte) et le budget alloué au projet.

La date limite d'achèvement du projet doit être précisée afin de permettre la planification du projet.

Exemple de dialogue n° 21

PRESENTING THE PROJECT

— David: Thank you all for coming to this short meeting, I know that **you are snowed under with work**! The subject is to present a coming project that you must have heard of. Indeed, the general management has decided to launch a **broad** renovation of our agency network. Yesterday I sent you this project overview, describing the main features of this project.
The context of our mission here is very strategic, as the refurbishment is also an opportunity to review our customers' experience, which is, as you know, a key success factor today in the service sector.
So this project **will aim at** upgrading our agencies, while creating new services to our clients and promoting our partnerships in order to generate more sales.

A specific team will be in charge of this project implementation. **To give you a raw estimate**, the team should come to 10 members, covering all the skills needed. In addition to that, some external resources will bring expert support, such as premises security, works quality, sales promotion and IT security.

— Nora: Hum, David, do you think the team will be working full-time on this project or part-time?

— David: We need to assess the workload more thoroughly, but I guess it will probably be full-time. I'll let you know.
Our overall budget has not been finalized yet. Lastly, the renovation of all agencies should be completed by the end of December this year, so we have a very tight schedule and the project should start pretty shortly.

— Marjorie: As we'll have to travel to the different locations quite often and this is time-consuming, could we expect to have complementary resources in case of need?

— David: Well, this will be discussed **when the time comes**, but obviously we have to be flexible **in this respect**. A **kickoff meeting** is scheduled next week and I'll send you more information shortly. Thank you again and see you next week.

Les expressions idiomatiques du dialogue

You are snowed under with work.	Vous êtes submergé de travail.
To give you a row estimate .	Pour vous donner un ordre d'idée.
When the times come.	Le moment venu.
In this respect.	À cet égard, à ce sujet.

 GLOSSAIRE

(to) aim at: viser à – *This presentation aims at outlining the project.* Cette présentation vise à donner les grandes lignes du projet.

broad: vaste – *The project scope is quite broad.* Le périmètre du projet est très vaste.

(to) convey: véhiculer, transmettre, communiquer – *Our shops convey the brand image of our company.* Nos magasins véhiculent l'image de marque de notre entreprise.

(to) enhance: valoriser, améliorer, rehausser – *Trendy points of sale are critical to enhance our brand.* Des points de vente modernes sont indispensables pour valoriser notre marque.

(to) expedite: accélérer – *Making out rental agreements should be expedited to reduce our customers' waiting time.* Nous devons accélérer l'élaboration des contrats de location afin de réduire le temps d'attente des clients.

extra revenue: chiffre d'affaires supplémentaire – *New services are critical to produce extra revenue.* Pour générer du chiffre d'affaires supplémentaire, il est primordial d'offrir de nouveaux services.

kickoff meeting: une réunion de lancement – *The kickoff meeting date has been postponed to next Wednesday.* La réunion de lancement est reportée à mercredi prochain.

▶ Pour aller plus loin, voir les fiches 39, 40 et 41

Un planning

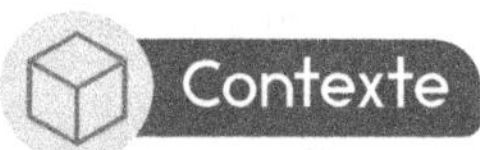 **Contexte**

La planification des tâches est essentielle pour garantir un suivi des actions dans le respect des délais. Chaque pôle du projet peut ainsi savoir quelles sont les tâches à accomplir et le planning de réalisation. Pour cela, on utilise un diagramme de Gantt qui permet de visualiser chaque tâche à réaliser et de vérifier que l'on ne prend pas de retard sur les délais prévus.

 **À l'écrit**

Un diagramme de Gantt

University of Riding – Master's Degree Student Placement Services
Event name: Recruitment speed-dating
Date of schedule: February 3, 2021

Tasks of Commercial Workgroup	Week 6	Week 7	Week 8	Week 9	Week 10	Week 11
Contact recruiters	×	×	×	×		
Manage event e-mail box	×	×	×	×	×	×
Send reminder e-mail to recruiters				×	×	×
Confirm the coming of recruiters by phone					×	×
Tasks of Promotion Workgroup						
Design event poster		×	×			
Print and install posters				×	×	×
Find sponsors for the buffet	×	×	×	×		
Inform campus via master's newsletter				×	×	×
Post announcements on social networks				×	×	×
Tasks of Animation Workgroup						
Organize the buffet					×	×
Organize recruiters' **greeting**					×	×
Set up the program			×	×	×	
Tasks of Logistics Workgroup						
Schedule interviews students/recruiters			×	×	×	
Collect students' résumés				×	×	
Create **signposting** to guide recruiters					×	×

Comme on le voit sur ce diagramme, le projet est pris en charge par des pôles, les *workgroups*, chacun d'entre eux ayant des tâches précises à réaliser. Les tâches sont ensuite planifiées horizontalement par semaine. Ce diagramme permet de visualiser et de réajuster en temps réel la réalisation des tâches.

À l'oral

La présentation orale d'un planning, type diagramme de Gantt, est assez simple, il suffit de présenter à chaque pôle les différentes tâches à réaliser et les délais impartis. On peut ainsi visualiser les dates de démarrage et les dates limites de réalisation. Cela permet également de souligner des périodes qui peuvent représenter des risques d'engorgement, quand plusieurs tâches sont à réaliser en même temps, permettant ainsi d'anticiper les problèmes de gestion des ressources et de retard potentiel. Enfin, le planning permet de réagir très vite si l'on constate que les actions ont pris du retard.

Ne pas stresser les équipes mais leur proposer de l'aide.

1. Review event and workgroup objectives

As you know, this event is of major importance for our University Department **to support** our students find a **work placement**.

The animation workgroup has a key role to play in **streamlining** reception and event implementation.

2. Remind the event milestones and deadline

As you can see, weeks 9 and 10 are the major **choke points** for all teams so **upstream work** is essential to be ready.

Week 11 is **the finish line** for preparing the event and will be dedicated to logistics and final readjustments.

3. Stress each team hotspots

Weeks 10 and 11 are crucial for the commercial team, as you have **to ensure** the attendance of recruiters and **secure** alternatives to replace them, like University teachers or student placement staff.

1. Passer en revue les objectifs de l'événement et de chaque pôle

to support = soutenir ou aider.

work placement = stage en entreprise – syn. : *internship* (US).

to streamline = fluidifier.

2. Rappeler les jalons de l'événement et la date limite

choke point = goulot d'étranglement.
upstream work = travail en amont.

the finish line = la dernière ligne droite.

3. Mettre en avant les points névralgiques pour chaque équipe

to ensure et *to secure* sont des synonymes = s'assurer de.

Exemple d'intervention orale n° 22

PRESENTING THE SCHEDULE

— Lester: Hi everyone! This is the kickoff meeting of our yearly event. I have prepared a schedule to outline the tasks of each team. I remind you that the event organization will cover 6 weeks and the event itself one day, on the last Friday of week 11, namely on March 13, 2021.
So we have set up four **task forces** dedicated to **enrolling** recruiters to the event, promoting, **hosting** and finally arranging the **overall logistics** of the event.

As you can see on this diagram, some tasks of the commercial and promotion teams will start early and they may need some support, especially in finding recruiters and sponsors. As you know these are key success factors for the event. So all teams must be ready to bring their own contacts. We must **meet the deadline** by the end of week 9 at the latest. I'd like to point out as well the issue of poster printing time with the university copy center. The average processing time is around 3 weeks on average, so please **bear this in mind** when you schedule your printing request.

Finally, you may have noticed in the schedule, that the three last weeks are critical **to make a success out of this event** for our students. **There's no shame in asking** for more resources and support if you feel there is a risk of delay. So I will ask all workgroups and stakeholders to **go all out** to ensure the satisfaction of both our students and the recruiters, as this will enhance the brand image of our university!

Now there's time for question and discussion.

Les expressions idiomatiques du dialogue

Bear this in mind.	Tenez compte de cela.
To go all out.	Tout donner.
There's no shame in asking.	Il n'y a pas de honte à demander.
To make a success out of this event.	Faire de cet événement un succès.

 ## GLOSSAIRE

enrolling: inscription – *All enrolled recruiters will receive a confirmation by e-mail.* Tous les recruteurs inscrits recevront un e-mail de confirmation.

greeting: accueil – *Your voicemail greeting is very friendly!* Ton message d'accueil est très amical !

hosting: accueil – *Hosting the guests during an event is a success factor.* L'accueil des invités pendant un événement est un facteur de succès.

meet the deadline: respecter la date limite – *We shall make every effort to meet the installation deadline.* Nous mettrons tout en œuvre pour respecter la date limite d'installation.

overall logistics: logistique globale – *Andrew will coordinate the event overall logistics.* Andrew sera chargé de coordonner la logistique globale de l'événement.

signposting: signalétique – *Our signposting should be seen from all walkways.* Notre signalétique doit être visible depuis toutes les allées.

task force: groupe de travail – *A dedicated task force has been set up for this project.* Un groupe de travail dédié a été mis en place pour ce projet.

workgroup: pôle ou groupe de travail – *The promotion workgroup will ensure that all printed materials are ready on schedule.* Le pôle promotion devra s'assurer que tous les supports imprimés seront prêts à temps.

▶ Pour aller plus loin, voir la fiche 20

Le cahier des charges

 Contexte

Le cahier des charges est un document clé dans la démarche d'achat. Il permet d'identifier précisément les besoins de l'entreprise, sur le plan des caractéristiques techniques (cahier des charges technique) et sur le plan des fonctionnalités attendues et des contraintes associées (cahier des charges fonctionnel).

Il permet ensuite de renseigner le fournisseur potentiel sur les exigences de l'acheteur pendant la phase de qualification et de valider l'adéquation entre les capacités du fournisseur et la demande de l'acheteur pendant la phase de sélection. Le cahier des charges peut être plus ou moins détaillé en fonction de la complexité technique des produits/services. Toutefois, il doit comporter un minimum d'informations sur le projet à entreprendre : les caractéristiques et les performances techniques attendues, les spécifications fonctionnelles (modalités d'utilisation, de maintenance, contraintes règlementaires…) et un planning prévisionnel (échéance de livrables).

 À l'écrit

Le cahier des charges doit être structuré, quelle que soit sa longueur et permettre une utilisation par toutes les personnes concernées.

Cahier des charges

Bolder Business Website Initiative

Scope of work

Date: 12/06/2021

Prepared by: Jerome Nkami

Project goals: A website reflecting the company's traditions and ideals is to be published online by January 2022. This Internet portal aims to develop Bolder Business' visibility to future clients.

Technical specifications:

(1) Intranet. Clients will have access to a dedicated VPN login page allowing secure data transfer.

(2) Links. All links to external sites will be verified monthly. Any broken link will be deleted or repaired.

(3) Security. The website will contain 128-bit encryption to protect sensitive client and user transactions. The site will be divided into 3 password-protected sections: for company executives, company employees and external users. (See appendix 1 for technical details.)

(4) Browsers. The website should have the exact same appearance regardless of the browser used to visualize the site.

Functional specifications:

(1) Language. The Internet site will be presented in English and French

(2) Online service. An online service platform is to be developed to allow users to troubleshoot with a customer service representative in real time.

.../...

.../...

(3) Availability. The website must be accessible at all times, except for monthly network maintenance between 2:00 am and 3:00 am MST.

Schedule of deliverables:

(1) Internal and external questionnaire submitted to decide site appearance and functionalities by August 15, 2021.

(2) **Templates** and **mock-up** of the website before September 30, 2021.

(3) Site referencing in the top 10 positions of a web search 90% of the time before November 20, 2021 (See appendix 2).

(4) Site to be published online before December 20, 2021.

À l'oral

Il est important, dès le début de la présentation, de mettre en évidence les points clés du cahier des charges afin que les interlocuteurs internes puissent les valider et que les fournisseurs en comprennent les enjeux.

Expliquer le contexte de la demande et les critères prioritaires de décision.

ɪ. Introduce the context of your requirements

We have to face a fast growth in a highly competitive environment.

Our field of activity is very sensitive to market fluctuations.

So, we expect our suppliers to adapt to our needs in real time.

ɪ. Situer le contexte de sa demande

Nous devons faire face à une croissance rapide dans un environnement très concurrentiel.

Notre secteur est très sensible aux fluctuations des marchés.

Attention : *sensible* en anglais veut dire « raisonnable ».

Donc, nos fournisseurs doivent pouvoir s'adapter en temps réel à nos besoins.

2. Focus on technical requirements first

We are seeking the **leading-edge technology** at the best price.

As you have noticed in our **requirement specifications,** we expect regular upgrades.

We want to benefit from your R&D progress.

We'll **give an overview** of what we expect in terms of quality.

We want a **dedicated** team to be **set up** for this project.

We have determined an average yearly quantity.

2. Se concentrer d'abord sur les exigences techniques

leading-edge technology = technologie de pointe – syn. : *cutting-edge technology*.

requirement specifications = cahier des charges – syn. : *scope of work, schedule of conditions, statement of work, terms of reference, brief*.

Nous souhaitons pouvoir bénéficier des avancées de votre R&D.

to give an overview = donner un aperçu – syn. : *to outline*.

dedicated = dédié/affecté. Attention, pour une qualité personnelle, on dira « dévoué ».

to set up = mettre en place.

Nous avons défini une quantité annuelle moyenne.

3. Present functional requirements	**3. Présenter le cahier des charges fonctionnel**
All our **vendors** are requested to integrate sustainable development issues in their organization and products.	*vendor* = fournisseur – syn. : *supplier, provider* (pour une prestation).
As you know, **related services** are important in our decision.	*related services* = prestations annexes ou associées. Attention, *service* se traduit par « prestation de service ».
We'd like visitors **to browse** the website easily.	*to browse* = naviguer sur Internet, ici visiter le site web.

 Exemple de dialogue n° 23

PRESENTING THE SCOPE OF WORK

— Jerome Nkami: Good afternoon Mrs Doubtfire, and thank you for coming to this meeting. As you know, as part of our invitation to tender for the Bolder Business Website Initiative, we have invited our potential **bidders** to attend a meeting so that we have the opportunity to present our scope of work and respond to questions. First, **I will get back to** our main requirements in terms of technical specifications, then we'll focus on functional features. **Feel free to ask any questions.**
So, we are planning to **redesign** our website in order to be more responsive to our customers and optimize our sales process.
From a technical point of view, our major concern is security and we expect the selected service provider to provide additional support and regular upgrades.

— Mrs. Doubtfire: You mention in your specifications that you require 3 password-protected sections. Have you got a Webmaster to monitor passwords or **would you leave that with us**?

— Jerome Nkami: Well, I guess it must be more comfortable **to attend to** this in-house and we are currently recruiting a new IT manager, so we'll manage this ourselves.
Concerning functional requirements, we expect to improve our customer's relationship management.

— Mrs. Doubtfire: Yes, regarding customer service, you require an online service platform for troubleshooting. Would you prefer an e-mail service or a live chat?

— Jerome Nkami: What would you recommend?

— Mrs. Doubtfire: A live chat functionality is included in our standard website offer and it proves very efficient in terms of customer' satisfaction and far less costly for the company.

— Jerome Nkami: **Sounds great**. We would like to test them both and make a decision afterwards. Well, if you have no other questions, we'll finish up now. Feel free to get back to us for any other clarification before the **deadline for submission**.

— Mrs. Doubtfire: **We are ahead of schedule,** so you'll get our bid early next week. Thanks for your time Mr. Nkami.

Les expressions idiomatiques du dialogue

I will get back to…	Je vais revenir sur…
Feel free to ask any questions.	N'hésitez pas à me poser toute question.
Would you leave that with us?	Voulez-vous nous en laisser le soin ?
Sounds great.	C'est une bonne idée.
We'll finish up now.	Nous allons terminer.
We are ahead of schedule.	Nous avons de l'avance sur le planning.

 GLOSSAIRE

(to) attend to: s'occuper de – *Don't worry, I will attend to this event.* Ne vous inquiétez pas, je vais m'occuper de cet événement.

bidder: soumissionnaire – *A total of five bidders were qualified to participate in the ITT.* Un total de 5 soumissionnaires a été qualifié pour participer à l'appel d'offres.

deadline for submission: date limite de dépôt – *We are lucky ! The deadline for submission of the bidding documents has been postponed.* Nous avons de la chance ! La date limite de dépôt des dossiers d'appel d'offres a été repoussée.

functional specifications: cahier des charges fonctionnel – *Functional specifications are particularly critical in this context.* Dans ce contexte, le cahier des charges fonctionnel est particulièrement important.

mock-up: maquette – *This building mock-up is impressive!* Cette maquette du bâtiment est impressionnante !

(to) redesign: refondre, remanier – *Our website is dated, it should be redesigned.* Nous devrions envisager une refonte du site web, il est ringard.

scope of work: cahier des charges – *You can find our full scope of work on our tendering platform.* Vous pouvez trouver notre cahier des charges complet sur notre plateforme d'appels d'offres.

technical specifications: cahier des charges technique – *They have sent 40 pages of technical specifications !* Ils nous ont envoyé un cahier des charges technique de 40 pages !

template: modèle – *Some technical templates have been included in the specifications.* Nous avons ajouté des modèles techniques dans notre cahier des charges.

▶ Pour aller plus loin, voir les fiches 36 et 48

CHAPITRE 4

Animer

La majorité des professionnels assistent à des événements d'entreprise (présentations, réunions, repas d'affaires, etc.) sans avoir trop d'exigences en termes d'animation. Au mieux, ils ont l'espoir de tomber sur un collègue intéressant, quelqu'un qui donne vie à son sujet grâce un support avec quelques images et un peu de texte. Au pire, ils s'habituent à ces mêmes « animations » dont le schéma se répète : une présentation PowerPoint, avec une structure tripartite, petit « a », petit « b », petit « c ».

Animer, c'est non seulement donner vie… c'est aussi donner ENVIE ! Une bonne animation permet de provoquer une réaction chez l'auditeur. Une animation exceptionnelle incite l'auditoire à enrichir son analyse, à revoir son point de vue ou à passer à l'action. Pour ce faire, il faut qu'on se souvienne de l'événement que vous avez pris le soin d'organiser… et d'animer !

Ce chapitre vise à l'atteinte des objectifs suivants :

- concevoir et donner vie à ses infographies ;
- renforcer le dynamisme/la qualité d'un diaporama commercial ou financier ;
- adapter une réunion à plusieurs types de situations professionnelles ;
- faire de la visite des locaux ou d'une usine un moment fort dans une relation professionnelle ;
- savoir recevoir des partenaires et collègues, les mettre à l'aise et les sensibiliser aux activités de l'entreprise.

Fiches de situations du chapitre

Un visuel d'entreprise

Contexte

Aujourd'hui les entreprises se doivent de communiquer très régulièrement sur leur activité, leurs résultats, leur évolution et leurs projets. Elles s'adressent à leurs actionnaires et investisseurs potentiels, mais aussi à leurs clients, fournisseurs, partenaires et enfin à leurs équipes.

Un visuel de l'entreprise permet de concevoir et de mettre facilement à jour le message mais aussi d'avoir toujours à présenter un support de qualité qui véhicule l'image du groupe, souvent sous forme d'un diaporama.

Savoir animer ce support de communication représente donc un enjeu important afin de valoriser les résultats et de rassurer les interlocuteurs sur les perspectives prometteuses de l'entreprise.

À l'écrit

L'influence grandissante des outils d'infographie permet d'éviter les écueils du passé (trop de texte) et d'apporter une vraie valeur ajoutée par le commentaire. Outre les outils présents dans les logiciels de création de diaporama comme PowerPoint, il est possible de télécharger sur Internet des *templates* très attractifs.

Ce visuel sera court, avec un focus sur les chiffres clés et une approche très analytique afin de s'assurer que les interlocuteurs retiendront l'essentiel. Il faut donc au préalable se demander quel est le message à faire passer.

Si la situation de l'entreprise est florissante, on mettra en valeur les résultats sans oublier de démontrer leur caractère durable dans le temps et les perspectives de croissance future. En revanche, lorsque le groupe traverse une situation difficile, le défi sera de montrer que l'on a réalisé un diagnostic approfondi et que les solutions sont déjà au stade opérationnel.

Infographie d'entreprise

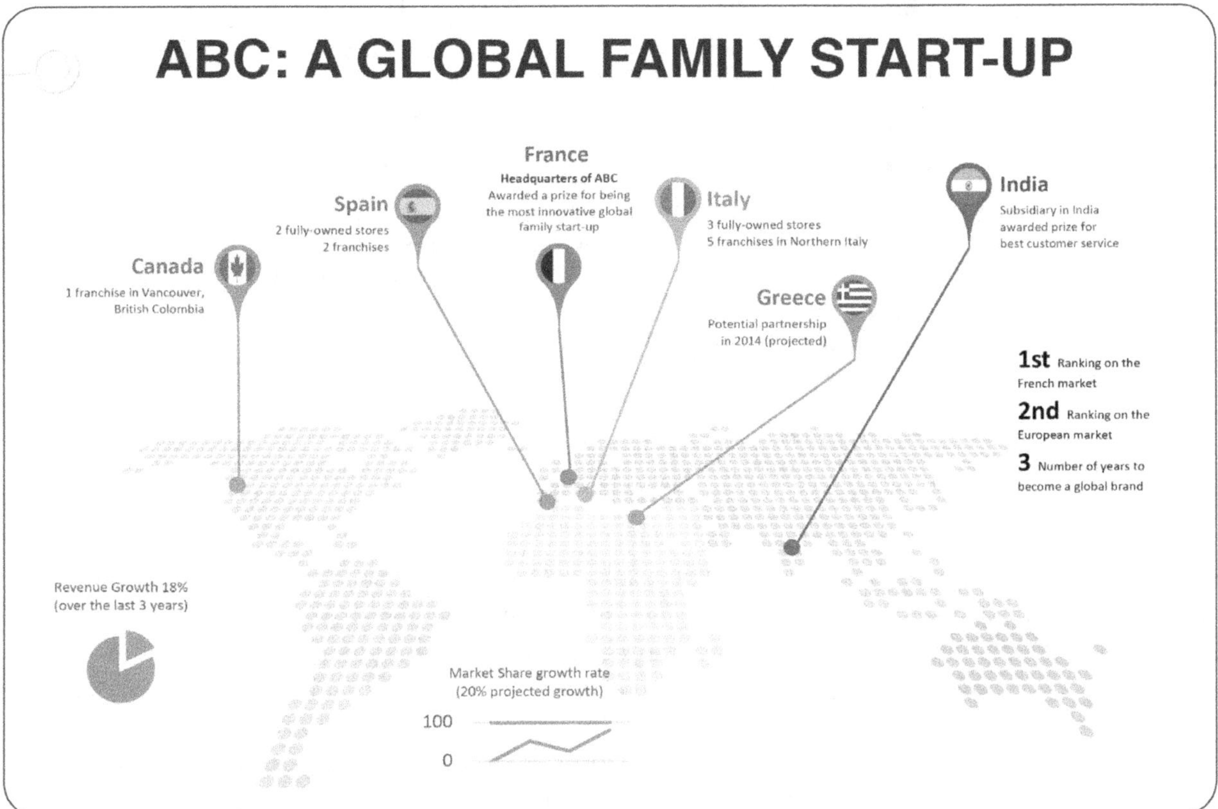

 À l'oral

La diapositive étant très dépouillée, la qualité du commentaire est essentielle. Il faut éviter de noyer les interlocuteurs sous des montagnes de détails mais plutôt illustrer par un exemple pour soutenir l'argumentation.

Contextualiser la situation, parler du présent et du futur.

1. A short background overview

Our group has grown from a **family business** to a European **key market player**.

After 3 years of **organic growth fuelled** by innovation, we have decided **to go public** and expand through acquisitions.

1. Un court rappel de l'historique

family business = entreprise familiale.
key market player = un des leaders du marché.

organic growth = croissance interne.
to fuel = alimenter.
to go public = entrer en Bourse.

2. Reach and network

As you can see, we have managed our company as a "global start-up".

We have set up a **retail network** in the major European cities, both through franchising and **fully-owned stores**.

2. Rayonnement et réseau

retail network = réseau de vente de détail.
fully-owned stores = magasins en propre.

.../...

.../...

<table>
<tr><td>

3. Key figures

As you can **notice** on this slide, **our average revenue growth rate has been around 18% over the last 3 years.**

4. Prospects

Our major challenge is to develop our **brand equity even further, so as to** create more value for our customers and investors.

Within the coming 3 years, our goal is to build a global brand, supported by an exclusive network, offering premium quality and prices.

</td><td>

3. Les chiffres clés

average revenue growth rate = le taux moyen de croissance du chiffre d'affaires.
over = sur une durée totale.

4. Perspectives

brand equity = valeur de la marque.
even further = plus encore.
so as to = afin de – syn. : *in order to.*

within the coming 3 years = dans les trois ans à venir.

</td></tr>
</table>

 ## Exemple d'intervention orale n° 24

A CORPORATE OVERVIEW

— David: Good morning, Mr. Papas and Mrs. Oliver! We are pleased to welcome you today for a second meeting after we met at the franchising show in Paris, two weeks ago. The purpose of today's session is to identify our common views and goals regarding a potential partnership in Greece. Before going into detail, I have prepared a few slides to outline our company positioning, so that you know us better.

As you probably know, ABC was created only three years ago and is **currently ranked second** on the EU market for the online distribution of office supplies. Last year, our market place **was awarded a prize** for being the most innovative in France.

Last year, our market share growth rate **reached a peak** of 25% and **the forecasts** for this year are around 20%. **It's an unmistakable sign!**

Our strategy is to set up a network of reliable partners in order to develop **jointly** a strong brand through **high quality standards** and competitive prices for our customers.

We would welcome the opportunity **to set foot** on the Greek market through a franchising contract with your company. **That's perfect timing!**

Les expressions idiomatiques du dialogue

It's an unmistakable sign!	C'est un signe qui ne trompe pas !
That's perfect timing!	Ça tombe à pic !

GLOSSAIRE

(to) be awarded a prize: recevoir un prix – *Our subsidiary in India has been awarded the best customer service prize!* Notre filiale en Inde a reçu le prix du meilleur service client !

forecasts: les prévisions – *Our sales forecasts have been exceeded by 8%!* Nos prévisions de vente ont été dépassées de 8% !

high quality standards: haut niveau de qualité – *Our brand has been recognized thanks to our high quality standards.* Notre marque est reconnue grâce à notre haut niveau de qualité.

jointly: conjointement, ensemble – *This is a strategy that we can implement jointly through our partnership.* C'est une stratégie que nous pouvons mettre en œuvre ensemble au travers de notre partenariat.

(to) rank: se classer – *Last year, our main competitor caught up with us, now they rank third, just after us.* L'an dernier, notre principal concurrent nous a rattrapé, il est maintenant classé 3e, juste derrière nous.

(to) reach a peak: atteindre un niveau record – *After two years of steady growth, our net margin has reached a peak.* Après deux ans de croissance régulière, notre marge nette a atteint un niveau record.

(to) set foot: s'implanter sur un marché – *Companies need a high investment capacity to set foot on the Chinese market.* Les entreprises ont besoin d'une capacité d'investissement élevée pour s'implanter sur le marché chinois.

▶ Pour aller plus loin, voir la fiche 24

Fiche 24

Un diaporama d'entreprise

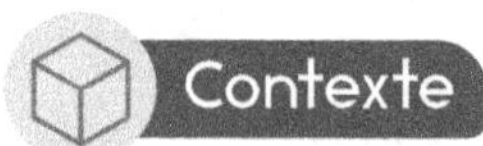

L'animation d'un diaporama de présentation d'une entreprise est très structurée puisqu'elle suit un plan bien défini. Si cet exercice est devenu très banal, il n'en est pas moins souvent perfectible car il nécessite l'utilisation d'expressions particulières qui visent à guider l'auditoire de manière claire et à rendre compte, de manière professionnelle, de la situation et des atouts de l'entreprise. Ces expressions vont contribuer à rendre votre commentaire en anglais plus authentique.

La *slide* qui présente le plan ne doit pas être trop chargée et l'auditoire doit comprendre sans difficulté ce que recouvre chaque partie.

Exemple de *slide* de présentation

ABC PRESENTATION – October 2020 – By David Gelin – Sales Manager
PRESENTATION OUTLINE

1. COMPANY PROFILE
Main activity
Background
Locations and network
Workforce and skills

2. CORPORATE MISSION STATEMENT
Values and goals

3. ACTIVITES AND PRODUCTS
Technology and innovation
Different **lines of business (LOBs)**

4. KEY FIGURES
Sales turnover evolution
Revenue breakdown per market

5. MAJOR REFERENCES IN THE INDUSTRY

CONCLUSION: PROJECTS AND PROSPECTS

Il est important de s'entraîner comme pour une répétition de pièce de théâtre. Pensez à bien vérifier la prononciation des mots sur lesquels vous hésitez (les dictionnaires en ligne proposent un pictogramme comme celui-ci 🔊 qui permet d'entendre la prononciation des mots) et privilégiez les phrases simples pour faire moins d'erreurs de grammaire.

Présenter son entreprise

1. Introduce yourself

My name's XX and **I'm from** X company.

I'm an international **business engineer** at X company.

I'm XX and I represent X company.

I think you all know me!

1. Savoir se présenter

I'm from = ici, je travaille pour.

business engineer = ingénieur d'affaires.

Expression informelle utilisée en interne.

2. Get to your first point

I'd like to start now by looking at the figures for 2020.

Firstly, I'd like **to consider** the question of **sales prospects** for next year.

To begin with, I'm going **to review** recent evolution in market trends.

2. Introduire le premier point

I'd like to start now = Je vais à présent commencer.

to consider = envisager.
sales prospects = perspectives de ventes.

to review = ici, examiner ou étudier.

3. Switch to the next topic

Let's leave that now and **move on to** another topic.

Now, let's turn to key figures.
That brings us to our innovative new range.

3. Passer au point suivant

to move on to = passer à un autre sujet. Ne pas oublier *to.*

Passons maintenant aux chiffres clés.
Cela nous amène à notre nouvelle gamme innovante.

4. Hand over to a colleague

I'm going **to hand over now to** our R&D manager, Sally Wadham.

My colleague, John Brown is going to talk to you about our export markets.

I'd like to ask Kate to hand over now.

4. Passer la parole à un collègue

to hand over to = passer la parole à. Ne pas oublier *to.*

Mon collègue, John Brown va vous parler de nos marchés export.

Je vais maintenant demander à Kate de prendre la suite.

5. Comment on a slide

As you can see in the diagram, there's been **a steady rise** in profits.

The lower part of the slide shows the targets.
Next slide, please.
The last table I showed you is **a case in point.**

5. Commenter une diapositive

As you can see : cette expression permet d'impliquer l'auditoire.
a steady rise = une augmentation régulière.

Le bas de la *slide* indique les objectifs.

Diapositive suivante, s'il vous plaît.

Le dernier tableau que je vous ai montré est **un bon exemple.**

.../...

.../...

6. Respond to questions	**6. Répondre aux questions**

Your question is important; I'll **come to that** at the end.
Thank you for making that point.
I hope that answers your question.
That's an interesting comment, thank you for that.
I don't think I can answer that right now, but I can try to find out for you.
Actually I don't have those details with me just now.

I'll come to that = comme en français, « J'y viendrai ».
Merci d'avoir soulevé ce point.
J'espère que cela répond à votre question.
Merci pour ce commentaire intéressant.
Pas de honte si on ne peut pas répondre, mais on s'engage à donner la réponse !
actually = en fait (faux ami).

7. How to modulate your comments ?	**7. Comment moduler ses commentaires ?**

Stress a point
What we need to do is…
What we **aim to do** is **keep our edge**.
What we **don't want** is to lose key accounts.
We **do** expect gross profit **in the millions**.

Insister sur un point
On met l'accent tonique sur le verbe.
keep our edge = garder notre avance.
On met l'accent tonique sur *do*.
in the millions = à plusieurs millions.

Make suggestions
I'd recommend reconsidering refinancing next month.

We would like **to suggest** that…
We are proposing **to review** our options.

Faire des propositions
Je préconise de revoir la question de refinancement le mois prochain.
to suggest = proposer.
to review = réexaminer – syn. : *to reconsider*.

Seek questions
I'll be happy to answer your questions now.
If you have any questions, I'll be pleased to answer them now.
We have some time now for questions and comments.

Solliciter des questions
Conseil : pour les présentations longues, il vaut mieux proposer de répondre aux questions au cours de la présentation.
À l'inverse, pour les présentations courtes, préférez les questions à la fin.

8. Reach a conclusion	**8. Conclure**

So, let's **run over** the main points.

I'd like to end now by **summarizing** the main points of my talk.

So as we've seen in **today's presentation**…
This brings me to the end of my presentation.

to run over = passer en revue – syn. : *to recap/to go through* = récapituler.

to summarize = résumer.

today's presentation: on utilise de plus en plus souvent le cas possessif pour des objets non-animés.

Exemple d'intervention orale n° 25

PRESENTING A CORPORATE SLIDESHOW

— David Gelin: Dear partners, welcome to our international seminar! I'm David Gelin, international manager at ABC. As you know, our group has experienced a challenging year and I'm sure you must be eager to find out what our franchise network current situation is on the world market. First I'll present a brief background of the market context in Europe. Then, we'll focus on our product diversification strategy and its concrete results after 2 years. Finally, we'll outline our global key figures and **give you a taste** of our future projects in terms of growth and brand enhancement.

As you can see on this slide, the **economic recovery** in Europe has been slow and with a different intensity across EU markets. However, we are planning to capitalize on the **upward**

market trend in the forecasts for the coming year. Therefore we expect to consolidate and expand our market share.

As for product offer, broadening our ranges has proved very successful in the network. As shown on this pie chart, new products now **account for** 18% of our last quarterly sales. Now, let's turn to our global key figures.

As you can see on this bar chart, **EMEA markets have taken the lead** over other areas with a share of 34% of total global sales turnover, followed by the Americas at 28% and Asia at 21%. So, there's obviously a need to **rebalance our sales** towards emerging markets. This leads me to the final part of my presentation, regarding future developments. This slide, entitled "Prospects and Projects" outlines our major strategic directions, namely, pursue our product diversification, extend the network in Asia and **expedite** the development of a global branding strategy.

Well, ladies and gentlemen, this brings me to the end of my presentation and I'll be pleased to answer your questions now. **Please go ahead**!...

Les expressions idiomatiques du dialogue

To give you a taste.	Pour vous donner un avant-goût.
EMEA markets have taken the lead.	Les marchés EMEA prennent la tête.
Please go ahead!	Allez-y !

 GLOSSAIRE

(to) account for: représenter un pourcentage – *EMEA (Europe, Middle-East, Africa) exports account for 32% of our sales.* Les exportations vers la zone EMEA (Europe, Moyen-Orient, Afrique) représentent 32 % de nos ventes.

lines of business (LOBs): catégories d'affaires/de produits – *We have to focus our resources on the most profitable lines of business.* Nous devons concentrer nos ressources sur les catégories de produits les plus rentables.

economic recovery: reprise économique – *The economic recovery started last year.* La reprise économique a commencé l'an dernier.

(to) expedite: accélérer – *This new product launch must be expedited.* Nous devons accélérer le lancement de ce nouveau produit.

(to) rebalance our sales: rééquilibrer nos ventes – *Our sales are concentrated in Western Europe; we should rebalance them to the Eastern area.* Nos ventes sont concentrées en Europe de l'Ouest, nous devrions les rééquilibrer vers la zone est.

revenue breakdown per market: répartition du chiffres d'affaires par marché – *Now let's turn to the revenue breakdown per market.* Passons maintenant à la répartition du chiffre d'affaires par marché.

upward/downward market trend: tendance à la hausse/à la baisse du marché – *Last year, the downward trend on the German market didn't affect our market share.* L'an dernier, la tendance à la baisse du marché allemand n'a pas eu d'impact sur notre part de marché.

▶ Pour aller plus loin, voir les fiches 12, 15 et 16

Un diaporama commercial

Contexte

Présenter les activités commerciales de l'entreprise est un exercice exigeant pour ses managers et ses collaborateurs, afin d'informer en interne des résultats et de la stratégie commerciale. Cela permet aux équipes sur le terrain de mieux saisir les réalités du marché et d'adapter leur approche client. Parler des données commerciales comprend notamment des explications quantitatives, ce qui nécessite une maîtrise complète des chiffres en anglais (nombres cardinaux/ordinaux, pourcentages, décimaux, fractions, etc.) ainsi que leurs tendances (à la hausse, à la baisse, au passé/présent/futur). Ces explications accompagnent souvent un support écrit, comme un diaporama. Le diaporama de type commercial suit un déroulement particulier qui peut se résumer ci-dessous.

À l'écrit

Un diaporama efficace ne se suffit pas à lui-même… il faut le joindre à la parole ! Bien qu'un diaporama « s'anime » à l'oral, à l'écrit, il est nécessaire de respecter quelques règles de base quant à la création des diaporamas commerciaux.

Ne pas hésiter à illustrer les propos contenus dans la diapositive (*slide*) avec des images commerciales, des graphiques présentant des prévisions de vente, des fichiers GIF (Graphics Interchange Format), des vidéos publicitaires, etc. Attention cependant à éviter des graphiques trop longs ou complexes qui seront illisibles pour l'auditoire.

Diaporama commercial

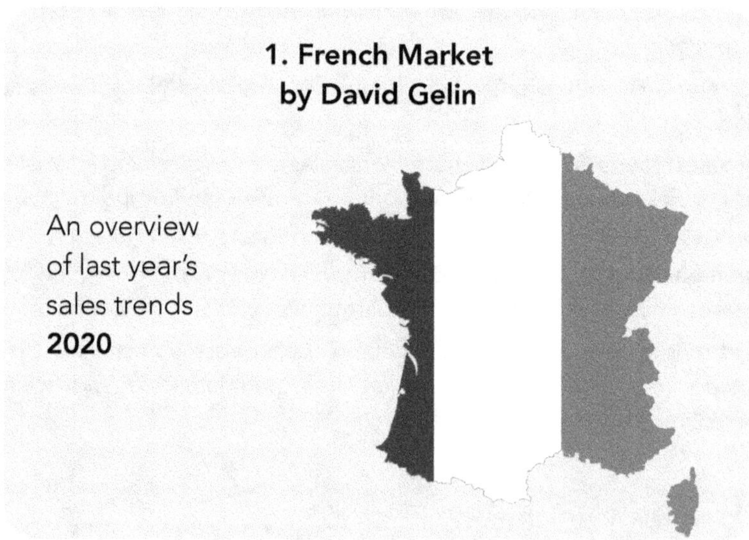

2. French Market Share

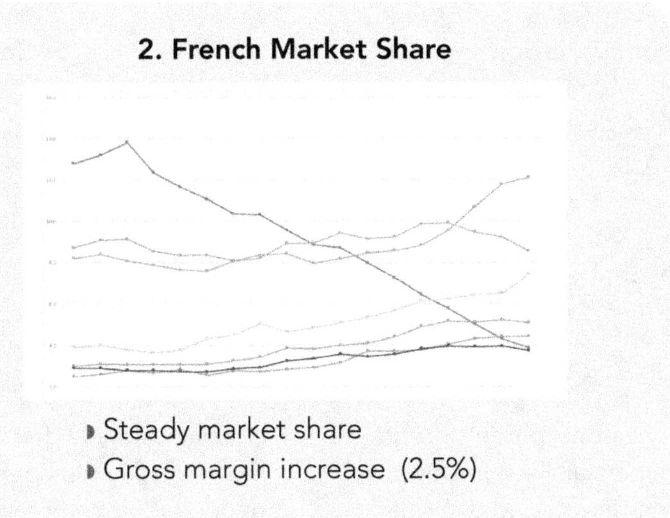

- Steady market share
- Gross margin increase (2.5%)

Chaque *slide* contient un titre, toujours en rapport avec la problématique (ici, la part de marché de la filiale française), des points clés à retenir (jamais de phrases entières), et éventuellement un graphique pour illustrer les données commerciales.

3. Sectorial Breakdown

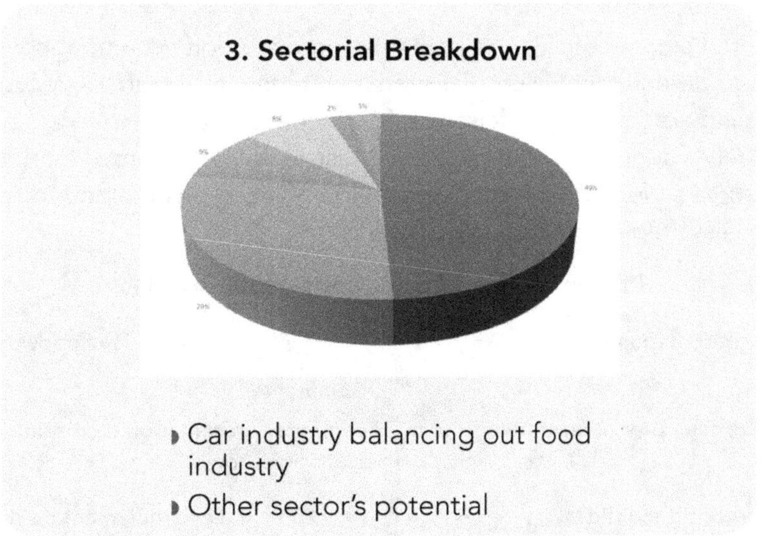

- Car industry balancing out food industry
- Other sector's potential

Un diaporama commercial présente des graphiques indiquant des tendances du marché, des camemberts (*pie charts*), des courbes (*line graphs*), etc.

4. Recommendations

- Portfolio segmentation review (to target SMEs)
- Diversification of product lines
- Other recommendations based on survey results

5. Conclusion

- Reservations about upcoming year's results
- Maintaining **current** rank

Les recommandations font partie intégrante d'un diaporama commercial. Il est important de baser ces recommandations sur des tendances à la fois quantitatives et qualitatives.

La conclusion se doit d'être brève, et récapitule les points les plus pertinents de l'exposé. Il est généralement recommandé de porter le regard vers l'avenir dans sa conclusion, puis d'inviter les participants à contribuer en posant des questions, ou en donnant un retour sur les informations qui viennent d'être présentées.

Pour réussir le diaporama commercial, une présentation orale doit accompagner les *slides* que vous avez réalisées. Lors du déroulement d'un diaporama commercial, il faudra exposer les données chiffrées oralement en anglais tout en les faisant parler (Quelle est la tendance sous-jacente ? Est-ce problématique ? Quelles sont les raisons ?, etc.). Il est utile de s'attarder quelques instants sur un graphique figurant sur la *slide*, premièrement pour l'identifier, et ensuite pour discuter de son intérêt dans le contexte de la stratégie commerciale présentée.

Présenter des informations commerciales

1. The presentation itself

Give a comment

I have prepared a short computer presentation to give an overview.

1. Le développement

Commenter

computer presentation = présentation « PowerPoint » – syn. : *slideshow*.

2. Presenting the slides

Identify the slide

As you can see on the first slide, our gross profit is rising steadily.

Describe and analyze the data

You will notice in the bar graph the jump in net sales, which could be due to the economic recovery.

2. Le déroulement du diaporama

Identifier la *slide* concernée

Comme vous pouvez le voir sur la première *slide*, notre bénéfice brut augmente progressivement.

Décrire et analyser les données

Vous voyez sur l'histogramme la montée en flèche des revenus nets, qui pourrait être due à la reprise économique.

3. Give recommendations	3. Proposer des recommandations
Articulate needs for improvement	Identifier des besoins
We must move forward by diversifying our product line.	Il faudra avancer en diversifiant notre gamme de produits.
Use conditional phrases to express a hypothesis	Utiliser des phrases conditionnelles pour exprimer une hypothèse
If we want to make profits, we'll have to set up on new markets.	Si nous voulons réaliser des bénéfices, il faudra s'implanter sur de nouveaux marchés.

Les types de graphiques

❱ Chart	❱ Graphique, diagramme, tableau, grille
❱ Diagram	❱ Diagramme, schéma
❱ Flowchart	❱ Diagramme de flux, graphique
❱ Graph	❱ Graphique
❱ Pie chart	❱ Camembert
❱ Bar chart	❱ Histogramme
❱ **Organization chart**	❱ Organigramme
❱ Table	❱ Tableau
❱ Spreadsheet	❱ Tableur, feuille de calcul
❱ Slide	❱ Diapositive
❱ Videoclip	❱ Clip vidéo

 **Exemple de dialogue n° 26**

PRESENTING BRANCH RESULTS TO THE HEAD OFFICE

— John: Now, we are pleased to welcome David Gelin, our Paris branch manager, who is going to give an overview of last year's results for France. I think you all know him. David joined ABC 2 years ago to open the French market, and he has proved a dedicated manager and a good team player in the group.
David, please take the floor.

— David Gelin: Thank you, John.
Well, first of all I'm really pleased to join the annual sales meeting for the second time, and to see my colleagues from overseas locations. I'm sure we'll have the opportunity to exchange on our experience and practices.
So I've prepared a short slideshow to **outline** our activity and highlight the major trends on the French market last year. My presentation will only last 10 minutes but I'll be pleased to answer your questions just after.
So, as you can see on the 1st **slide**, we have maintained our market share, despite a fluctuating business environment, while increasing our gross margin by 2.5% (twice the inflation in France).
As you may know, **we're on a shaky ground** in Europe, where the **demand is likely to collapse** at any time! However, we must hold our ground.

On the pie chart of slide number 2, we present the turnover breakdown per sector. You will notice the development of our new service, addressing the car industry, which has balanced out our slight weakening in the food industry.

On the basis of these results, we are planning to review our portfolio segmentation in order to determine new priorities for the coming year. For example, our last survey has demonstrated an emerging need for our products in SMEs, a new segment that we have to approach.

As a conclusion, I would say that **we have some reservations about** the economic recovery next year. Nevertheless, we'll make every effort to keep our rank on the French market.

Dear colleagues, I'd be pleased to answer your questions now, or give you more details about our activity.

Les expressions idiomatiques du dialogue

We're on a shaky ground.	Nous sommes en terrain mouvant.
Demand is likely to collapse.	La demande est susceptible de s'effondrer.
Weakening.	Un tassement.
We have reservations about it.	Nous émettons des réserves à ce sujet.

GLOSSAIRE

current: actuel – *Our current situation is looking good!* Notre position actuelle semble forte !

figures: chiffres – *We will need to study the figures from previous years in order to make the right decision.* Pour pouvoir prendre une bonne décision, il va falloir étudier les chiffres des années précédentes.

(to) have reservations: avoir des réserves – *We have a few reservations about your proposal.* Nous avons quelques réserves au sujet de votre proposition.

(to) hold one's ground: maintenir sa position – *In order to get through this recession, we must hold our ground.* Pour traverser cette conjoncture économique, nous devons maintenir notre position.

organization chart: organigramme – *As a result of the economic downturn, we are forced to start working out a reorganization chart.* En raison de la conjoncture économique, nous sommes confrontés à l'élaboration d'un nouvel organigramme.

(to) outline: donner les grandes lignes – *I wanted to outline how we see our sales strategy for you.* Je tenais à vous donner les grandes lignes de la vision de notre stratégie commerciale.

sales: commercial (adj.)/chiffre d'affaires (n.) – *The success of our competitor's sales team has resulted in their attaining record-breaking sales figures.* Le succès de la force de vente de notre concurrent a donné lieu à la réalisation d'un chiffre d'affaires record.

slide: diapositive – *For an audience really to be able to follow the presentation, please do not change slides every ten seconds.* Pour que votre public suive votre exposé, merci de ne pas changer de diapositive toutes les dix secondes.

▶ Pour aller plus loin, voir la fiche 16

Un diaporama financier

Contexte

Un diaporama financier a pour objectif de présenter des données quantitatives et qualitatives de la situation financière d'une entreprise. Exposer ces informations doit amener l'entreprise à bien maîtriser sa situation financière et à en tirer des axes de progrès. La stratégie d'entreprise dépend en grande partie des finances de l'activité, d'où la nécessité de présenter ces informations de manière fiable et exacte.

À l'écrit

Les finances d'une entreprise se présentent souvent sous forme de tableaux qui s'insèrent sur des diapositives. La cohérence de la présentation du diaporama financier dépend de la qualité des *slides* à l'écrit, ce qui mène à l'animation de celles-ci à l'oral. Il faudra garder ce point à l'esprit, car en fonction des besoins et des contraintes de la situation financière, les informations financières superflues (c'est-à-dire celles qui ne seront pas expliquées oralement) rendent le diaporama financier plus lourd et difficile à appréhender. Soyez bref et concis.

Diaporama financier

**Balance sheet
as of April 15, 2020**

Assets	Liabilities
▶ Cash	▶ Accounts payable
▶ Accounts receivable	▶ Warranties
▶ Tools and machines	▶ Capital stock

Le bilan financier (*balance sheet*) de l'entreprise sert à donner un aperçu de ce que possède, et de ce que doit l'entreprise à un moment donné.

Assets = l'actif et **liabilities** = le passif.

**Income Statement
for Q4 2020**

Revenue €35,001.56

▶ Gross profit............... €20,747.88

▶ Cost of sales €14,253.68

Expenses €20,747.78

▶ SG&A (+ taxes).......... €4,722.20

▶ Net profit €16,025.58

Le compte de résultats (*income statement*) donne une synthèse de l'ensemble des charges et des produits d'une entreprise. On l'appelle aussi « *profit and loss statement* » ou « *P&L* ».

*SG&A = **S**ales, **G**eneral and **A**dministration*

**Cash flow statement
from Jan. 2020 to Dec. 2020**

Cash flow from operations	€10,000
Cash flow from investing	€3,500
Cash flow from financing	€5,000
Net cash flow	€1,500

Le tableau de financement (*cash flow statement*) fait l'état des lieux du flux de la trésorerie, et établit un récapitulatif détaillé des variations

 **À l'oral**

L'animation d'un diaporama financier n'est pas simple car le sujet est ardu et il faut manipuler et faire parler des chiffres. Les diapositives sont d'une grande aide à condition de ne pas trop les surcharger de tableaux chiffrés. L'objectif est d'insister sur les tendances clés sans se noyer dans les détails et de créer des liens entre les différentes données financières.

Employer un vocabulaire précis et être capable de parler de montants, quantités et chiffres en anglais.

1. Present a balance sheet

As you can see on this slide, our **assets** have evolved to include new equipment that we are financing through the Better Bank Network. Along with **real estate** and liquidities, our total assets amount to $902,600 as of December 31, 2022.

On the next slide, you can see how our **liabilities** have changed **compared to** this date last year. I would like to draw your interest to the amount we are paying out in **warranties**…

1. Présenter le bilan financier

assets = actifs (financier) ; dans un contexte général, *assets* signifie « atouts ».
real estate = immobilisations (financier) ; dans un contexte général, *real estate* signifie « immobilier ».

liabilities = passifs (financier) ; dans un contexte général, *liabilities* signifie « responsabilités ».
compared to = par rapport à.
warranties = garanties.

2. Present an income statement

Let's have a look at the first item: **revenue**. We have successfully reached our sales goals by generating a **hefty profit** throughout the first **quarter**. However, this is countered by our costs of sales **amounting to** €14,253.68.

Despite this difference, our **expenditures** on **overhead** have increased this year.

2. Présenter le compte de résultats

revenue = chiffre d'affaires.
hefty profit = bénéfice élevé.
quarter = trimestre.
(to) amount to = s'élever à (pour un montant).

expenditures = dépenses – syn. : *expenses*.
overhead = charges/frais généraux.

3. Present the cash flow statement

We can see here that our **net cash flow** has **gone down** this year compared to 2019.

One of the reasons for this **decrease** is the **negative cash flow** from the financing of our new equipment. As our **variable interest rates** have indeed varied, this has had an effect on **our bottom line.**

One way to deal with this would be to opt for a **fixed rate** instead. Philip, can you contact the bank to explore this possibility?

3. Présenter les flux de trésorerie

net cash flow = flux de trésorerie net.
to go down = diminuer.

decrease = diminution.
cash flow = flux de trésorerie (*negative/positive*).
interest rate = taux d'intérêt.
variable/fixed = variable/fixe.
our bottom line = notre bénéfice net.

Les verbes clés des commentaires chiffrés

TENDANCES À LA HAUSSE			TENDANCES À LA BAISSE		
Augmenter modérément			Baisser modérément		
To go up	A raise	Une hausse	To go down	A downturn	Une baisse
To raise	A rise		To decline	A decline	Un déclin
To rise	An increase		To reduce	A reduction	Une réduction
To increase					
Augmenter fortement			Baisser fortement		
To climb	A climb	Une montée en flèche	To worsen	A worsening	Une aggravation
To jump	A jump		To fall	A fall	Une chute
			To drop	A drop	
Augmenter très fortement			S'effondrer		
To surge	A surge	Une poussée	To plunge	A plunge	Un effondrement
To soar	A soar		To collapse	A collapse	
To peak	A peak	Un pic	To plummet		

💬 Exemple de dialogue n° 27

PRESENTING FINANCIAL INFORMATION

— Jill: Thank you all for coming today… Plus, you are all on time! I'm proud to announce that our fourth quarter results are in, and we have turned a net profit of over fifteen thousand euros! Thanks to your ongoing efforts, we have managed to keep costs of sales low while maintaining excellent sales figures. **I have some handouts here to pass out** to illustrate a few strategic points, and I'd be happy to answer any questions **as we go along!**
Right, now if you turn to page three, you can see a copy of the fourth quarter income statement. You can also follow along on the screen if it's easier.
So, here you'll notice…

— Jack: Excuse me, Jill. The screen is a little blurry, the focus is off…

— Jill: Sorry, it looks like we have a technical problem, just give me a moment. Ok, there we go. Now, what about that, can everybody see?

— All: Yes.

— Jill: So, **let's run over the main points**. First, our sales team has done an impressive job this quarter; you can see our revenue this quarter is about thirty-five thousand euros, and some change. Compared to last year, this year's figures are up by fifty-seven percent, which is unprecedented. Our cost of sales for this period amounted to fourteen thousand, two hundred fifty-three euros and sixty-eight cents. We were able to keep these costs so low, thanks to our Internet advertising initiative.

— Jason: Does that mean that our paper-based campaign has come to an end?

— Jill: **I'll come to that in a momen**t. For now, remember that our SG&A is calculated to include taxes this quarter…

- Jack: Sorry to interrupt, but the income statement shows that SG&A is about fourteen point five thousand. Do you have the breakdown showing the general overhead minus sales and administration?
- Jill: Yes, I do. However keep in mind that our overhead expenses are not quite stable as a result of the move to the new premises.
- Jack: Oh, I see, you're right.

Les expressions idiomatiques du dialogue

I have some handouts here to pass out.	J'ai des polycopiés à distribuer.
As we go along.	Au fur et à mesure.
Let's run over the main points.	Résumons les points principaux.
I'll come to that in a moment.	J'y viendrai dans quelques instants.

 GLOSSAIRE

accounts payable: comptes fournisseurs (passif) – *Marie is in charge of accounts payable in office two two seven.* – Marie s'occupe du service de facturation ; elle est au bureau deux cent vingt-sept.

accounts receivable: effets à encaisser – *As you can see in our literature, our accounts receivable has kept going up over the past five years.* Comme vous pouvez le voir dans notre documentation, le nombre de factures clients ne cesse de croître depuis ces cinq dernières années.

balance sheet: bilan financier – *Please make sure our equity shows up on the balance sheet.* Veuillez faire figurer nos capitaux propres sur le bilan financier.

cash flow statement: tableau de financement – *This year's cash flow statement should be compared with years past to make a forecast for the upcoming year.* Le tableau de financement de cette année doit être comparé avec celui des années précédentes afin d'établir des prévisions pour les années à venir.

handouts: polycopiés/documentation – *You may help yourselves to this week's handouts on your way out.* N'hésitez pas à vous servir des polycopiés de cette semaine en sortant.

income statement: compte de résultats – *The income statement tells us what our gross profit is.* Le compte de résultats nous indique la marge brute.

profit: bénéfices – *Hopefully, next year they will make a profit.* J'espère qu'ils réaliseront un bénéfice l'année prochaine.

run over: récapituler – *Sorry, I'd just like to run over one last point before letting you go.* Excusez-moi, je voudrais juste récapituler le dernier point avant de vous libérer.

▶ Pour aller plus loin, voir la fiche 34

Une réunion

Contexte

Se réunir avec ses collaborateurs est une étape nécessaire au bon fonctionnement d'une entreprise. Une réunion rassemble les responsables de telle ou telle initiative et facilite la prise de décision par ceux-ci. Pour que la réunion soit efficace, il faut pouvoir présenter clairement les objectifs et le planning de la réunion afin que l'ensemble des participants puisse intervenir et débattre pour trouver un consensus, valider les décisions prises et préciser le mode de suivi des actions.

À l'écrit

Nombre de documents peuvent servir à mieux ficeler le déroulement en amont de la réunion pour éviter des contretemps le jour J. En fonction du type de réunion, ainsi que du degré de formalisme (formelle ou informelle), les documents peuvent varier. De toute manière, la réunion doit être adaptée aux initiatives de l'entreprise et se décline en plusieurs types. En voici une liste non exhaustive :

1. une réunion commerciale (*sales meeting*) sert à définir les objectifs de l'équipe commerciale en termes quantitatifs et qualitatifs ;

2. une réunion de service (*department meeting*) vise à instaurer un climat de confiance, car elle implique la collaboration des collègues travaillant côte à côte au quotidien ;

3. une réunion du personnel (*staff meeting*) aide à l'implication d'une équipe dans un projet et donne lieu à la transparence quant au processus de prise de décision ;

4. une réunion d'équipe (*team meeting*) renforce la cohésion des équipes en proposant une opportunité de régler les problèmes et de dresser un bilan des activités ;

5. une réunion de crise (*crisis meeting*) sert – comme son nom l'indique – à trouver des solutions pour mieux faire face à une crise.

Ordre du jour pour une réunion de crise

CRISIS MEETING
To be held on 10/15/2021
at 8:00 am
Agenda

1. Opening/welcome
2. **Ranking of points according to priority**
3. **Pending patent infringement lawsuit**
4. Report on the financial crisis in Europe
5. Agreement on **recovery plan**
6. Adjournment

 **À l'oral**

En fonction des besoins de l'entreprise, la réunion peut se décliner en plusieurs types, chacun ayant une approche différente du vocabulaire et de la structure.

Mener à bien le déroulement d'une réunion.

1. Welcome the participants

Thank you for coming and welcome to this meeting.
It's a pleasure **to have you here today.**

1. Accueillir les participants

to have you here today : pour remercier des collaborateurs extérieurs.

2. Introduce the agenda

The purpose of today's meeting is **to decide on outsourcing** our customer service.

Has everyone received a copy of the **agenda?**
Tom, will you take the **minutes?**

So, let's take the first **item.**

2. Présenter l'ordre du jour

to decide on = se mettre d'accord sur.
outsourcing = externalisation, mais *subcontracting* = la sous-traitance.
agenda = ordre du jour (faux ami) – *diary* = un agenda.
minutes (prononcez [minits]) = le compte rendu (faux ami).
item = un point, une rubrique.

3. Start the debate

Our CEO will first address the issue of outsourcing.
I suggest we **go round the table** first to get everybody's **views.**
Jane, would you like to start?

3. Introduire les débats

Formel.
to go round the table = faire un tour de table (informel).
views = avis, vision.

4. Seek consensus

What's your feeling about this suggestion?
Is there any objection to this?
I take it that we all agree?

4. Rechercher et rapprocher les points de vue

What's your feeling about...? = que pensez-vous de…?

I take it that = j'ai cru comprendre que.

5. Recap decisions

Let's sum up what has been agreed **so far.**
So, we've decided to **carry out** our project.

5. Récapituler les décisions

so far = jusqu'à présent.
to carry out = exécuter (*phrasal verb*).

6. Close the meeting

Well, we've covered all the points on the agenda.
I'll **circulate** the **proceedings** including an action plan.
Well, I think that's all!

6. Terminer la réunion

to circulate = diffuser.
proceedings = le compte rendu de la réunion.
Eh bien, je pense que ce sera tout !

Comment gérer les *chatter boxes* et les *speechless*

Chatter boxes	Moulins à parole
Could we stick to the subject?	Pourrions-nous nous concentrer sur le sujet ?
I'm afraid we are losing sight of the subject.	Je crois que nous perdons de vue le sujet.
Speechless	**Muets**
John, what are your views?	John, qu'en pensez-vous ?
John, do you have any comments to add?	John, souhaitez-vous ajouter un commentaire ?

Exemple de dialogue n° 28

RESUMING A PROJECT

— David: So, let's get started! Well thank you for coming, I know **you're up to your ears** at the moment! We'll try to finish on time. As you know, the AAA project, that **was left high and dry** last year, is **back in play!** Jill is circulating a review of last year's status. We are expected **to make up for lost time**. So we need **to bend over backwards** to resume the implementation process **in a flash!**

— Jill: **We'll have to play it tight**! Anyway, the first item in the agenda is staffing and then we'll go through project planning.

— David: I remind you that the subject is to allocate tasks to the teams. **According to my reckonings**, the project could be restarted by the end of April. John what is your opinion?

(1 hour later.)

— David: So, let's recap our decisions: Julia **called for a budget increase** and we all agree to **work it out** shortly and have it accepted by the financial controller. Besides, we feel we need some time to think about staffing, according to our present workloads. So we all agree on a meeting next Wednesday at 4 pm to go into more detail as each team leader will **come up with** a precise schedule.

— Jill: I'll send you the minutes tomorrow.

— David: Thank you for your time. See you.

Les expressions idiomatiques du dialogue

Resuming a project.	Reprendre un projet.
You're up to your ears.	Vous êtes submergé de travail.
The project was left high and dry.	Le projet a été laissé en plan.
Back in play.	À nouveau d'actualité.
To make up for lost time.	Rattraper le temps perdu.
To bend over backwards.	Faire le maximum.
In a flash!	Très rapidement.
We'll have to play it tight!	Il va falloir jouer serré.
According to my reckonings.	D'après mes estimations.
To call for a budget increase.	Réclamer une augmentation de budget.
To work out a budget.	Élaborer un budget.
To come up with a precise schedule.	Trouver un planning précis.

GLOSSAIRE

patent infringement lawsuit: procès en contrefaçon – *We have filed a patent infringement lawsuit against our licensee in Hong Kong.* Nous avons intenté un procès en contrefaçon à l'encontre de notre licencié à Hong Kong.

ranking of points according to priority: classement des points de l'ordre du jour selon leur priorité – *As this is a crisis meeting, we have ranked topics according to their priority.* Comme il s'agit d'une réunion de crise, nous avons classé les sujets selon leur ordre de priorité.

recovery plan: plan de redressement – *We have ratified a very effective recovery plan, in order to boost our sales during this period of economic downturn.* Nous avons ratifié un plan de redressement très efficace pour relancer nos ventes pendant cette période de crise.

▶ **Pour aller plus loin, voir les fiches 28 et 29**

Une réunion commerciale

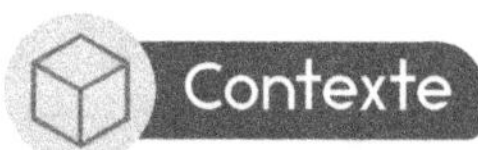
Contexte

La réunion commerciale est souvent redoutée car les membres de l'équipe doivent justifier leurs résultats et présenter leur analyse et leur stratégie. Le manager doit donc faire preuve de diplomatie et de doigté, même si la fermeté sur l'atteinte des objectifs reste importante. La façon d'organiser et de mener la réunion sera donc essentielle.

À l'écrit

La convocation à la réunion sera claire et assortie d'un ordre du jour détaillé, afin que chaque membre de l'équipe sache à quoi s'attendre et s'y préparer.

Convocation à une réunion informelle

INFORMAL SALES MEETING NOTICE
ATTN: Sales staff meeting

9/15/2021

Dear sales staff,

The quarterly sales meeting will take place next week, on Sep. 22 at 2 pm in the fourth-floor meeting room.
Next week's meeting's goal will deal first with our previous **quarter's** results, and then we will define our sales objectives and how we are going to go about reaching them. You will find the meeting **agenda** in the enclosure.
To prepare for the meeting, and in order to be as efficient as possible, I ask that you **review** the sales figures for last year, as well as upcoming **trends** on the market.
Please let me know if you have any questions, comments or complaints. I can be reached at sebfree@abc.com or at (303) 887-1007.

Sincerely,
Sébastien Friesse
President of Sales

À l'oral

Il est souhaitable, en tant que manager, de bien identifier en amont les points névralgiques de la réunion commerciale afin de les aborder avec soin, en évitant par exemple de stigmatiser un commercial dont les résultats seraient insuffisants. En tant que participant à la réunion, il faut avoir réponse à tout mais avec précision et sans fuir ses engagements ou faire porter la responsabilité à d'autres.

Mener une réunion commerciale avec efficacité.

1. Create a pleasant atmosphere

Thank you for **attending** our monthly sales meeting!
All **account managers** are present today!

I know that you're currently **up to your ears!**
So, let's get down to business!

2. Lead a brainstorming session

We're here to **review our present action plan and brainstorm on** some readjustments.

3. Present a report/an issue

So, I'll first **report** briefly **on** our quarterly export sales.
Then I'd like **to address the issue of** our margin deterioration.

4. Plan the speaking slots

I'll **give the floor to** Andrew for a financial overview.
Now, I'd like to **hand you over to** Rebecca who will analyze our **key account portfolio.**

5. Close the meeting on time

Well, as **time's nearly up,** I suggest leaving this decision to the next meeting, so that you can **think it over.**

1. Créer une ambiance conviviale

to attend = participer à.
account managers = chargés de clientèle, rien à voir avec la comptabilité !
up to your ears = avoir du travail par-dessus la tête.
Allons, mettons-nous au travail !

2. Animer un brainstorming

to review = revoir, reconsidérer.
to brainstorm on = réfléchir sur.

3. Présenter un rapport/une problématique

to report on = faire un compte rendu, mais *to report to* = être sous la responsabilité de.
to address an issue = aborder une question.

4. Organiser les interventions

to give the floor to = donner la parole.
to hand over to = passer la parole.
key account portfolio = portefeuille de grands comptes.

5. Conclure dans les temps

time's up = le temps est écoulé.
to think over = bien réfléchir à.

Adapter la structure de la réunion à son objet

Information meeting (réunion d'information)	Problem-solving meeting (recherche de solutions)	Feedback meeting (retour d'expérience)
Welcome.	Address the issue.	Refer to the subject.
Information **roll-out**.	Collect opinions and views.	Review progress.
Issues: structure and clarity.	Evaluate suggestions.	Collect information.
Answering questions.	Define action plan.	Lead discussion.
	Congratulations.	Summary of action.

Exemple de dialogue n° 29

A SALES MEETING

— David: Good morning and welcome to our sales meeting. Let me remind you of today's agenda: I will give an overview of our quarterly sales per region. After that, each area sales manager will account for possible trends and progress. Then, we'll focus on sales forecasts for Q4 and appraise the necessary resources to reach these targets. Any questions or comments?

— Others: No, that's all right.

— David: Fine, so as we only have one hour today, let's look at the first item on our agenda. As you can see in our sales report, there's been a slight rise **at a stretch** of four months, with a dramatic decline last month. I'm afraid this may announce a deterioration of our market share. Therefore we need **to turn the tide** urgently and recover our upward trend.
Jenny, as your area has remained even, could you explain how you have managed to sustain your sales level?

— Jenny: Well, I've been regularly **on the spot** to boost our agents and bring them support and new promotion tools. I think we need **to have hands-on involvement** and renew our advertising materials regularly.

— David: Thank you Jenny, we'll get back to this shortly. Jill?

— Jill: My agent in Italy **has been giving me a hard time** lately. I realized that he is representing a new principal. Thus, **he has too many irons in the fire** and does not devote enough time to our products. I think we should refer to the legal department, don't you?

— David: Certainly, maybe **he's leaving himself a way out**. Therefore we need to react rapidly. So, Jill I guess this certainly accounts for the drop in your sales.

— Jill: **I should say so.**

— David: Now, I suggest that we set realistic targets for the coming quarter and agree on a new promotional budget. According to Jenny's proposition, we could ask the communication department to launch a new advertising campaign and supply us with updated leaflets and brochures. I'll present the budget to the next board meeting for acceptance.

So please send me your sales forecasts by e-mail tomorrow and I'll **keep you posted**.

— Others: That's fine.

— David: Thank you for your time. Have a good day!

Les expressions idiomatiques du dialogue

At a stretch.	D'affilée.
To turn the tide.	Renverser le cours des choses.
On the spot.	Sur le terrain.
To have hands-on involvement.	Avoir une participation active.
To give a hard time.	Mener la vie dure.
He has too many irons in the fire.	Il a trop de choses à faire.
He's leaving himself a way out.	Il se réserve une échappatoire.
I should say so.	Absolument.
I'll keep you posted.	Je vous tiens au courant.

GLOSSAIRE

agenda: ordre du jour – *Please forward the agenda to all meeting participants.* Merci de faire suivre l'ordre du jour à tous les participants.

quarter: trimestre – *We must set new sales objectives for each quarter.* Il faut fixer de nouveaux objectifs de vente pour chaque trimestre.

(to) review: étudier – *I will have my human resources staff review all résumés to determine which applicants will be called for an interview.* Je vais demander aux RH d'étudier toutes les candidatures pour présélectionner les candidats à convoquer à un entretien.

(to) roll out: présenter – *They have rolled out their new sales strategy.* Ils ont présenté leur nouvelle stratégie commerciale.

trend: tendance – *This year's trend is to invest in the banking sector.* La tendance de cette année est d'investir dans le secteur bancaire.

▶ Pour aller plus loin, voir la fiche 27

Une réunion de direction

 **Contexte**

Une réunion de direction rassemble les responsables qui doivent prendre des décisions stratégiques qui s'appliqueront dans toute l'entreprise et visent à faciliter le consensus, la prise de décision et la ratification. Ce type de réunion est plus formel et demande l'utilisation d'un vocabulaire particulier.

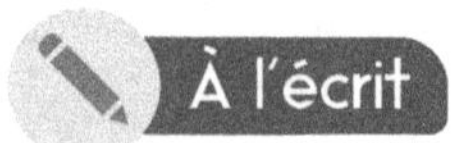 **À l'écrit**

La convocation ainsi que l'ordre du jour doivent parvenir en temps et en heure afin que tous les directeurs puissent y assister.

Convocation à une réunion de direction

To: all_employees@abc.com
From: bernieslapper@abc.com
Date: October 1, 2021
Subject: Invitation to ABC's Annual Sales Meeting

Dear ABC colleagues,

ABC's Sales and Marketing Department cordially invites all colleagues **to attend** our Annual Sales meeting on October 15, 2021 from 8 am to 11 pm in the 7th floor board room.

The meeting is called to discuss our sales performance in 2020 as well as for the first two quarters of 2021.

We would like to take this opportunity to implement a marketing strategy for next year's campaign to increase sales by 10%. Your participation in this very important meeting will help our company to move forward in this increasingly uncertain environment.

Kindly confirm your presence at the meeting. If you are not available to attend, we will transfer you the minutes in the days following. As always, a complimentary continental breakfast will be served for this event.

I can be reached by phone at 303-887-1007 or by e-mail at bernieslapper@abc.com.

We would like to have your confirmation by October 7, at the latest.

Please find enclosed the agenda, which recapitulates the points of order.

Sincerely,
Bernie Slapper
President of Sales

Ordre du jour d'une réunion de direction

EXECUTIVE SALES MEETING
To be held on 10/15/2021
at 8:00 am
Agenda

1. Opening/Welcome—8:00

2. Announcements—8:05

3. Reading and **approval of minutes** from previous meeting—8:15

4. **Executive sales reports** (CSO, departmental directors, marketing, etc.)—8:45

5. **New business**—9:15

6. **Old business**—9:30

7. Vote and adjournment

 **À l'oral**

Il faut prendre soin d'utiliser les formules consacrées qui permettent de rendre compte du caractère officiel de la réunion.

Suivre les étapes suivantes pour une réunion efficace.

1. Keep up to schedule

I'm afraid we're **running out of time.**
Could we **put off** our decision **for now**?

1. Respecter le timing

to run/to be out of time = prendre du retard.
to put off = reporter, décaler.
for now = pour le moment.

2. Go through the agenda

Can we **proceed to** item 4, please?

2. Avancer dans l'ordre du jour

to proceed to = avancer.

3. Have motions voted

Could we **take a vote** on this?
Shall we vote **by a show of hands**?
Those for the **motion**?
Those against?
John, are you **abstaining**?

3. Proposer les motions au vote

take a vote on = voter.
by a show of hands = à main levée.
motion = motion mais également le mouvement.
to abstain = s'abstenir.

4. Conclude the meeting and plan the next one

We have **gone through** the agenda, are there any other questions?
Shall we fix a date for our next meeting?

4. Conclure et planifier la prochaine réunion

to go through = parcourir.
to fix veut d'abord dire « réparer ».

5. Close the board meeting

So, I declare the meeting closed, thank you ladies and gentlemen.

5. Clôturer la réunion de direction

Je déclare donc cette réunion terminée, je vous remercie, Mesdames et Messieurs.

ATTENTION : BIEN CHOISIR SON REGISTRE, FORMEL OU INFORMEL ?

▶ L'utilisation de **shall** à la forme interrogative est un marqueur du registre formel

▶ **Ladies and gentlemen** s'utilise uniquement pour des situations officielles à l'oral

▶ On utilisera **minutes** dans le registre formel et **proceedings** pour le compte rendu d'une réunion courante.

▶ On utilisera **speech** pour un discours officiel et **talk** pour une prise de parole plus informelle.

▶ On utilisera **to convene** pour convoquer une réunion de direction et **to call** pour une réunion courante.

ATTENTION : UTILISER LE VOCABULAIRE ADÉQUAT POUR UNE RÉUNION DE DIRECTION

▶ **to convene a board meeting** = convoquer un conseil d'administration.

▶ **to adjourn** = suspendre.

▶ **to pass a motion** = faire passer une motion.

▶ **apologies** = personnes excusées.

▶ **a majority/unanimous agreement** = accord à la majorité/à l'unanimité.

▶ **AOCB (any other component business)** = questions diverses.

▶ **confirmation of minutes** = approbation du procès-verbal.

Exemple d'intervention orale n° 30

INTRODUCING AND CLOSING A BOARD MEETING

— Ladies and gentlemen,

On behalf of the board of management and the employees of ABC, I would like to welcome you to our 2021 annual meeting.

This time last year, our prospects were gloomy. But we can say that today **everything is getting back to normal again**.

Indeed, as you can see in our annual report, we have restored our market share and profitability. **Let's hope it lasts**! We shall make every effort to sustain this trend.

Now, I'd like to present the facts, which our forecasts are based on, in more detail:

First by reviewing key developments last year, second, with a report on the current situation and our expectations for the coming year, and third, with a more detailed look at our future goals, strategies and initiatives.

First let's take a look back at last year's activity.

We recorded double-digit growth at all of our divisions in Europe.

We also significantly increased our revenue in all key regions.

(30 minutes later)

The major issue will be **to keep up the momentum**. As you know, the new chairman will take up his position in May. I wish him success and ongoing growth for our group.

Ladies and gentlemen, thank you very much for your support and loyalty.

Les expressions idiomatiques du dialogue

This time last year.	L'an dernier à la même époque.
Everything is getting back to normal again.	Tout est rentré dans l'ordre.
Let's hope it lasts!	Pourvu que cela dure !
To keep up the momentum.	Préserver son élan.

 # GLOSSAIRE

approval of minutes: approbation du procès-verbal – *Now, let's ratify the approval of minutes.* À présent, ratifions l'approbation du procès-verbal.

(to) attend: assister à – *Unfortunately, I will not be able to attend the meeting.* Malheureusement, je ne pourrai pas assister à la réunion.

executive reports: rapports de synthèse – *Now, it's time for executive reports by directors.* C'est maintenant aux directeurs de présenter leur rapport de synthèse.

new business: points à ajouter à l'ordre du jour – *Upon request of the Finance Director, we have added one subject in terms of new business: impact of new taxation on profitability.* À la demande du directeur financier, nous avons ajouté un point à l'ordre du jour : l'impact de la nouvelle fiscalité sur la rentabilité.

old business: anciens sujets à traiter – *Old business is about IT outsourcing project.* Sur les anciens sujets à traiter, il y a l'externalisation de l'informatique.

▶ Pour aller plus loin, voir la fiche 27

Fiche 30

Un *confcall*

 **Contexte**

Avoir recours au téléphone dans ses communications est devenu la norme pour les échanges entre partenaires, mais qu'en est-il des échanges entre plusieurs collaborateurs ? Le *confcall* (de l'anglais « **conf**erence **call** ») et la visioconférence représentent des moyens de communication multilatérale qui ont tous les deux changé la donne quant aux discussions à distance. Alors que le premier n'incorpore aucun élément visuel, le second pose un défi car la communication est à la fois orale et visuelle.

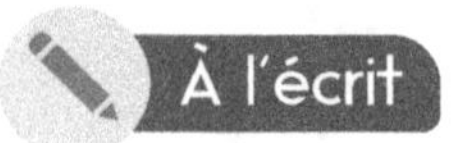 **À l'écrit**

Le *confcall* et la visioconférence consistent à organiser des échanges audiovisuels, généralement. Cependant, certains documents peuvent faciliter la communication entre partenaires, tels qu'un e-mail de confirmation, ainsi qu'un ordre du jour.

E-mail d'invitation à une visioconférence

To: All participants <all@ymail.fr>
Cc: jjohanson@ymail.fr
From: francine.chaudron@ymail.fr
Date: August 5, 2021 17:31 GMT
Subject: Video conference information

Dear colleagues,

As discussed last Friday, we have scheduled a video conference next Wednesday, August 10th, 2021 at 4 pm GMT (Paris local time).

You will need the following **credentials** to connect to the video platform to be used for the e-meeting:

 LOGIN: JNC UNLIMITED

 PASSWORD: pFadn89748

On next Monday, August 8th at 4 pm GMT (Paris local time), a test will be conducted to work out any technical difficulties. It is highly recommended to participate in the test on Monday so that we can begin our video conference right away on Wednesday.

A separate e-mail will be sent out shortly to inform you of the meeting agenda.

Please do not hesitate to contact me for any questions or comments.

Best regards,
Francine Chaudron
Technical Coordinator

E-mail de confirmation/de suivi en vue d'une visioconférence

To: All participants <all@ymail.fr>
Cc: francine.chaudron@ymail.fr
From: jjohanson@ymail.fr
Date: August 5, 2021 18:57 GMT
Subject: Re: Video conference information

Dear all,

Following Francine's e-mail to get you all set up for the upcoming video conference, I'd just like to add a word to thank you all for your participation.

In view of next Wednesday's meeting, below you will find our agenda outlining the points to be discussed.

As always, if you have anything to add to the agenda, or any other points to bring up, please let me know.

All my best,

John Johansson

General Manager

Video conference agenda to be held on 08/10/2021 at 4 pm.

<u>Agenda</u>

1. Opening/Welcome—4:00

2. Announcements—4:05

3. Discussion: acquisition of S&L textiles—4:15

4. Discussion: setting up in Poland—4:45

5. Discussion: language and culture training—5:15

6. Old business—5:30

7. Vote and adjournment

Pendant le *confcall*/la visioconférence, tous les participants seront mis en relation de manière électronique, ce qui pose un certain nombre de défis. La communication est souvent plus difficile en raison des problèmes techniques, ou d'une mauvaise connexion, d'où l'importance d'une bonne préparation en amont du *confcall*/de la visioconférence. À la fin du *confcall*, assurez-vous qu'aucune question ne reste en suspens et que tous les interlocuteurs ont pu s'exprimer.

Mener à bien un *confcall* efficace.

I. Ratify the consensus and give the floor	**I. Valider le consensus et donner la parole**
Do you all agree on the method and organization? So, to start with, **I suggest** John **give an overview** of the project and underline the **pending** issues to be resolved.	*to suggest* : s'utilise beaucoup plus que *to propose* qui veut également dire « demander en mariage » ! *to give an overview* = donner une vue d'ensemble – syn. : *to outline*. *pending* = en attente, comme le courrier !
Then, according to our agenda, David will outline **budget constraints**. After that, feel free to take the floor.	*budget constraints* = les contraintes budgétaires, on peut aussi utiliser *budgetary*, moins courant.

.../...

.../...

<table>
<tr><td>

2. Make sure everyone speaks according to schedule and do a running summary

Lester, I believe **this point has been settled**; maybe you could discuss details directly with **R&D**?

Could we go on to the next topic, please?

We just have 10 minutes left **to come to an agreement!**

</td><td>

2. Faire respecter le temps de parole et suivre l'avancement

to settle = régler un problème mais aussi une facture !

R&D = la recherche et développement.

to come to an agreement = comme en français, parvenir à un accord !

</td></tr>
<tr><td>

3. Rephrase and summarize

So, **in a nutshell**, you mean that the **sales drive** should be delayed don't you?

</td><td>

3. Reformuler et synthétiser

in a nutshell = en un mot.
sales drive = une campagne commerciale ; *sales* traduit souvent l'adjectif « commercial ».

</td></tr>
<tr><td>

4. Complete the confcall

We have **run over all the options** scheduled, would you like to add any comment or recommendation?

We'll have the opportunity **to review this project** during our next department meeting in June and **decide further.**

</td><td>

4. Clôturer le *confcall*

to run over all the options = examiner les différentes possibilités.

to review this project = faire le point sur ce projet.
to decide further : *further* a un sens figuré, ici « décider plus avant ».

</td></tr>
<tr><td>

5. Draw up a written report

Well, thank you again for your contribution, I'll send you a report **itemizing** all decisions, so that we can apply them shortly.

</td><td>

5. Établir un compte rendu

to itemize = établir la liste, lister.

</td></tr>
</table>

 Exemple de dialogue n° 31

A CONFCALL IN THE IT DEPARTMENT

— David: Alright Jill, it's almost time, let's hope they've checked their e-mails, I sent reminders for today's confcall two days ago plus a text message yesterday to make sure they don't forget!
Ah, Hello John, you're the first, please standby!
Mary, thank you for calling on time, just a moment, we are still expecting Lester, then we'll begin!
So Lester has joined the group, we can start.
First, can you all hear me?

— Others: Yes, just fine, alright, pretty clearly.

— David: Fine, thank you, I know **you're all snowed under with work**, so let's be short. I'll be leading our confcall and Jill will take notes of the minutes.

— Jill: Hi everyone!

— Others: Hello Jill!

— David: I'd like to remind you of a few basic rules for our conversation. Before taking the floor, please give your name to avoid misunderstandings. Do not interrupt each other and focus on the key issues you want to address so that we can close on time. **Let's be down-to-earth** on this matter, we only have thirty minutes.

- Others: Alright, fine…

- David: Thank you. So, as you know, we've called this confcall for an emergency decision. Our IT project to redesign our website is likely to be postponed due to budget cuts in the group. Two options are available. We may either reduce the project scope and budget, while keeping our schedule or put off the whole project until early September.
  We'll try and find some common ground during this confcall.
  Now, let's review the agenda. First we'll consider option number 1 (reducing project scope), **by weighing up pros and cons**, then we'll discuss option number 2 (delaying the project) and we'll have the opportunity to compare advantages and drawbacks.
  Finally, we'll reach a decision to be reported on to the CIO.
  Do you all agree on this process?

- Others: That's alright, that's fine, perfect.

- David: So first, I suggest that Lester, as project manager, outlines the issues raised by a project scope reduction.

  (After 25 minutes.)

- David: I'm afraid we only have five minutes left to close our confcall.
  Obviously there's been a majority in favor of postponement, based on concrete arguments, especially the consistency of implementing the project through all its phases **in a row**.
  Do you all agree on this proposal?

- Others: Yes, this is probably the best option.

- David: **So, the matter is settled.** Well then, Jill will send you a report to be ratified. The decision will be validated by the CIO.
  Thank you for your involvement and the quality of your arguments.

- Others: Thank you David, good bye Jill.

Les expressions idiomatiques du dialogue

You're all snowed under with work.	Vous êtes tous submergés de travail/avez la tête sous l'eau.
Down-to-earth.	Pratique, pragmatique.
We'll try and find some common ground.	Nous allons essayer de trouver un terrain d'entente.
By weighing up the pros and cons.	En pesant le pour et le contre.
In a row.	D'affilée.
The matter is settled.	La décision est prise.

 GLOSSAIRE

down-to-earth: pratique, pragmatique – *Jill is very down-to-earth in her strategic decision-making, but when it comes to accounting, she has her head in the clouds.* Jill est très terre-à-terre quand il faut prendre une décision stratégique, mais en comptabilité elle est tête en l'air.

(in a) row: d'affilée – *This is the fifth time in a row we have had to deal with this situation.* C'est la cinquième fois d'affilée que nous avons à gérer cette situation.

▶ **Pour aller plus loin, voir la fiche 27**

Une visite d'usine

 Contexte

La visite de l'unité de production de son entreprise, ou de celle de ses partenaires, représente un moment fort dans le développement des relations professionnelles en interne et en externe. Elle permet de se rendre compte des activités « réelles » d'une entreprise, qui sont souvent gérées loin du siège où s'organise l'administration. Visiter l'usine demande de la préparation en amont pour que la visite elle-même se déroule comme sur des roulettes !

 À l'écrit

Avant le déplacement à l'usine par une ou plusieurs personnes, un certain nombre d'échanges devrait avoir lieu par écrit afin d'éviter d'éventuels malentendus le jour J. Rien n'empêche des courriers formels, mais le plus souvent l'envoi d'un e-mail informel suffit pour que la visite se déroule dans les meilleures conditions possibles.

Invitation aux portes ouvertes d'une usine

To: All sales
Cc: Susan Wong <susan.wong@xtiles.com>
From: Jason Pamoni <jason.pamoni@xtiles.com>
Date: September 5, 2021 12:07 GMT
Subject: Factory open house

Dear sales staff,
Dear friends,

In our efforts to attract new customers, we are inviting our sales teams to an open house visit of our factory next Thursday, September 11th, 2021 at 3 pm MST **(Mountain Standard Time)**.

The objectives of this meeting will be to sensitize our sales teams to the more technical aspects of production to be better able to respond to customer demand.

In our customer feedback questionnaires, one point that was consistently brought up was the lack of technical knowledge of the sales teams. Hopefully, a visit of our textile factory will allow our salespeople to better answer customer inquiries regarding **cloth specifications**. A well-informed customer is a happy customer, which translates into repeat business…and higher commissions.

Susan, my PA will send you a copy of the floor plan to be better oriented during the visit.

Please RSVP, and as always, do not hesitate to contact me for any questions or comments.

Best regards,
Jason Pamoni
CEO X-Tiles

Faire visiter son usine

1. Present the stages of the process

Here is our **production line**. First of all ingredients are **mixed in this large vat** to make the **pastry**. Flavors are then incorporated per reference. The **dough** is cut and then cooked in this electric oven. This yellow machine **pulls out** the cakes and puts them automatically on the **conveyor belt.**

The next production step is confidential as part of our **unique recipe.**

Finally, this robot **sorts** them **out** and picks them up for packaging.

1. Présenter les étapes du processus

production line = chaîne de production.

vat = une cuve mais *tank* pour du mazout.

pastry veut dire à la fois « pâte » – syn. : *dough* – et « pâtisserie ».

to pull out = retirer.

conveyor belt = tapis roulant.

unique recipe = recette unique. Prononcez [younik rècipi].

to sort out = trier.

2. Explain quality control

As you can see, quality is respected throughout **the whole** process and checks are **carried out** at each stage. Weight, contents, temperature and **overall conditions** are electronically **monitored.**

2. Expliquer le contrôle qualité

the whole = la totalité, toujours suivi d'un singulier.
to carry out = exécuter.
overall conditions = conditions d'ensemble.
to monitor = contrôler.

3. Show your process flexibility

When a new product is put in production, we **do shift work to meet market demand.**

3. Montrer la flexibilité du processus

Quand un nouveau produit est mis en production, **nous faisons les trois-huit pour répondre à la demande du marché.**

Les autres parties du site

1. The packing wing

Packaging can be personalized to our customers' requirements.
Our **packing** is **crush-proof** and can be **palletized.**
We use **insulated** cases to avoid thermal shocks.

1. La zone d'emballage

Ne pas confondre *packaging* (conditionnement unitaire) et *packing* (l'emballage pour le transport).
crush-proof = antichocs, et aussi *waterproof* = étanche et *damp proof* = imperméable.
palletized = mis sur palette.
insulated = isotherme ≠ *refrigerated* = frigorifique.

2. Warehousing

Our **stocking capacity** has been recently increased by 10%.

A sector of our **warehouse is bonded** and our order preparation is computerized. We use « just-in-time » **inventory control.**

2. L'entreposage

stocking capacity = capacité de stockage – syn. : *storage capacity* –, *storage* s'utilise aussi pour l'informatique.

bonded warehouse = entrepôt sous douane.

inventory control = contrôle des stocks.

3. Dispatch

We have our own **truck fleet** for local deliveries.
Hauliers can pick up merchandise from 5 am.

3. L'expédition

truck fleet = flotte de camions.

hauliers = semi-remorques en GB, mais *semis* en américain.

(to) pick up = venir chercher des marchandises.

merchandise : jamais au pluriel !

Quelques recommandations de sécurité pendant la visite !

Please mind the step!	Attention à la marche !
Avoid touching this machine, it's very hot.	Évitez de toucher à cette machine, elle est très chaude.
Please don't walk near this machine tool, the floor is slippery.	Ne vous approchez pas de cette machine-outil, le sol est glissant.
Sorry, this is a restricted area.	Désolé, c'est une zone réglementée.
Please do not pick up cakes from the belt, it can be dangerous, though very tempting!	Ne prenez pas de gâteaux sur le tapis roulant, je sais que c'est tentant mais c'est dangereux !
You can taste them after the visit, anyway.	Vous pourrez les goûter après la visite.

Exemple de dialogue n° 32

VISITING THE PLANT

— Kate: Your teams are really professional and dedicated!

— David: Oh, I guess we're lucky, we have very little turnover in our teams!
Now let me show you around!
The brick building on the left is our main warehouse, where we store the rolls of cloth and other materials.
Here, in front of you, is our workshop, a 2,000 square meter surface where shaping is made according to the patterns and models of our designers. There, we have computer-operated machines for the main cutting. Next is the workshop, all processing is hand-made. Our staff is highly skilled and we never sub-contract our production.

— Kate: So how do you manage to adapt to your distributors' requirements?

— David: The point is that we require a minimum delivery time, and we can produce more to order. In this case we can add workers to **the shift**. As you know we don't focus on volume but rather on quality and loyalty. Anyway **we always make sure we finish the job.** Sometimes **we are even ahead of schedule**!

— Kate: I see.

— David: Just have a look at our order preparation area, it's almost completely automated.

— Kate: Oh, that's really amazing, almost nobody in the warehouse!

— David: Oh, here is our workshop foreman, Guy Richie, **he's the one in control here**. Well, I think it's time for our appointment with our general manager.

Expressions idiomatiques du dialogue

We always make sure we finish the job.	On s'arrange toujours pour tout faire.
We are ahead of schedule.	Nous avons de l'avance.
He's the one in control.	C'est lui qui tient les rênes.

GLOSSAIRE

bonded warehouse: entrepôt sous douane – *Our goods will be kept in a bonded warehouse until they clear customs.* Nos marchandises resteront dans un entrepôt sous douane jusqu'à ce qu'elles puissent être dédouanées.

(to) carry out: exécuter – *The CEO ordered his instructions to be carried out in view of the upcoming changes to the rules.* Le PDG a ordonné l'exécution de ses consignes en vue des prochains changements réglementaires.

cloth specifications: caractéristiques du textile – *Our schedule clearly indicated the cloth specifications.* Notre cahier des charges a bien indiqué les caractéristiques du textile.

(to) insulate: isoler – *Our goods are always shipped in insulated containers to prevent spoilage.* Nos produits sont toujours expédiés en containers isothermes afin d'éviter la détérioration d'aliments.

inventory control: contrôle des stocks – *The logistics officers are responsible for inventory control.* Les logisticiens sont responsables du contrôle des stocks.

Mountain Standard Time (MST): heure normale des Rocheuses (HNR) – *The meeting begins at 5:00 pm MST.* La réunion commence à 17 h 00 HNR.

(to) palletize: palettiser – *We make an effort to palletize all our products to prevent damage.* Nous nous efforçons de palettiser tous nos produits afin d'éviter des dégâts.

production line: chaîne de production – *The production line has been behind schedule because of the strikes.* La chaîne de production a pris du retard en raison de la grève.

shift: équipe – *Petunia works on the night shift.* Petunia travaille dans l'équipe de nuit.

(to) sort out: trier – *Could you please sort the nuts out from the bolts, this is driving me crazy.* Pouvez-vous faire le tri des boulons et des écrous, cela me rend fou.

▸ Pour aller plus loin, voir la fiche 2

Un réseau commercial

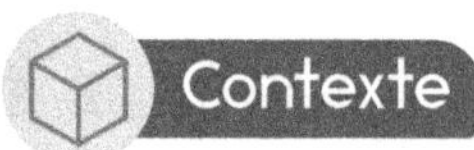
Contexte

L'animation de réseaux de vente est devenue une compétence cruciale dans les entreprises, avec notamment le développement du secteur de la distribution et la mondialisation du commerce de détail par le biais de la franchise. Le réseau ne sert pas seulement à mettre le produit à disposition du client, il contribue à la promotion des gammes et au développement de l'image de marque de l'entreprise. Il existe aujourd'hui de nombreuses manières de vendre un produit, sur son marché intérieur comme à l'étranger, ce qui demande de savoir adapter le mode d'animation utilisé. L'enjeu principal est de maintenir un lien de qualité avec son réseau, qu'il soit ou non la propriété de l'entreprise, et de savoir soutenir mais aussi contrôler la qualité et la performance commerciale et humaine.

À l'écrit

Les outils de suivi et de reporting sont essentiels, ils permettent de s'assurer de la bonne performance du réseau et de son adéquation avec la stratégie et les indicateurs. Il est parfois nécessaire de mettre en place un plan d'action afin de corriger un dysfonctionnement ou une perte de chiffre d'affaires.

Reporting du réseau de vente

NETWORK SALES REPORT – October 15, 2020					
	Store 1	Store 2	Store 3	Store 4	Total/average
Sales forecasts					
Q1	€623,000	€598,000	€710,000	€432,000	€2,363,000
Q2	€542,000	€475,000	€642,000	€329,000	€1,988,000
Q3	€756,000	€697,000	€853,000	€567,000	€2,873,000
Total	€1,921,000	€1,770,000	€2,205,000	€1,328,000	€7,224,000
Promotion process: POS **materials**, sales, discounts, samples	POS + samples	POS + discounts	Sales + samples	POS + samples	
KPIs:					
1. Inventory to sales ratio (0.2)	0.2	0.3	0.1	0.4	0.25
2. Frequency of store visits/ month (2)	2	1	3	1	1.75
3. Items per transaction, (2)	2	1	2	1	1.5
4. Sales by square foot (€1,000)	€1,100	€975	€1,200	€880	€1,038.75
Actual total Sales	€2,113,000	€1,416,000	€2, 535,000	€1,235,000	€7,279,000
Gap in Revenue	+ 10 %	- 20 %	+ 15 %	- 7 %	- 2%
Gap in KPIs	In line	Below	Over	Below	

 **À l'oral**

Les réunions de suivi permettent de rendre compte des résultats commerciaux et financiers et de lancer des opérations correctives. C'est une situation sensible dans la mesure où les partenaires et les collaborateurs peuvent se sentir mis en cause sur la qualité de leur travail. Il est important de garantir la qualité de la relation et de se concentrer sur les solutions en montrant que l'on est là aussi pour soutenir et accompagner.

**Commencer par les bonnes nouvelles, puis pointer les résultats insuffisants
en restant factuel et pragmatique.**

ı. Present an overview of the results

This **sales report chart** outlines the results of this year three first **quarters**.

The **consolidated revenue** is **in line** with our forecasts.

However, in certain stores, performance needs to be improved.

ı. Présenter une vue d'ensemble des résultats

sales report chart = tableau de reporting des ventes.
quarter = trimestre – abrév. : « Q ».

consolidated revenue = chiffre d'affaires consolidé (sur 4 magasins). Attention : le revenu se traduit par *income*.
in line = conforme.

2. Highlight positive outcomes

We have managed **to meet our sales targets** and the **overall network performance** is **compliant**.

2. Mettre en exergue les résultats positifs

to meet sales targets = atteindre ses objectifs de vente.
overall network performance = performance globale du réseau.
compliant = conforme.

3. Balance quantitative and qualitative findings

Globally, we have slightly **exceeded** our sales turnover forecasts.

But in more detail, we can see some **discrepancies** between stores.

Performance **follows the same pattern**.

3. Équilibrer les conclusions quatitatives et qualitatives

to exceed = dépasser. Attention à l'orthographe EXCeed.

discrepancies = écarts.

to follow the same pattern = le constat est le même.

4. Investigate causes

Open questions:

What is your analysis?

How do you feel about this situation?

Closed questions:

Do you think this could be due to a lack of **staff skills** or a **poor shop appeal**?

4. Étudier les causes

Questions ouvertes :

Quelle est votre analyse ?

Que pensez-vous de cette situation ?

Questions fermées :

staff skills = compétences du personnel.
poor shop appeal = manque d'attractivité du magasin.

5. Turn to solutions

What about organizing **on-the-job training**?

What if we could carry an audit of stock management in some shops?

5. Passer aux solutions

on-the-job training = formation sur le tas.

What if = Et si… ?

💬 Exemple de dialogue n° 33

A COACHING MEETING

— David: Hi Dan, nice to see you!

— Dan: Nice to see you, too! How was your trip?

— David: No flight delay this time. **It's the exception which proves the rule!**

— Dan: Great! Now David, thank you for accepting my invitation. We've been doing business together for a long time and our partnership has proved strong and successful. Customers in your country recognize our franchised stores.

— David: True, the offer matches our market trends.

— Dan: So David, I've invited you to this meeting to see how we can jointly develop our network and meet our sales targets. As you know, according to the last sales report, two shops out of four are below forecasts in terms of revenue. **I guess** the economic downturn has had an impact on your sales.

— David: Definitely. The new taxation system has reduced the consumers' purchasing power.

— Dan: However David, we need to fight back and **figure out** how we can **get back on track**. Any ideas?

— David: **In my opinion**, instead of reducing prices as our competitors do, **we would rather** develop customers' loyalty through different programs.

— Dan: I totally agree. We should remain in line with our brand positioning. In April, we launched a new loyalty card in our domestic market and it has already generated 10% more traffic in our stores. This will **end up with** more revenue. Would you agree to organize a training seminar with your shop managers before implementation?

— David: Yes! I'm sure my teams will welcome this new system.

— Dan: Fine, it will be effective next month. Now David, it appears that the profitability of these two stores is also deteriorating, due to a lack of stock optimization. Have you got any ideas of the causes?

— David: Well, after checking with the shop managers, I found that the **replenishment rate** should be lowered outside peak periods. An audit is being carried out in order to understand the major causes and model future **procurement schedule.**

— Dan: That's perfect David, I see that you have already started implementing solutions. My training manager will contact you soon to organize the seminar. I will be expecting your audit report on **inventory management**. **We're in the same shoes!** If you need more support, feel free to contact us.

— David: I know **I can depend on you**, Dan. I'll let you have the audit report as soon as it is completed. See you then.

Les expressions idiomatiques du dialogue

It's the exception which proves the rule!	C'est l'exception qui confirme la règle !
Get back on track.	Revenir sur les rails.
In my opinion.	À mon avis.

We would rather.	Nous ferions mieux.
We're in the same shoes!	Nos intérêts sont liés !
I can depend on you.	Je peux compter sur vous.

GLOSSAIRE

actual total sales: ventes totales réalisées – *Our actual total sales vs forecasts must be aligned.* Nous devons aligner les ventes totales réalisées sur le prévisionnel.

(to) end up with: aboutir à – *This might end up with distortion of competition.* Cela pourrait aboutir à une situation de distorsion de concurrence.

(to) figure out: imaginer – *A new sales promotion strategy has to be figured out.* Nous devons imaginer une nouvelle stratégie de promotion.

gap in revenue: écart de chiffres d'affaires – *The gap in revenue will be dramatically reduced thanks to our action plan.* L'écart de chiffres d'affaires sera considérablement réduit grâce à notre plan d'action.

I guess: je présume – *I guess the price can be a cause of the drop in sales.* Je présume que le prix peut être une cause de la chute des ventes.

inventory to sales ratio: ratio des stocks sur les ventes – *The inventory to sales ratio ensures that stock turnover optimization is evaluated.* Le ratio des stocks aux ventes permet d'évaluer l'optimisation de la rotation des stocks.

inventory management: gestion de stock (syn. GB : *stock control*) – *Inventory management has a direct impact on profitability.* La gestion de stock a un impact immédiat sur la rentabilité.

KPIs (Key Performance Indicators): indicateurs clés de performance – *KPIs are used even in start-ups to monitor performance in real time.* Les ICP sont utilisés même dans les start-up pour contrôler la performance en temps réel.

POS (Point of Sale) materials: supports de PLV (publicité sur le lieu de vente) – *POS materials allow to promote the product, especially upon product launch.* Les supports de publicité sur le lieu de vente permettent de promouvoir le produit, en particulier en période de lancement.

procurement schedule: planning d'achat – *The procurement schedule is reviewed every week, according to our actual sales.* Le planning d'achat est revu chaque semaine, en fonction des ventes réalisées.

replenishment rate: taux de réassort – *The replenishment rate generally increases during peak periods.* En général, le taux de réassort augmente pendant les périodes de pointe.

sales forecasts: prévisions de vente – *Sales forecasts are critical to optimize logistics.* Les prévisions de vente sont indispensables pour optimiser la logistique.

▶ Pour aller plus loin, voir les fiches 25, 35 et 37

Un repas d'affaires

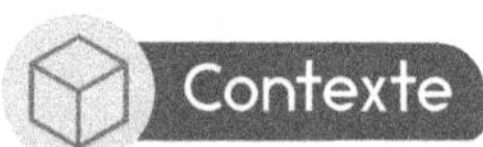

Le repas d'affaires représente un moment de convivialité avec vos partenaires, à condition de prévoir et d'organiser cet événement dans les moindres détails. Ce moment privilégié vous permettra d'échanger de manière plus informelle (et peut-être de gagner de nouveaux marchés !), dans une ambiance décontractée. Une touche de familiarité (à doser selon les nationalités) peut mettre à l'aise vos interlocuteurs et permet de faire comprendre à vos partenaires (surtout étrangers) votre façon de travailler et de vivre votre quotidien. N'oublions pas que les attentes des partenaires étrangers sont très importantes vis-à-vis de la culture française (et donc de sa gastronomie) !

Nous avons de la chance, beaucoup de termes de cuisine sont d'origine française : chef, menu, à la carte, pâté, hors-d'œuvre, dessert, crème caramel, apéritif, crème brûlée, crêpes, au gratin, velouté et, bien sûr, foie gras !

Et pour les gastronomes… : amuse-bouche, assiette gourmande, court-bouillon, en papillote, tartare, terrine, sablé !

Avant de réserver une table au restaurant où vous allez inviter vos convives, assurez-vous que ceux-ci n'ont pas de restrictions alimentaires ou d'allergies. Cela vous permettra de faire un choix adapté à leurs besoins, et à leurs goûts particuliers. Il est très utile de sélectionner un restaurant dont la carte est traduite et, idéalement, où les serveurs sont multilingues. Mettez en avant les plats du terroir que vous connaissez, et que vous appréciez, des mets qui représentent la région où vos partenaires seront de passage.

Exemple de carte

Chez Pitou
Lunch Menu

Appetizers

FOIE GRAS WITH FIG COMPOTE figs from the orchard, rocket salad   €25
CAESAR SALAD Romaine lettuce with slices of Parmesan cheese and **boar** bacon   €21
ORGANIC NORWEGIAN SALMON BLINIS fresh Norman cream from Isigny   €26

Entrées

LIMOUSINE BEEF TARTARE ground filet from Limousine, rocket salad, fries   €33
SOLE MEUNIÈRE **Free-range sole** poached in butter, lemon, served with garden vegetables   €40
MUSHROOM RISOTTO Carnaloli rice, prepared with fresh cèpes and parmesan   €28

Cheese: Assortment of regional cheeses (ask server for more details)   €14

Desserts

CRÊPES SUZETTE crêpes flambées in Grand Marnier, with orange essence   €13
CHOCOLATE MOUSSE Belgian chocolate, organic chantilly cream   €11
FLOATING ISLAND Island of smooth meringue in a pond of fresh custard   €9

 **À l'oral**

À part l'invitation initiale et la commande des plats, il faut animer la conversation avec vos convives au restaurant. Bien sûr, il faut éviter des sujets tabous ou controversés (politiques, religieux, sociaux…). Faites également attention à la durée des repas. À titre d'exemple, les Anglais et les Américains n'apprécient pas les repas qui s'éternisent. Comptez une heure maximum pour un déjeuner, un peu plus pour le dîner. On installe les femmes d'abord, puis les serveurs font le reste. Dernier point : restez sobre pour garder le contrôle !

Lancer l'invitation de façon professionnelle.

ı. Make the invitation	ı. Proposer le repas
We would enjoy having you for lunch after our meeting tomorrow, **would that suit you?**	Cela vous convient-t-il ?
What about **eating out** with the team after our meeting tonight?	*to eat out* = manger au restaurant.

.../...

.../...

| **2. Present the restaurant** | **2. Présenter le restaurant** |

This restaurant is **close** to the office and offers a typical French **gourmet menu.** They serve within an hour **at the most.**

Our visitors enjoy this **inn,** which serves typical French food/gastronomy.

Prononcez [clausse].

gourmet menu = menu gastronomique. Prononcez [mainiou].

at the most = tout au plus.

inn = une auberge.

| **3. Settle down at a table** | **3. S'installer à une table** |

Here's our table. Please have **a seat.**

Will you sit here please?

Would you rather sit close to the window?

Please make yourself comfortable.

a seat : prononcez [e siit].

to sit : verbe, [i] court.

Préférez-vous vous asseoir près de la fenêtre ?

Mettez-vous à l'aise.

 Exemple de dialogue n° 34

INVITING A PARTNER FOR LUNCH

— David: Thank you very much for inviting me to lunch. Are there any good places to eat around?

— Kate: Well, we have quite a selection as far as restaurants are concerned. What would suit you best: French or Italian?

— David: French food sounds great; it's been a while since I've had bœuf bourguignon.

— Kate: Perfect! I know a quiet little bistrot down the street where we can work without too much noise. I'm glad you can join me.

— David: **My pleasure!**

Les expressions idiomatiques du dialogue

| My pleasure! | C'est moi ! |

Explorer les attentes de votre invité et le conseiller.

| **1. Present the dishes** | **1. Définir les plats** |

You can order a three-course **meal** with a **starter,** an entrée and a dessert; or else, you can choose from the à la carte menu.

Would you enjoy a drink before dinner, what about **a glass of champagne.**

meal = repas.
a starter/appetizer (US) = une entrée.
dish, entrée = plat ≠ *plate* = assiette.

a glass of champagne = une coupe de champagne. Prononcez [chèmpeïn].

| **2. Explain the taste** | **2. Expliquer les goûts** |

There is a poached egg in it with salmon, it's a bit **hot** but very **tasty.**

Well, this is a **crisp** pie **covered with custard** and ice cream.

This cheese has a **mild flavor,** if you don't like **strong taste.**

hot = piquant, relevé.

tasty = délicieux pour le goût mais *delightful* pour une impression.

crisp = croustillant.

covered with custard = nappé de crème anglaise.

mild flavor = doux ≠ *strong taste* = fort.

<table>
<tr><td>

3. Speak about wines

As you know the aroma of a wine turns into a bouquet over time.

This wine has an oaky aroma, which reminds you of vanilla or chocolate because of the oak cask.

This wine is heady due to its high alcoholic content.

Enjoy your meal!

</td><td>

3. Parler du vin

Comme vous savez, l'arôme du vin se transforme en bouquet avec le temps.

Ce vin a un arôme boisé qui rappelle la vanille ou le chocolat du fait du fût de chêne.

Ce vin est capiteux à cause de son degré d'alcool.

Bon appétit !

</td></tr>
<tr><td>

4. Test your guests reactions

What does it taste like, then?

Are you enjoying your dessert?

Is it warm enough?

Are the portions big enough?

</td><td>

4. Tester les réactions de ses invités

Alors, est-ce que c'est bon ?

Appréciez-vous votre **dessert** ? Prononcez [disseurt].

Est-ce assez chaud ?

Les **portions** sont-elles suffisantes ?
Attention : on dit *serving* en anglais britannique.

</td></tr>
</table>

 ## Exemple de dialogue n° 35

AT THE RESTAURANT

— Kate: You can either order à la carte, or choose from their tasting menus. I might recommend the **quail eggs** for starters, the house specialty.

— David: That sounds really good, but unfortunately I've got to watch my cholesterol. My doctor would **have a fit** if he knew I was eating such rich food!

— Kate: **No frets**. The spinach salad is also **a big hit with the regulars**. It has balsamic vinaigrette that is **out of this world**! I think I might try something different this time… Haha! A filet of beef with foie gras **should hit the spot**.

— David: Yum, that sounds good, too.

— Kate: Shall we order a cocktail? Wine?

— David: I might have a cocktail, but wine will make me sleepy if we are to make progress on our project!

— Kate: I know just the thing. How about a port wine for a cocktail and apple cider for the main course? There is not much alcohol in either.

— David: Sounds great to me!

— Kate: Perfect. Well, **shall we get down to business?**

— David: Let's get started.

— Kate: Alright. I spoke with Helen yesterday regarding the distribution contract, and there are a few clauses we might need to modify…

Les expressions idiomatiques du dialogue

To have a fit.	Avoir une attaque.
No frets.	Pas d'inquiétude.
A big hit with the regulars.	Un gros succès chez les habitués.
It's out of this world!	C'est extraordinaire !
Should hit the spot.	Exactement ce qu'il me faut !
Shall we get down to business?	On se met au travail ?

 # GLOSSAIRE

appetizers: entrées – *We had an appetizer before eating our entrée.* Nous avons pris une entrée avant notre plat principal.

boar: sanglier – *Her favorite dish is wild boar with hunter sauce.* Son plat favori est le sanglier sauvage à la sauce chasseur.

free-range sole: une sole sauvage – *Free-range sole is tastier than farm sole.* La sole sauvage est plus goûtue que la sole d'élevage.

quail: caille – *As an alternative to chicken, the guests ate roasted quail.* En remplacement du poulet, les convives ont dégusté de la caille.

▶ Pour aller plus loin, voir les fiches 9, 10 et 37

CHAPITRE 5

Négocier

La négociation est une affaire de tous les jours. Toutes les organisations – petites et grandes – entament des négociations où deux parties, ayant des besoins et des objectifs parfois divergents, discutent d'un problème en vue de trouver une solution mutuellement acceptable. En entreprise, il faut savoir négocier à plusieurs niveaux, en interne et en externe, dans des situations formelles aussi bien qu'informelles où il y a des enjeux tantôt financiers, tantôt stratégiques. Par ailleurs, compte tenu de l'internationalisation des affaires, il faut surtout une sensibilité interculturelle car vos interlocuteurs ne sont pas forcément vos compatriotes !

Des négociations efficaces contribuent à la réussite de l'organisation. Elles visent à trouver un consensus entre partenaires ayant finalement les mêmes objectifs.

Les parties d'une négociation désirent une relation professionnelle durable, équitable, basée sur les principes d'honnêteté et de franchise… et pour couronner le tout : un résultat gagnant-gagnant où chacun trouve son compte.

Ce chapitre vise à l'atteinte des objectifs suivants :

- savoir convaincre en interne pour obtenir des ressources ;
- être capable de négocier des concessions auprès du client ;
- savoir préparer une négociation avec un fournisseur et la mener avec précision ;
- adapter son expression orale en anglais dans le contexte des échanges interculturels ;
- maîtriser le vocabulaire de la négociation dans sa dimension juridique.

Fiches de situations du chapitre

Avec les collaborateurs en interne

Contexte

Que l'on négocie avec les partenaires en interne ou en externe, l'objectif reste le même : arriver à un accord commun qui répond aux besoins de chacun. La spécificité des négociations en interne suppose que l'on connaît déjà les activités de ses collaborateurs puisqu'ils sont des collègues sur un autre site, dans un autre service, dans une filiale ou au siège de l'entreprise. Bien que cette connaissance facilite la communication, il est tout de même nécessaire de convaincre ses collaborateurs de sa position dans l'intérêt commun de l'entreprise.

À l'écrit

En interne, il est fréquemment nécessaire de négocier avec sa direction afin d'obtenir un budget, ou de défendre ses recommandations. Pour s'organiser au mieux, préparez un budget prévisionnel en amont afin de vous munir de toutes les informations pour mieux négocier en présence de votre direction ou de vos collaborateurs.

Exemple d'une proposition de budget marketing

BUDGET ITEMS	2021 Current budget (in dollars)	2022 Projected budget (in dollars)
1. Market research costs		
Focus groups	$6,000	$6,000
Personal interviews	$1,400	$1,400
Phone surveys	$10,000	$12,500
E-mail surveys	$5,000	$3,000
Analysis and report-writing	$450	$525
Subtotal market research costs	$22,850	$23,425
2. Marketing communications		
Research and development	$71,300	$75,000
Advertising	$48,550	$50,000
Promotions	$10,000	$13,000
Subtotal marketing communications	$129,850	$138,000

3. SIAL Exhibition		
Booth/show floor rental	$7,600	$7,400
Show services (electrical, signs, installation, wifi)	$4,550	$4,550
Shipping/**drayage**	$3,550	$3,550
Booth staff (travel and lodging/show floor hours)	$3,150	$3,000
Subtotal SIAL Exhibition costs	**$18,850**	**$18,500**
4. Channels		
Community management	$21,000	$23,000
E-mail	$2,000	$2,100
Website	$3,500	$4,000
Channels costs	**$26,500**	**$29,100**
5. Customer acquisition and retention		
SEO	$3,500	$4,000
Mobile Web	$3,500	$3,000
Paid search	$3,500	$3,750
Subtotal Customer Acquisition and retention costs	**$10,500**	**$10,750**
6. Other costs N/A	0	0
7. Overhead – OVERTIME	$20,500	$22,000
TOTAL	**$229,050**	**$241,775**

 **À l'oral**

Pour réussir à l'oral une négociation en interne, il faut présenter des données réalistes et détaillées. Cela permet aux collaborateurs de prendre la meilleure décision quant au budget à mettre à votre disposition. Pour être convaincant, il faut être non seulement factuel, mais aussi prévoyant dans la mesure où il faut justifier les montants prévisionnels à mettre à disposition pour avoir le meilleur retour sur investissement possible.

Être crédible et savoir justifier tous ses besoins.

1. Present a realistic budget

I will first **give a survey** of our marketing budget for next year.

Our goal is **to capitalize on** our past investments and **to address new market segments** to prepare our future development.

2. Present a detailed budget

Let's have a look at the first item: **Market research**. As you can see, the 2% increase is due to the new line we've just **brought out.**

As for the second item, marketing communications, **it's in line with our forecast, that is** €30,000.

Owing to the SIAL exhibition in Paris next year, **the "event" line** has gone up by 5%.

As for **"channels"**, they remain stable for this year.

Finally, we are planning to boost our market share, thanks to a 10% **extra** budget for **"Customer acquisition and retention".**

3. Focus on expected goals and results

This budget **is consistent with** our global **corporate strategy** as we have **earmarked** the major part to coming projects.

According to our forecasts, our turnover should increase by 20%.

4. Highlight the associated impacts on a medium-term basis

Moreover, as we are targeting the **high-end market,** our brand image will be strengthened and **our differentiation** improved.

1. Présenter un budget réaliste

to give a survey = donner un aperçu.

to capitalize on = capitaliser sur.
to address new market segments = aborder de nouveaux segments de marché.

2. Présenter un budget détaillé

market research = étude de marché.
to bring out = lancer un produit (phrasal verb) – syn. : *to launch.*

it's in line with our forecast = cela correspond à nos prévisions.
that is = à savoir.

the event line = la ligne budgétaire concernant l'événementiel.

channels = ici, frais de réseau.

extra = supplémentaire (très utilisé).
customer acquisition and retention = la rubrique du budget « acquisition et fidélisation des clients ».

3. Insister sur les objectifs et les résultats attendus

to be consistent with = être cohérent (faux ami).
corporate strategy = stratégie de groupe.
to earmark = réserver, destiner.

4. Valoriser les effets induits sur le moyen terme

the high-end market = le marché haut de gamme.
differentiation = la différenciation (avantage concurrentiel).

Exemple de dialogue n° 36

PRESENTING RECOMMENDATIONS

— David: Good morning Jill, how are things today?

— Jill: Fine, thank you! I'm looking forward to presenting our team's recommendations for our market entry strategy in India.

— David: Well, Jill, I can't wait either, so please go ahead!

— Jill: Our analysis is based on a market survey that was carried out last month, so all data is up to date.

We also got in touch with the French Trade Mission in New Delhi for practical information and **possible caveats.**
— David: Oh, what a good idea, so what are your findings?
— Jill: Well, the first problem to be solved is market access; as a matter of fact, the customs duties **can reach up to 65%** of product value. How could we compete with such a handicap?
— David: **That's for sure!** How could we **bypass the barriers to entry**?
— Jill: There are 2 options: either we set up directly on the market, through a subsidiary for exa-mple, or we enter into a partnership with a local company, through a joint venture.
— David: Establishing a local company would be very costly! Have you already identified poten-tial partners?
— Jill: **I must say, quite objectively, that we should sit on the fence.** Some of our competitors **got their fingers burnt in this business**. However, we have **shortlisted** a few companies that are exactly on the same segment and have an existing network.
— David: So Jill, **what is your forecast?**
— Jill: Well, **we should put out some feelers**. So, we need more investigations and a local support to go further, taking into consideration the size of the market and the cultural gap. Why don't we set up a representation office for the coming 6 months, I'm sure we'll gain time and security.
— David: Alright, Jill, prepare a business plan for the project and send it to me as soon as pos-sible, then we'll reconsider our strategy.
— Jill: That's perfect, David! **I have a lot on my plate** and I like it! See you soon then! Good-bye!
— David: Good-bye Jill, I wish you luck!

Les expressions idiomatiques du dialogue

Possible caveats.	D'éventuelles mises en garde.
Can reach up to 65%.	Peut atteindre 65 %.
That's for sure.	C'est certain.
To bypass the barriers to entry.	Contourner les barrières à l'entrée.
I must say, quite objectively.	Je dois dire sans parti pris.
To sit on the fence.	Ménager la chèvre et le chou.
Got their fingers burnt in this business.	Ils ont laissé des plumes dans cette affaire.
What is your forecast?	Quels sont vos pronostics ?
We should put out some feelers.	Il faudrait tâter le terrain.
I have a lot on my plate.	J'ai du pain sur la planche.

 ## GLOSSAIRE

cultural gap: différence culturelle – *The problems in the negotiation can be chalked up to the cultural gap.* – Les problèmes rencontrés lors de la négociation se résument à des différences culturelles.

customer retention: fidélisation de la clientèle – *A high customer retention rate will ensure a better amortization of customer acquisition costs.* Une fidélisation élevée des clients assure un meilleur amortissement du coût d'acquisition client.

drayage: factage – *It is recommended that all exhibitors use our drayage services in preparation for the upcoming trade show.* Il est recommandé que tous les exposants utilisent nos services de factage en préparation du salon d'exposition.

exhibition: exposition – *All visitors must have a badge to gain access to the exhibition.* Il faut que chaque visiteur soit muni d'un badge pour accéder à l'exposition.

focus groups: groupes de réflexion – *Our company engaged four new focus groups to study the feasibility of changes to the product.* Notre entreprise a engagé les services de quatre groupes de réflexion différents afin d'étudier la faisabilité des modifications à apporter au produit.

overtime: heures supplémentaires – *We must factor in overtime costs in order to prepare next year's budget.* Nous devrions prendre en compte le coût des heures supplémentaires afin de préparer le budget de l'année prochaine.

SEO (Search Engine Optimization): référencement – *To increase our margin, it will be necessary to hire an SEO specialist.* Pour faire de la marge, il va falloir engager un spécialiste de référencement sur des moteurs de recherche.

▶ Pour aller plus loin, voir les fiches 5 et 19

Les ventes de manière structurée

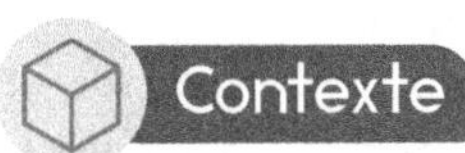

Contexte

La négociation commerciale est devenue un exercice très difficile car les acheteurs sont aujourd'hui de véritables experts des produits ou services qu'ils recherchent. Une bonne préparation en amont vous aidera à atteindre vos objectifs de vente plus aisément, à mieux anticiper les besoins de votre interlocuteur. Pour cela, il faut comprendre les attentes de votre prospect afin de présenter des arguments convaincants et de répondre à ses éventuelles objections.

À l'écrit

Hormis les échanges par e-mail et par téléphone, une négociation commerciale se prépare grâce à une fiche qui vous permettra de réfléchir et de comprendre les enjeux de la négociation. En effet, mettre votre stratégie sur papier peut vous donner un avantage car cela vous permettra d'articuler ce dont vous avez besoin pour trouver la meilleure issue possible.

Exemple d'une fiche de préparation pour une négociation commerciale

Negotiation Preparation Worksheet for: Sales of Lamps

<u>Define your objectives</u>

1. To obtain repeat business from the buyer.

2. To emphasize lower energy consumption and durability when asked about price difference with competitors.

3. To sell in large quantities.

<u>Objectives of your negotiating partner</u>

1. The buyer is seeking a good price for the lamps.

2. The buyer wants lamps to be packaged for less breakage during transport.

3. The buyer is concerned with the quality and resistance of the lamps.

<u>Concessions you can make</u>

1. I can offer a quantity discount above 800 pieces.

2. I can give a two-year warranty extension at no extra cost (five-year maximum).

3. I can allow an audit of my production facilities.

<u>Concessions you seek</u>

1. I would like a commitment on repeat business.

2. I would like a long-term contractual agreement, not just a one-off deal.

3. I would like a commitment on yearly volume.

<u>Questions to ask</u>

1. Have you considered the strong points of our lamps (long-lasting, environmentally-friendly, energy-efficient)?

2. What is the key feature you are looking for?

3. Are you willing to sign a master agreement?

 **À l'oral**

Une préparation écrite en amont vous permettra de gagner en confiance et de mieux maîtriser les étapes de la négociation. Lors du face-à-face, il faut faire preuve de compréhension et diplomatie afin d'être convaincant ! Pour ce faire, il faut explorer les besoins et comprendre les attentes de son futur partenaire. Muni de ces informations, vous allez pouvoir adapter votre argumentaire et éventuellement transformer leurs objections en opportunités. Tout cela devrait déboucher sur un consensus et enfin une décision. N'oubliez pas qu'une négociation réussie est une transaction gagnant-gagnant !

L'art du questionnement : découvrir les projets.

Explorer les besoins – *Fact finding*	Comprendre les attentes – *Feeling finding*
What kind of equipment **are you using** now?	What kind of equipment **would you like to have?**
Could you give me further details about the technical features you're looking for?	**How do you prioritize** these three major technical specifications?
Have you got any special requirements regarding maintenance?	**How important is maintenance to you?**
How many units **does it produce per day?**	How many units **do you think you should produce** per day?
How much downtime have you had?	**What do you think should be done** to reduce that downtime?
How much do these repairs cost?	**What would it mean to you** to cut your repair costs?
How much control **do you have now?**	How much control **would you like to have?**
Will you design this yourselves?	How much of your own input should be in the new design?

Avoir une approche structurée : trouver l'écart entre ce que le prospect a et ce qu'il souhaiterait avoir.

ı. Rephrase expectations	**ı. Reformuler les attentes**
If I understand your concern, **you feel that** the delivery time is too long.	*you feel that* = attention au sens : « vous pensez que ».
2. Summarize the key idea	**2. Synthétiser l'essentiel**
To sum up then, you would like **the product to be customized.**	*the product to be customized* = que le produit soit personnalisé.
3. Bring some evidence	**3. Apporter des preuves**
As you can see on the data sheet, the **throughput** can be easily **adjusted.**	*to adjust* = régler. *throughput* = débit.

4. Point out the interest for the client

This new **feature** could allow you to increase the output by 20 % and have more flexibility.

5. Highlight your strengths with relation to competitors

As compared to your current model, the parts can be replaced very easily.

6. Check the impact by a question

Does this seem acceptable to you?
What's your feeling about our new **range**?
Does it fit in with your objectives?

4. Mettre en valeur l'intérêt pour le client

feature = une caractéristique – syn. : *specification*.

5. Souligner les plus par rapport aux concurrents

as compared to = par rapport à, on peut aussi utiliser *with* à la place de *to*.

6. Vérifier l'impact par une question

range = gamme.
Does it fit in with… = cela correspond-il à…

Répondre aux objections : savoir rester positif et sans agressivité.

1. Show that you understand your partner's concern and that you accept the objection

Well, I can see your point of view, yet…
I agree with you to some extent, but…
I see what you mean, however…

1. Montrer que l'on comprend les préoccupations de son partenaire et que l'on accepte l'objection

Eh bien, je comprends votre point de vue, cependant…
Je vous rejoins dans une certaine mesure, mais…
Je vois ce que vous voulez dire, néanmoins…

2. Reply by a question in order to investigate the true motivations

Can I ask what the key feature you are looking for is?
Can you give me an idea of…?
Could you be more specific on that point?

2. Répondre par une question afin de découvrir les motivations réelles

Quelle caractéristique principale recherchez-vous ?
Pouvez-vous me donner une idée de… ?
Pourriez-vous être plus précis sur ce point ?

3. Provide the precise argument to weaken the objection and counterbalance its validity

In fact, we can bring some improvements to reach a much better performance.

Have you considered the strength of this new material?

3. Donner un argument précis pour dégonfler l'objection et contrebalancer sa validité

En fait, nous pouvons améliorer le produit pour atteindre une bien meilleure performance.

Avez-vous pris en compte la résistance de ce nouveau matériau ?

4. Move on to a new proposal, an alternative solution

Would you be willing to…?
I suggest that…
We could offer to…
There is an alternative solution that consists in…

4. Passer à une nouvelle proposition, une solution alternative

Seriez-vous d'accord pour… ?
Je propose que…
Nous pourrions vous proposer de…
Il y a une autre possibilité qui consiste à…

 **Exemple de dialogue n° 37**

A TOUGH CUSTOMER

— Seller: Good morning, Mr. Clarke, and thank you for coming to our showroom.

— Mr. Clarke: I wanted to make sure of the quality and resistance of your lamps.

— Seller: I see your point of view. As you can read on this endurance bench test, this lamp has been on for 1,956 hours! This is our latest model.

— Mr. Clarke: Now what about packaging? I don't want to receive them all broken.

— Seller: Well, cardboard is reinforced and each lamp is bubble-wrapped separately. Would you require more protection in transit?

— Mr. Clarke: Why not, but how much will it cost? **At the rate things are going**, the price will soon double!

— Seller: Look Mr. Clarke, the extra protection can be added at no extra cost.

— Mr. Clarke: Hum, well. Now let's discuss the total price for a batch of 150 pieces.

— Seller: As this is your initial order, we can grant you a 10% discount.

— Mr. Clarke: Listen, **I'm not going to beat about the bush for two hours.** Your competitors are offering an average of 12% less, before quantity discounts. **We are at cross-purposes, I think**.

— Seller: Mr. Clarke, I see what you mean. However the related services we offer compensate the price difference. In addition, I'm not sure the **technical specifications** are similar. If you consider lower energy consumption and increased durability, our offer is more than competitive.

— Mr. Clarke: **Sorry I don't buy the idea**.

— Seller: Well we never offer a higher discount for a batch of 150 units.

— Mr. Clarke: **Once in a while does no harm**!

— Seller: Alright, Mr. Clarke. Why don't we negotiate on a yearly basis? Have you got your forecasts with you?

— Mr. Clarke: No, but I have a clear idea of our annual orders. I think we could go as far as 800 lamps per year. So, what do you suggest?

— Seller: We are prepared to offer a 10% extra refund on this quantity. What about that?

— Mr. Clarke: I think we have an agreement!

— Seller: **We could go into my office** to draft a yearly agreement.

— Mr. Clarke: Let's sit down and talk!

Les expressions idiomatiques du dialogue

At the rate things are going.	À ce train-là.
I'm not going to beat about the bush for 2 hours.	Je ne vais pas tourner autour du pot pendant deux heures.
We are at cross-purposes, I think.	Il y a un malentendu entre nous.
Sorry, I don't buy the idea.	Désolé, je ne vous crois pas.
Once in a while does no harm.	Une fois n'est pas coutume.
We could go into my office.	Allons dans mon bureau.

GLOSSAIRE

downtime: temps d'arrêt – *Do you have a contingency plan for unexpected downtime?* Avez-vous un plan d'urgence en cas d'un temps d'arrêt imprévu ?

repairs: réparations – *Any repairs come free of charge under the warranty.* Toutes les réparations sont gratuites dans le cadre de la garantie.

technical specifications: cahier des charges – *Before signing a definitive contract, I would like to send you our detailed technical specifications.* Avant de signer un contrat définitif, je voudrais vous faire suivre un exemplaire détaillé de notre cahier des charges.

▶ Pour aller plus loin, voir la fiche 32

Les achats

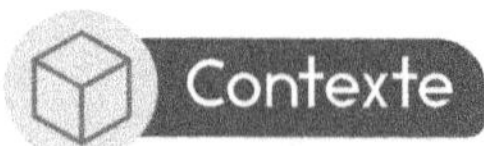 Contexte

On pense souvent que l'acheteur a le beau rôle dans une négociation puisque c'est de lui que dépend la décision. C'est moins vrai aujourd'hui, car le rôle de l'acheteur est devenu beaucoup plus exigeant. Il doit obtenir des résultats précis à l'issue de la négociation : des produits ou solutions innovants et adaptés au cahier des charges de ses clients internes, des services associés fiables et de qualité et des prix très compétitifs. En fait, l'ennemi de l'acheteur n'est pas son fournisseur, mais plutôt l'acheteur de son concurrent !

 À l'écrit

Il est impératif, en amont de la négociation, de bien préparer sa stratégie afin d'avoir une vision claire de la situation de négociation et des objectifs poursuivis.

E-mail de préparation à la négociation

To: kath.oswald@abc.com
Cc: paul.carter@abc.com
From: ornella.jameson@abc.com
Date: October 10, 2020
Subject: Negotiation of website redesign with service providers

Hi Ornella,

As agreed yesterday, I've prepared some key points for our negotiation next week.

Context and stakes: It's a strategic project for us as our website is a key to success in developing our platform for entrepreneurs. As a **non-profit organization**, our budget is limited. This project needs to be successful for fund-raising and brand image enhancement.

Issues to address: We need a high IT security level plus an innovative solution in terms of interactions.

Constraints: Our schedule is very tight.

So, the stake for this small contract is very high. Our bargaining power if pretty low and our challenge is to get a high value for money and secured website with limited resources.

Now, what are our main levers for negotiation and arguments?

Access to a new market and first contract with an NGO = we can offer to be their first reference in Europe.

Sponsorship = possibility to be referenced by our members and sponsors for future business.

Partnership = mid to long term business/new websites in other countries/new functionalities.

Co-branding = brand synergy through the website.

Not-for-profit = preferential terms.

Finally, what could be the main objections and how to respond?

Our resources are limited but the budget is secured as we have already raised funds for this project.

IT security is costly but we agree to the use of open source tools.

I'll make out the **concession grid** and the negotiation timeline tomorrow so that we can discuss them during the next purchase department meeting.

Please give me feedback on this.

Best,

Katherine

 **À l'oral**

Il est également important de bien soigner sa préparation de manière à gagner en confiance et en professionnalisme durant la négociation. Le rapport de force de la négociation dépendra beaucoup de la capacité de l'acheteur à montrer qu'il maîtrise parfaitement son sujet et qu'il a une stratégie et des objectifs clairs. C'est à l'acheteur de prendre la main et de structurer les phases de la négociation. Il faudra donc savoir présenter clairement ses besoins, poser les bonnes questions, jouer l'avocat du diable et obtenir des engagements fermes.

Être structuré et challenger son fournisseur !

1. Appear as a professional buyer	**1. Soigner son image d'acheteur professionnel**
We have checked your references and your **legal file**. We'll go through your offer **item by item**.	*legal file* = dossier juridique. *item by item* = point par point – on peut aussi utiliser *point* en anglais.
2. Ask relevant questions	**2. Poser des questions pertinentes**
You are offering numerous **related services**, which ones are included in the sale price? Which charges are **one-off** and which are **ongoing**? Can you offer **refunds**? **Are you used to reverse auction bids?**	*related services* = prestations associées. *one-off charges* = frais initiaux. *ongoing charges* = frais récurrents. *refunds* = ristournes ou marges arrière. Pratiquez-vous les enchères en ligne ?
3. Get straight to the point	**3. Aller droit au but**
We are not **satisfied with** the terms you are offering. This **clause** is not compatible with our new suppliers' policy. We can't accept this clause **as it stands**. We can't **afford** a **payment at sight**. This discount is too low as compared to the increase in the total **procurement volume**. Our payment terms are at 60 days from delivery date.	Attention à la préposition : *to be satisfied* **with**. *clause* = clause d'un contrat – syn. : *provision*. *as it stands* = en l'état. *to afford* = se permettre fiancièrement. *payment at sight* ou *sight payment* = paiement à vue. *procurement volume* = volume d'achat.

.../...

.../...

<table>
<tr><td>

4. "What if...?" questions

What if you've **run out of stock?**
What if the product is **not up to quality standards?**

What if we want **to alter** the quantity or reference number?
Could you undertake to deliver **bulk quantities at short notice?**

Could you arrange **spread-out deliveries on the basis of** 10 tons per week?

So, you **do** think you will be in a position to supply this product within 15 days, **don't you?**

</td><td>

4. Questions sur la gestion des problèmes

What if = Que se passe-t-il si... ?
to run out of stock = être en rupture de stock.
not up to quality standards = ne correspond pas au niveau de qualité (ici *standard* = niveau).
to alter = modifier (sens neutre) – syn. : *to change* ou *to modify.*
bulk quantities = de grandes quantités. Attention : ne pas confondre *in bulk* (en vrac) avec l'adjectif *bulk* (en grande quantité) et *bulky* (volumineux).
at short notice = dans les meilleurs délais.
spread-out deliveries : des livraisons échelonnées.
On the basis of = à raison de.
you do think... don't you? = *You do think* est une formule d'insistance et on l'accentue à l'oral. *Don't you?* est une question tag qui veut dire « n'est-ce pas ? ».

</td></tr>
</table>

Exemple de dialogue n° 38

NEGOTIATING WITH A SUPPLIER

— Diana Cudrow: Good morning Mr. Gelin! Nice to meet you!

— David Gelin: Hello Ms. Cudrow, it's a pleasure to meet you face to face. Thank you for inviting me.

— Diana Cudrow: Thank you for **bidding for our tender**. So, your bid has been **shortlisted** and our goal today is to review some topics that need to be improved.

— David Gelin: Certainly.

— Diana Cudrow: Well, we are offering a yearly volume of 10,000 pieces, which is quite **significant**. That's why we are requesting preferential terms.

— David Gelin: I see what you mean, however there's no commitment on volume in your invitation to tender. We would prefer to agree on an **increasing scale of refunds,** quarterly for example.

— Diana Cudrow: Well, I'm afraid **it's just not our policy**. Besides, there are fluctuations in volume **throughout the year,** so we can't reach a **volume threshold** quarterly. We'd rather have a sliding scale of quantity discounts.

— David Gelin: We could agree to that. I'll let you have it.

— Diana Cudrow: Now, let's turn to payment terms. In order **to balance our cash flow**, we have to modify the clause in your offer about **sight payment**. There are 2 options on the table: either payment is **staggered** or we expect the price to be cut dramatically.

— David Gelin: I believe we should reconsider price, payment terms and volume altogether, with the objective of building a long-term partnership. **What about that?**

— Diana Cudrow: Why not. Please send us your reviewed offer so that we can study it.

— David Gelin: You will have it by the beginning of next week.

— Diana Cudrow: Perfect, thank you Mr. Gelin.

Les expressions idiomatiques du dialogue

It's just not our policy.	On ne procède pas comme cela.
What about that?	Qu'en pensez-vous ?
To balance our cash flow.	Pour équilibrer notre trésorerie.

GLOSSAIRE

to bid for our tender: soumissionner à un appel d'offres – *We have decided not to bid for this government tender, it's too stringent.* Nous n'allons pas soumissionner à cet appel d'offres du gouvernement, il est trop contraignant.

concession grid: grille de concessions – *The concession grid will ensure that we have closely studied the trading range and what concessions we are ready to admit.* La grille de concessions nous permet d'étudier de près la fourchette de négociation et les concessions que nous sommes prêts à accepter.

increasing scale of refunds: barème progressif de ristournes ou marges arrières – *We offer an increasing scale of refunds to induce our customers to buy more.* Nous proposons un barème progressif de ristournes pour inciter nos clients à acheter plus.

non-profit organization: organisations sans but lucratif – *NGOs are non-profit organizations.* Les ONG sont des organisations à but non lucratif.

shortlisted: présélectionné – *Four suppliers have been shortlisted prior to final negotiations.* Il y a eu quatre fournisseurs présélectionnés avant la négociation finale.

sight payment/payment at sight: paiement à vue – *Sight payment is no longer used in business transactions as buyers negotiate favorable credit conditions.* Le paiement à vue n'est plus utilisé dans les transactions commerciales car les acheteurs négocient des conditions de crédit plus favorables.

significant: substantiel – *A significant number of vendors have been evicted from the call for tenders.* Un nombre substantiel de fournisseurs a été évincé de l'appel d'offres.

staggered: échelonné – *A staggered payment should be considered.* Il faudrait envisager un paiement échelonné.

throughout the year: tout au long de l'année – *Sales are not steady throughout the year, there are two peak periods.* Les ventes ne sont pas régulières tout au long de l'année, il y a deux périodes de pointe.

volume threshold: seuil de volume – *In order to be entitled to a quantity discount, our first volume threshold amounts to 10,000 pieces.* Afin de bénéficier d'une remise sur quantité, notre seuil de volume s'élève à 10 000 unités.

▶ Pour aller plus loin, voir les fiches 45 et 48

Avec d'autres cultures : communication interculturelle

 Contexte

Négocier avec des interlocuteurs de langues et de cultures différentes présente de nombreuses difficultés, mais il s'agit d'un défi tout à fait surmontable !

Hormis les considérations linguistiques, une sensibilité culturelle est nécessaire pour réussir une négociation. Attention aux sujets abordés (alimentation, religion, politique extérieure, droit) : de nombreuses facettes d'une culture doivent être prises en compte pour éviter des malentendus et mettre en place une collaboration fructueuse.

 À l'écrit

Une écriture soignée – sans faute de grammaire ou d'orthographe – est la norme dans les échanges interculturels. Dans les échanges par e-mail en amont d'une négociation, soyez sensible aux malentendus culturels qui peuvent survenir ; par exemple, on peut constater l'aspect beaucoup plus formel pour inviter une personne asiatique.

E-mail d'invitation pour la négociation d'un produit
(variante destinataire d'origine asiatique/indienne)

To: Qing Jiang Lu <kittylu@goldenstar.com.cn>
Cc: Jason Thatcher <Jason@vvv.com>, Trinity Williams <ttw@vvv.com>
From: Dennis Dreher <denis.dreher@vvv.com>
Date: February 8, 2020
Subject: Negotiation meeting

Dear Mrs. Lu,
I appreciate your interest in our company and in our products. We are very much looking forward to your upcoming visit to our Berlin office next week to come to an agreement on the purchase of machine tools. We hope that this will be the first step in a long and profitable journey together.
My assistant, Mrs. Williams, Vice-President of Sales, Mr. Thatcher and I will be happy to meet you and your delegation at our welcome desk next Thursday, February 14th at 7.30 am, after which, we invite you to take a tour of our production unit.

As a reminder, here is our address:

Triple V Machine Tools, GmbH
Genslerstraße 84
Berlin Wedding
Berlin 13359

In preparation of your visit to our premises, I am enclosing a map to our headquarters as well as the corporate brochure and product catalogue. You will also find a list of local hotels within walking distance of our offices.

Please do not hesitate to call me for any questions or further information you might require.
Best regards,

Dr. Dennis Dreher, PhD
CEO and Chairman of Board of Administration
Triple V Machine Tools, GmbH.
+49 06772 22 43 74

Enc.: - Map of premises
 - Corporate brochure
 - List of nearby hotels

Entamer une négociation avec un partenaire étranger dont on ne connaît pas la culture peut être très délicat et demande une bonne préparation en amont. La négociation interculturelle n'est pas un acquis et demande beaucoup d'entraînement et des années d'expérience avant de devenir un outil bien rodé.

Négocier avec les Américains/Britanniques/Nord-Européens

Ne pas dire...	Mais plutôt...
1. It's a very good machine. Indeed, **our customers have been satisfied with the overall performance** so far. ➜ Manque de précision.	1. **Our recent customer satifaction survey** shows that our clientele **praises wear and tear** resistance up to 95%. Here is a **copy** for your information. ➜ Des résultats concrets et chiffrés.
2. This is our offer, all details are mentioned. Prices are on page 9, I think. All contract terms are **shown** on it. ➜ Une proposition brouillon/trop détaillée.	2. We have **drawn up** a proforma invoice which exactly matches the terms of the commercial invoice, **so that** we avoid **misunderstandings**. ➜ Des offres claires.
3. **Maybe we could reconsider** this point next week and make a decision? ➜ Repousser la décision.	3. **Let's weigh the pros and cons** and settle this question right now. ➜ "Do it now".
4. In case of delays you can **turn against** the carrier, but this has never happened, you know, ever! ➜ Nier tout dysfonctionnement.	4. **We undertake to** meet the delivery deadlines all along the project. **You will be entitled to** compensation in case of delay. ➜ Prendre des engagements fermes.

À faire et à ne pas faire avec les Américains/Britanniques/Nord-Européens

The DOs...	À faire...
Go straight to the point.	Aller droit au but.
Do it now.	Agir sans délai.

.../...

.../...

Give figures and concrete results.	Donner des chiffres et des résultats concrets.
Be available.	Se rendre disponible.

The DON'Ts...	**À ne pas faire...**
Split hairs.	Couper les cheveux en quatre.
Talk about politics, religion, their foreign policy.	Parler politique, religion, politique extérieure du pays
Spend a long time at lunch.	Passer du temps à déjeuner.
Hit on people at work.	Draguer au travail.

Négocier avec des partenaires asiatiques/indiens

Ne pas dire...	**Mais plutôt...**
1. Hi Jing! That was a cool text message you sent, thanks for meeting me. Sorry for being late. ➜ Trop de familiarité.	1. Hello Mrs. Wong. It is with great pleasure to meet with you today, thank you for your warm welcome. It is my hope we will make a good team. ➜ Une présentation sobre et formelle.
2. This is our offer. Take it or leave it, it's our last deal. Please sign the contract as soon as possible as we have to get back to New York soon. ➜ Précipiter une discussion/signature d'un contrat.	2. We are looking to make yearly purchase of 120 units to supply our production; of course we are flexible and willing to work on a mutually beneficial partnership. ➜ Ne pas mettre de la pression pour prendre une décision immédiate.
3. Excuse me for interrupting, but $500 per unit is totally impossible. ➜ Interrompre un partenaire.	3. Silence… ➜ Laisser un temps de réflexion avant d'intervenir.
4. Well, it looks like we're all here. Let's dig in! ➜ Présumer que l'anglais est pratiqué par tous.	4. Thank you. If you wish, we can continue in English. Otherwise, we have hired an interpreter. ➜ Proposer l'utilisation d'un interprète en cas de besoin.

À faire et à ne pas faire avec les Asiatiques/Indiens

The DOs...	**À faire...**
Shake hands when meeting.	Serrer la main à la première rencontre.
Give a small gift (goodies, pens, company-branded office supplies, etc.) to all collaborators.	Offrir un cadeau modeste à tous les partenaires (*goodies*, ex. : stylos, fourniture de bureau portant la marque de votre entreprise).
Exchange bilingual business cards (English + Asian language, i.e. Chinese, Japanese, Korean, etc.).	Échanger des cartes de visite bilingues recto-verso (anglais/français + langue asiatique… chinois, japonais, coréen, etc.).
Use titles and official functions when communicating with Asians. It is preferred to use the last name at first.	Utiliser les fonctions et titres officiels lors des communications avec les Asiatiques. Il est préférable d'utiliser d'abord son nom de famille.

<table>
<tr><td>The DON'Ts...</td><td>À ne pas faire...</td></tr>
<tr><td>Be tardy to meetings.</td><td>Être en retard aux réunions.</td></tr>
<tr><td>Dress up too much, modest casual business wear is preferred.</td><td>S'habiller de manière trop formelle, une tenue modeste et professionnelle est préférable.</td></tr>
<tr><td>Expect English to be spoken; it might be necessary to hire a professional interpreter if you are not hosting.</td><td>S'attendre à ce que l'anglais se parle ; il sera peut-être nécessaire d'engager un interprète professionnel si ce n'est pas vous qui recevez vos partenaires.</td></tr>
<tr><td>Intervene during periods of silence, unless you are the host.</td><td>Intervenir pendant les périodes de silence, sauf si c'est vous qui recevez.</td></tr>
</table>

À faire et à ne pas faire avec les Latinos/Européens du Sud

<table>
<tr><td>The DOs...</td><td>À faire...</td></tr>
<tr><td>Shake hands with everyone, before and after the meeting.</td><td>Serrer la main à tout le monde avant et après la réunion.</td></tr>
<tr><td>Avoid using first names until invited to do so. Until then, use Mr. (Señor, SP.)/Mrs. + last name.</td><td>Ne pas utiliser les prénoms avant d'y être invité. En attendant, utiliser Mr. (Señor, SP.)/Mrs. + nom de famille.</td></tr>
<tr><td>Adapt to personal space, Latinos/Southern Europeans stand close and engage in physical contact.</td><td>S'adapter à l'espace personnel ; les Latinos et les Européens du Sud se rapprochent de vous et sont tactiles.</td></tr>
<tr><td>Offer bilingual business cards to everyone present showing their language on one side (English on one side + Spanish/Portuguese/Italian, etc.).</td><td>Présenter sa carte de visite bilingue à chaque personne présente, avec sa langue sur une face (espagnol, portugais, italien, etc.) et l'anglais sur l'autre.</td></tr>
<tr><td>The DON'Ts...</td><td>À ne pas faire...</td></tr>
<tr><td>Wear casual clothes.</td><td>Porter des vêtements décontractés.</td></tr>
<tr><td>Push business talks/be pushy.</td><td>Se montrer trop pressé à entamer les négociations.</td></tr>
<tr><td>Try to control the conversation if you are not hosting.</td><td>Essayez de monopoliser/contrôler la conversation, surtout si l'invité, c'est vous.</td></tr>
<tr><td>Speak loudly.</td><td>Parler trop fort.</td></tr>
</table>

Exemple de dialogue n° 39

BEGINNING A NEGOTIATION WITH A CHINESE PARTNER

- Jason: Good morning, Mr. Wong, it is an honor to accept your invitation to your headquarters.
- Mr. Wong: It's a pleasure to have you hear with us today. Allow me to present my team: Mrs. Lee, my sales director, Mr. Chen, Chief of Production, and my personal assistant, Mrs. Chang.
- Jason: It is nice to meet you all. We appreciate your welcoming us. My name is Jason Smith, Chief Executive Officer of Cogs, Inc., and accompanying me is Mr. Mueller, Vice President of Purchasing, and Mrs. Dupré, Director of Operations. We have also engaged an interpreter, Julie Kim, who will be present in case of any language difficulties.

— Mr. Wong: Very nice to meet you. **Here is our card**.

— Jason: Thank you very much. We will give you ours, as well. You have all our contact information on them.

— Mr. Wong: It's a pleasure. My team and I are fluent in English, however we are pleased to welcome Mrs. Kim to our premises in case of any misunderstandings.

— Jason: Thank you very much. **As a token of our appreciation**, we would like to give you a small gift, which comes from our home country, you will see that **our brand is emblazoned on it there**.

— Mr. Wong: Thank you so much, this is very kind, please have a seat, sit down around this table. Would you like anything to drink, coffee, tea or water?

— Jason: That would be lovely. I would like a coffee, please. Black.

— Mr. Mueller: Some water, please.

— Mrs. Dupré: I would like some water as well. Thank you so much.

— Mrs. Kim: Nothing for me, thank you.

— Mr. Wong: I will have my assistant get that for you right away. Mrs. Chang? Please, have a seat. So how was your trip to Shanghai?

Les expressions idiomatiques du dialogue

Here is our card.	Voici notre carte.
As a token of our appreciation.	Pour montrer notre gratitude.
Our brand is emblazoned on it there.	Notre logo est inscrit dessus.

GLOSSAIRE

card: carte de visite – *You will find all my contact information on my card.* Vous trouverez toutes mes coordonnées sur ma carte de visite.

(to) go Dutch: partager l'addition au restaurant – *Shall we go Dutch for lunch?* On partage l'addition au restaurant ?

(to) host: recevoir/inviter – *It would be a pleasure to host our upcoming negotiation.* Ce serait un grand plaisir de vous inviter à notre prochaine négociation.

(to) shake hands: serrer la main – *It's important to shake hands before and after the meeting.* Il est important de serrer la main avant et après la réunion.

▸ **Pour aller plus loin, voir les fiches 3 et 4**

Les conditions générales de vente, les clauses d'un contrat

 **Contexte**

La contractualisation est l'un des moments clés de la négociation. Elle consiste à mettre par écrit ce qui a été convenu à l'oral. Tout comme le contrat, la négociation s'organise autour des clauses – les parties constituantes de l'accord – qui représentent les règles qui régissent un partenariat. Les marges de négociation sont étroites car chacune des parties essaie d'imposer ses propres conditions.

 **À l'écrit**

La grille de concessions (*concession grid*) permet de prévoir clause par clause les marges de négociation acceptables et d'anticiper les attentes de l'autre partie. Les conditions générales de vente (*boilerplate clauses*) servent de cadre à ce que vous voulez obtenir à la suite de la négociation. Mais les conditions particulières (*specific terms*) doivent être négociées selon le rapport de force et la situation de négociation.

Grille de concessions

Clause	Your objectives (Seller)	Your partner's objectives (Buyer)	Concessions you can make	Concessions requested
Consideration - Price - Delivery - Quantity - Payment terms	$350,690 EXW Shenzhen 5 machine tools SWIFT, 1/3 pre-payment, 1/3 on delivery, 1/3 at 30 days from delivery	$270,250 DDP Le Havre 4 machine tools SWIFT, 1/2 on delivery, 1/2 at 30 days from delivery	Flexibility on delivery terms: lower cost of transport by sea freight	Full payment 1 week after delivery
Warranties	2-year warranty for parts	5-year warranty for parts and service	Warranty extension up to 1 more year	Flexibility on service clause, impossible to service the machine without return to factory.
Failure to perform	Boilerplate	N/A	N/A	N/A
Force majeure	Boilerplate	N/A	N/A	N/A

.../...

.../...

Clause	Your objectives (Seller)	Your partner's objectives (Buyer)	Concessions you can make	Concessions requested
Liquidated damages	$100K per machine	Value of the contract + 2% interest pending settlement	Flexibility on damages compensation	Penalties for late payment amounting to 1% of total transaction per late day
Confidentiality	Boilerplate	N/A	N/A	N/A
Assignment	Boilerplate	N/A	N/A	N/A
Entire agreement	Boilerplate	N/A	N/A	N/A
Termination	For convenience	For convenience	Mutual consent	Mutual consent
Law and Jurisdiction	Chinese law-PRC commercial court Shenzhen	French Law-Tribunal d'instance du Havre	Flexibility on law chosen	Jurisdiction to remain in Shenzhen with ICC arbitration clause

Afin de préparer la négociation orale, il faut une bonne compréhension des enjeux contractuels. Mais il est aussi essentiel de prévoir les grandes lignes et les étapes à franchir pour la construction du contrat. Enfin, il faudra amener l'interlocuteur à accepter et à ratifier les décisions prises.

Négocier les clauses d'un contrat/les conditions générales de vente

1. Beginning discussions of the contract terms

We are glad to welcome you here, thank you so much for meeting us to discuss our future **agreement**.

Have a seat. Let's **get down to brass tacks**.

1. Entamer la discussion sur les termes du contrat

agreement = contrat – syn. : *covenant, convention, accord, bond, commitment, compact, understanding*.

to get down to brass tacks = en venir à l'essentiel.

2. Suggesting an outline for the negotiation

First, if you agree, **we can get the boilerplate clauses out of the way**, then discuss the **consideration** and **warranty** clauses, followed by **liquidated damages**, **termination** and finally **payment of costs** and **applicable law**.

How does that sound?

2. Proposer une structure de la négociation

boilerplate clauses = clauses standard.

to get out of the way = en finir avec.

consideration = contrepartie.

warranty = garantie.

liquidated damages = dommages-intérêts.

termination = résiliation.

payment of costs = règlement de litiges – syn. : *settlement of disputes*.

applicable law = loi applicable.

How does that sound? = Est-ce que cela vous convient ?

3. Discussing individual clauses

Right, let's **take a look** at the consideration clause.

Here we are asking for 70K **a piece** for each machine tool.

The **production unit** spends 10,000 **man-hours** on manufacturing and $28,500 for cost of materials. That leaves us **a 5% margin**.

4. Agreeing/disagreeing

Agreement

That sounds about right to us!

Yes, I think we can **agree** to those terms.

It's a deal!

Agreement on condition

That **sounds** reasonable, but **given** our concessions concerning the price, perhaps you can **make a gesture** to include a 2-year **warranty** extension.

I think we can **work out** a deal here. But first, I would like to come back to the payment terms. If we agree to settle our whole account on delivery, could you guarantee **parts and service** for one more year?

Disagreement

This solution will be difficult for us to **handle** given our **disposable resources**.

I think we will need some time to give you an answer on this point.

We are sorry to have to refuse this **offer**. Your competitors have **quoted** us half the **price for** a very similar agreement!

5. Wrapping up

I think we have come to a final agreement!

What do you think?

I am so **excited** to have the opportunity to **do business** with you!

We are very much **looking forward to** a long and fruitful partnership.

It seems very important for you to **find the right match**. We **feel the same way**, it's a pleasure doing business together.

3. Négocier chaque clause

to take a look = jeter un coup d'œil.

a piece = par unité.

production unit = unité de production.
man-hours = heures travaillées.
a five-percent margin = une marge de 5 %.

4. Exprimer son accord ou désaccord

to agree = être d'accord.
Attention : il n'est pas grammaticalement correct de dire : *I am agree*. Il faut dire : *I agree/I don't agree/Do you agree?*

to sound = avoir l'air.
given = compte tenu de.
make a gesture = faire un geste.
warranty = garantie.

to work out = trouver (un accord).
parts and service = pièces détachées et main-d'œuvre.

to handle = accepter.
disposable resources = ressources à disposition.
Attention : l'adjectif *disposable* veut également dire « jetable ».

offer = proposition.
to quote a price = faire un devis.

5. Conclure

to be excited = être heureux.
to do business = faire des affaires.

to look forward to = attendre avec impatience.

to find a match = trouver un partenaire complémentaire.
to feel the same way = être du même avis/penser la même chose.

 Exemple de dialogue n° 40

NEGOTIATING DELIVERY TERMS IN A CONTRACT

— Xiu-Yin: Ok, it looks like we have come to an agreement concerning price and quantities. Now we need **to figure out** how to get your products shipped out in the best way possible.

— Svetlana: Given the fact that we are dealing with two monthly **shipments**, I think that a discount could be found on shipping costs with some **freight forwarders**.

— Xiu-Yin: In any case, as the price we quoted was ex-works, you are free to use any transporter you wish.

— Svetlana: I was under the impression that what you quoted me was DDP. Well… If you agree, what we can do is this: I will sign a contract for the next five years containing the same quantities and the same price if you can offer me at least DDP… Tariffs are so expensive!

— Xiu-Yin: I see… Well, we will have to **run** your offer **by** the CEO to get his approval, but it might take some time. I think our original offer was very attractive. Don't forget that we are only taking a margin of two percent on this transaction!

— Svetlana: We might not have the time to wait for **your CEO's green light**, so what I can offer is this: If we **forgo** a five-year extension on the warranty and keep the original service agreement, would you be willing to quote DDP?

— Xiu-Yin: **Hang on** a second, **let me crunch a few numbers**… Well, in that case, our margins would be about the same, but how are you going to proceed in case of breakdowns? We can refer you to a repair specialist in your country if you wish?

— Svetlana: Thank you so much, this is very kind, thank you for your understanding. Customs clearance is too time-consuming for us and your freight forwarder is much more experienced in this domain!

— Xiu-Yin: Very well then, I think we have come to an agreement on this point! Shall we move on to liquidated damages?

— Svetlana: Perfect, yes, that would be great.

— Xiu-Yin: Ok, then. Right, so our liquidated damages clause…

Les expressions idiomatiques du dialogue

Your CEO's green light.	Le feu vert de votre PDG.
Let me crunch a few numbers.	Laissez-moi calculer quelques chiffres.

 # GLOSSAIRE

assignment: cession – *The assignment of the contract went to next-of-kin.* Les obligations contractuelles ont été cédées aux ayants droit.

entire agreement: indivisibilité – *We did not have to negotiate an entire agreement clause.* Nous n'avions pas à négocier une clause d'indivisibilité.

failure to perform: défaut d'exécution – *She had to pay liquidated damages for failure to perform.* Elle a dû verser des dommages et intérêts pour défaut d'exécution du contrat.

(to) figure out: essayer de comprendre – *Who can figure out what has happened?* Qui pourra essayer de comprendre ce qui s'est passé ?

(to) forgo: renoncer à – *I would have no problem forgoing the extended warranty option if you could come down on the price.* Je n'aurais aucun problème à renoncer au prolongement de la garantie si vous pouviez diminuer le prix.

freight forwarder: transitaire – *For our transport needs, your freight forwarder should do.* Votre transitaire devrait correspondre à nos besoins en transport.

(to) hang on: patienter – *Could you hang on a few minutes? I just have to make a quick call.* Je vous demande de patienter quelques minutes, je dois passer un coup de téléphone rapide.

(to) run by: passer par – *Before giving you confirmation on our agreement, I have to run it by the CEO.* Avant de vous confirmer notre accord, je dois passer par le PDG.

▶ Pour aller plus loin, voir la fiche 49

Chapitre 6

Piloter

De la même façon que le pilote d'un avion ou d'une voiture de course prend la responsabilité d'un véhicule, le pilote d'un projet professionnel se charge de la responsabilité de mener à bien un objectif. Tout comme le pilote de ligne ou de course, le pilote de projet a pour mission de fixer le cap (la direction), la vitesse (la date des échéances), le contrôle des performances (le suivi, l'avancement), l'équipe (les collaborateurs internes/externes) ainsi que la coordination et la communication entre les parties.

Le pilote de projet chevronné est un chef, un leader. Cela signifie gérer, motiver, encadrer, fédérer et convaincre des équipes, mais aussi répondre à la question : « Pourquoi tout ça ? » En tant que pilote, votre objectif est de donner une perspective à la fois stratégique et opérationnelle.

Ce chapitre vise au développement des objectifs suivants :

- pouvoir partager la vision d'un projet, le lancer (avant) ;
- être capable de communiquer sur les objectifs, le suivi des étapes et l'évaluation des performances (pendant) ;
- savoir coordonner le débriefing du projet et proposer à son équipe un processus de perfectionnement basé sur les résultats obtenus (après) ;
- coordonner les échanges entre collaborateurs en interne ;
- s'adapter à une communication interne qui utilise les outils en ligne.

Fiches de situations du chapitre

Une réunion de lancement de projet

Contexte

Le lancement d'un projet est un moment clé pour assurer sa réussite future. Le travail de conception du projet réalisé en amont doit permettre de mobiliser les équipes dans un cadre très clair et structuré.

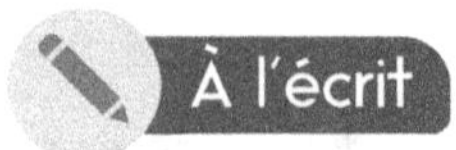

À l'écrit

Le chef de projet va s'appuyer sur des documents spécifiques au lancement du projet : le WBS (*Work Breakdown Structure*), c'est-à-dire la « structure de découpage » et la fiche de tâches. Le WBS est un modèle qui donne une vue d'ensemble du projet et en décompose les activités et les ressources.

Exemple de modèle de WBS

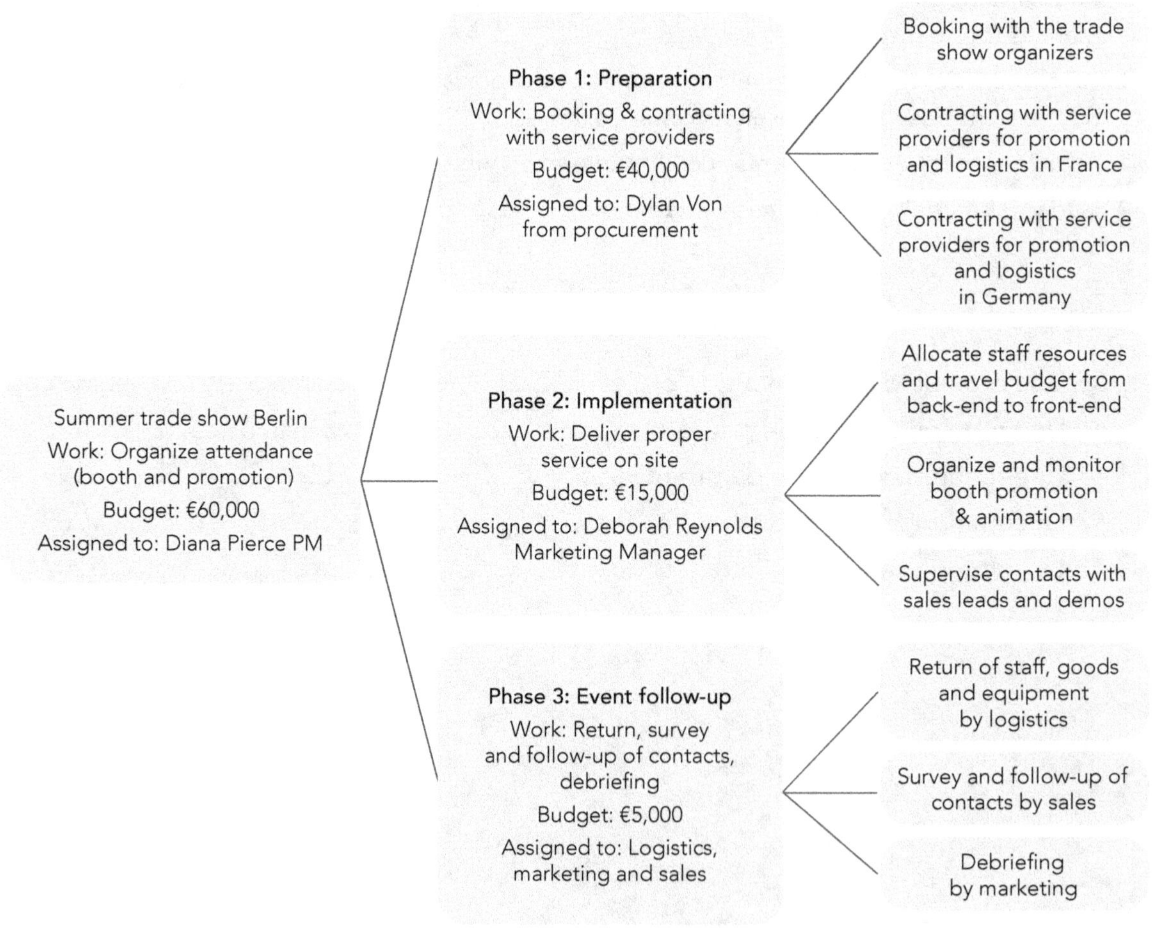

Summer trade show Berlin
Work: Organize attendance (booth and promotion)
Budget: €60,000
Assigned to: Diana Pierce PM

Phase 1: Preparation
Work: Booking & contracting with service providers
Budget: €40,000
Assigned to: Dylan Von from procurement

- Booking with the trade show organizers
- Contracting with service providers for promotion and logistics in France
- Contracting with service providers for promotion and logistics in Germany

Phase 2: Implementation
Work: Deliver proper service on site
Budget: €15,000
Assigned to: Deborah Reynolds Marketing Manager

- Allocate staff resources and travel budget from back-end to front-end
- Organize and monitor booth promotion & animation
- Supervise contacts with sales leads and demos

Phase 3: Event follow-up
Work: Return, survey and follow-up of contacts, debriefing
Budget: €5,000
Assigned to: Logistics, marketing and sales

- Return of staff, goods and equipment by logistics
- Survey and follow-up of contacts by sales
- Debriefing by marketing

La réunion de lancement permettra de mettre en place l'équipe projet selon les compétences nécessaires et de planifier les ressources dans le temps. L'objectif de cette réunion sera également de transmettre les informations nécessaires à chacun et de s'assurer du bon démarrage du projet.

Montrer son leadership et ses capacités en gestion de projet.

1. Present your task force

As **project manager**, I'd like to introduce the team members and other **stakeholders**.
Some of you know John Harris our **Financial Controller**, who will be in charge of budget control.

On my left, David Lester our Chief Engineer will lead the **project design and implementation**.
David's **deputy**, Henri Stark, will **liaise with** our **client** to test our deliverables and **have them accepted**.

I will personally **attend to** project follow-up and team management; I'll **monitor and assess** performance.

1. Présenter son groupe de travail

project manager = chef de projet mais aussi maître d'œuvre d'un projet.
stakeholders = intervenants, parties prenantes, ne pas confondre avec *stockholder*, l'actionnaire en anglais US.
financial controller = contrôleur de gestion.

project design and implementation = conception et mise en œuvre du projet.

deputy = un adjoint (faux ami).
to liaise with = assurer la coordination.
client = ici le maître d'ouvrage.

have them accepted = obtenir la recette des livrables.
to attend to = s'occuper de (*phrasal verb*). Attention ne veut pas dire « participer ».
to monitor and assess = contrôler et évaluer.

2. Introduce the project and its planning

According to your client's **requirements**, the project has been **scheduled** over 3 phases, covering **first** static redesign, **then** database update and **finally** transactional functionalities.

2. Présenter l'objet du projet et sa planification

requirements = cahier des charges.
scheduled = ici, progammé.
first, then, finally : pour structurer les points d'une présentation.

3. Point out potential issues

We are **concerned with meeting deadlines** and we need to have quick responses to our requests.

So, we suggest a weekly meeting with the engineer representing **end-users**.

Besides, we would need **to perform tests** at least 3 weeks before final delivery.

3. Insister sur les points critiques

We are concerned with = nous sommes préoccupés. Attention à la traduction.

to meet deadlines = respecter les délais, plus utilisé que *to respect*.

end-users = utilisateurs (côté maîtrise d'ouvrage).
to perform tests = réaliser/exécuter des tests.

4. Develop customer's trust

If the project **runs behind schedule**, we are in a position to adapt our **staffing** in order to deliver on time.

4. Rassurer le client

to run behind schedule = prendre du retard.
Staffing : ce qui est relatif au personnel. Ici, « équipe projet » ou « personnel mis à disposition » (on trouve *staffing* de plus en plus en français).

Exemple de dialogue n° 41

PROJECT MEETING

— Lester: Good morning everyone! This is our first meeting for the "go live" of our IT project. You have all received the WBS I have made out for this project. First, I suggest that the team leaders take the floor and give their comments. **So, how is it shaping up?**

— Jill: I'm in charge of the development team. I'm afraid that we'll have to reconsider the workload and particularly the deadlines for deliverables 2 and 3. If these deadlines have to be met, we'll need one extra developer, at least part-time to start with. Otherwise, **that'll overlap onto the milestones**.

— Henri: I'm in charge of the designer team. According to the client's brief regarding graphic design, I think we can **stick to our schedule** provided that there are no changes or additions to the requirements. Unfortunately, as you know, it's very rare!

— James: I lead the team of database administrators. On the basis of the project scope, I believe that the workload has been underestimated, unless we can use direct data migration. This point has to be settled with the client.

— Lester: Thank you for this first overview. We definitely have **to iron out these problems** before launching our project implementation. So, If you have no objections, let's consider solutions. Jill, what about offshoring the standard part of development, especially for milestone 2?

— Jill: Well, **on average**, **the cost difference is balanced out** by heavy follow-up, so why don't we hire a developer on a fixed-term contract? **The loss of profit** would be limited.

— Lester: Well, **that's another story**! **Until further notice**, recruitments are prohibited, even on a temporary basis.

— Jill: Then, I'd prefer to take on a trainee from an engineering school; this has proved quite efficient in the past.

— Lester: Why not, but make sure he finishes the job on time, **sink or swim**! All right, so Henri, if specifications are modified, we'll request to postpone delivery. Now James, I'll check the point of data migration with the customer and make sure **he keeps his word**.
Well, I believe **everything is settled**, at least for now. Our next review meeting is scheduled on November 15th. **Please keep me posted** and see you then.

Les expressions idiomatiques de la gestion de projet

How is it shaping up?	Comment ça s'annonce ?
That'll overlap onto next milestones.	Cela va mordre sur les prochains jalons.
To iron out these problems.	Aplanir les difficultés.
If you have no objections.	Si vous n'y voyez pas d'inconvénient.
That's another story.	C'est une autre paire de manches.
Until further notice.	Jusqu'à nouvel ordre.
Sink or swim.	Ça passe ou ça casse.
He'll keep his word.	Il tiendra sa promesse.
Everything is settled.	Tout est arrangé.
Please keep me posted.	Merci de me tenir au courant.

GLOSSAIRE

(to) balance out: compenser/contrebalancer – *As we depend too much on our domestic market, we should balance out our sales across our export markets.* Comme nous dépendons beaucoup de notre marché intérieur, nous devrions contrebalancer nos ventes sur nos marchés export.

the loss of profit: le manque à gagner – *Our cost price has dramatically increased lately and this has entailed a dangerous loss of profit.* Nos coûts de revient ont beaucoup augmenté récemment et cela entraîne un manque à gagner dangereux.

on average: en général, en moyenne – *Our market share has been increasing by 10% a year on average since 2010.* Depuis 2010, notre part de marché augmente de 10 % par an en moyenne.

(to) stick to our schedule: respecter le planning (syn. : *to keep up to schedule*) – *We have to stick to the payment schedule, if we don't want to pay late charges.* Nous devons respecter l'échéancier de paiement, si nous ne voulons pas payer des intérêts de retard.

▶ Pour aller plus loin, voir la fiche 27

Une réunion de suivi de projet

Contexte

Le projet est suivi régulièrement sur la base de documents qui sont transmis par le chef de projet aux personnes concernées, en particulier à l'approche de l'échéance des livrables. Le rapport d'avancement permet de faire le point de manière structurée sur le déroulement du projet et le respect des délais.

À l'écrit

Comme son nom l'indique, un rapport d'avancement explique en détail où vous en êtes dans l'avancement de votre projet. Il décrit les livrables et les tâches que vous avez effectués par rapport aux jalons dans votre plan de projet.

Un rapport d'avancement est généralement rédigé par un chef de projet ou par des chefs de pôles. Selon l'ampleur et la complexité du projet, vous serez peut-être à même d'établir un rapport d'avancement journalier, hebdomadaire ou mensuel.

Rapport d'avancement

Bosky Block R&D Project: eco-Block
Progress Report

Project Manager: Jason Williams, Business Engineer
Date: March 6, 2021
Project beginning: September 14, 2020
Project end: September 13, 2021

In an effort to increase both R-factor and eco-friendliness of Bosky Block ICFs, the company has invested considerable financial and human resources in an R&D initiative in order to remain on the **cutting edge** of technology in the construction materials industry. The end result will be the new eco-Block.

Project schedule:

TASK NO.	DELIVERABLES	COMPLETION DATE	BUDGET
1	Revised technical specifications	Oct. 31, 2020	$1,500
2	Feasibility study	Nov. 30, 2020	$700
3	Supplier search	Not completed (May 30, 2021)	$500
4	Prototype + patent submission	Not completed (July 15, 2021)	$950
5	Begin production	Not completed (Sept 30, 2021)	$3,000

Since the completion of the eco-Block's technical specifications and feasibility study, we are pleased to announce that steady progress has been made. Despite cash flow **setbacks** due to our **pending lawsuit**, we are currently on schedule and working on finding a manufacturer for our new eco-Block. In addition to our current suppliers, we have already pre-qualified three others, all of whom have confirmed participation in our invitation to bids to take place on April 1, 2021. Results of the selection process are to be published **on or before** May 30, 2021.

La réunion de suivi peut être très chronophage, il est donc indispensable d'envoyer un ordre du jour détaillé des questions à traiter. Si le chef de projet doit faire preuve de leadership, il est souhaitable que les décisions soient prises collégialement pendant la réunion, afin qu'elles soient immédiatement mises en œuvre.

Montrer les priorités et son soutien à l'équipe

1. Review project status

So, everyone, we are **midway towards** our second **milestone**, which is a key to successful project **implementation**.

I have received your **status reports** and I'm **afraid** we have to reconsider our project schedule.

1. Faire le point sur l'avancement

to be midway towards = être à mi-chemin de.
milestone = un jalon du projet.
implementation = mettre en œuvre, trop souvent confondu avec implantation en français qui se traduit en anglais par *setup* ou *establishment*.

status reports = rapports d'avancement.
I'm afraid : à utiliser quand on annonce une mauvaise nouvelle.

2. Update work schedule

On the basis of the status reports, I believe we should **reallocate resources** and workloads and **strengthen** the team of developers.

2. Réajuster le planning de travail

to reallocate resources = redéployer ou réaffecter. Attention à l'orthographe, resource, avec un seul « s ».
to strengthen = renforcer. Attention à l'orthographe.

3. Set the targets to be met

The new module should be debugged and validated by users for **final acceptance** before the end of April.

We will **outsource** the development of this module so as **to ensure timely delivery**.

3. Fixer les objectifs à atteindre

final acceptance = recette du projet – syn. : *approval*.

to outsource = externaliser.
to ensure timely delivery = tenir les délais.

Exemple de dialogue n° 42

A PROJECT REVIEW MEETING

— Lester: Hi everyone! This is the first status meeting of our IT project. I have **collated** your review reports and I suggest the following agenda: first review of schedule, then how to solve new resource needs and finally outstanding issues to be addressed.
According to the **project dashboard**, we have to face some delays in development.
So Jill, **what's going on?**

— Jill: Well, this is due to the use of a new development tool that is supposed to be more flexible, but the team needs to be trained on it. As self-learning is time-consuming, I think a one-day training seminar would be enough. I believe we will **regain lost time** after. I can teach the team myself.

— Lester: **Great idea Jill,** I think we have our solution. Thank you.
Now Henri, you mention in your report that the designer team is too small to face the required customization, **could you be more specific on this point?**

— **Henri:** As I mentioned during the kickoff meeting, the resources were assessed according to the customer's specifications. **The point is that** they have been modified several times and this has created extra work. So we would need a part-time graphic designer during two weeks **to clear the backlog.**

— **Lester:** All right Henri, I'll consult HR to see what we can do, I'll tell you. So if you have no other topic to discuss, we can close the meeting. Thank you for your participation.

Les expressions idiomatiques de la gestion de projet

To regain lost time.	Rattraper le temps perdu.
Could you be more specific on this point?	Pouvez-vous être plus précis sur ce point ?
The point is that...	Le problème c'est que…
To clear the backlog.	Résorber le retard accumulé.

 GLOSSAIRE

collated: recueilli – *The collated data should be tranferred to our head office.* Les données recueillies doivent être transmises à notre siège social.

cutting edge: à la pointe de – *Our new product is cutting edge.* Notre nouveau produit est à la pointe de la technologie.

on or before: au plus tard – *Our distribution center must receive all deliveries on or before the second Monday of each month as our loaders are only available at this time.* Il faut que notre centre de distribution soit livré le deuxième lundi de chaque mois au plus tard puisque nos chargeurs ne sont disponibles qu'à ce moment-là.

pending lawsuit: procès en cours – *The partners required all parties to assume responsibility for any pending lawsuits before the merger.* Les partenaires ont demandé que chaque partie assume la responsabilité des procès en cours avant la fusion.

project dashboard: tableau de bord du projet – *Thanks to the project dashboard, we can react to any discrepancy.* Grâce au tableau de bord du projet, nous pouvons réagir à tout écart.

setbacks: contretemps – *We experienced several setbacks while printing our brochure.* Nous avons subi plusieurs contretemps dans l'édition de notre brochure.

▶ **Pour aller plus loin, voir la fiche 30**

Une réunion de clôture de projet

 Contexte

La clôture du projet est un moment clé pour faire le point sur son déroulement et en tirer des enseignements pour l'avenir. Il faut le faire à chaud, lorsque toutes les parties prenantes ont encore en mémoire tout ce qui s'est passé, aussi bien en termes de réussite que d'échec.

 À l'écrit

Le chef de projet va reprendre les incidents, les problématiques rencontrées, les remontées clients et préparer une grille de débriefing structurée selon le cahier des charges du projet. Il va envoyer un e-mail avant la réunion à tous les membres de l'équipe avec des questions clés sur leur évaluation du projet. L'objectif est d'en analyser les résultats sur le plan quantitatif et qualitatif (respect du budget et des délais, conformité des livrables, satisfaction du client…). Il va demander à chaque membre de l'équipe d'analyser objectivement son travail et ses retombées. Le débriefing (ou retour d'expérience) permettra d'identifier, d'une part, les facteurs de réussite afin de s'assurer de les réutiliser à l'avenir (voire d'en faire des « *best practices* ») et, d'autre part, les marges de progression qui nécessiteront des actions d'amélioration au niveau du management, de l'organisation ou de la formation.

Mémo de débriefing

MEMO

To: All ABC project stakeholders
From: Buster John Brown, ABC project manager
Date: November 15, 2020
Subject: ABC project wrap-up meeting

Please note that, in order to prepare our wrap-up meeting scheduled on November 30, I would like all stakeholders to prepare their debriefing, based on the following questions:

1. **What do you think went well during the project?**
2. **In your opinion, what was the most difficult part of the project?**
3. **What changes/issues in our working methods would you like to talk about during the meeting?**
4. **Were the goals of the project clear to you?**
5. **Were you given the adequate resources to achieve those goals?**
6. **Was the schedule realistic for the deliverables?**
7. **Any other issue you would like to be addressed?**

Thank you for taking the time to think it over so that we have an effective and fruitful meeting.

BJB

Mener une réunion de débriefing est un moment délicat qui demande une démarche très construite et un contenu objectif afin d'éviter que la réunion ne tourne au règlement de comptes. Assurez-vous que toutes les personnes concernées seront présentes.

Commencer par valoriser les réussites avant de passer aux axes d'amélioration.

1. Present the project summary note

Our goal was **to redesign** our website within 3 months in order to have more interactive customer relationships and **convey** a positive brand-image of our company.

1. Faire la synthèse du projet

summary note = note de synthèse.
to redesign = remanier le site web.
to convey = transmettre/véhiculer.

2. Highlight positive results

Overall, our client has been satisfied and I know that **you did your utmost to meet your commitments.**

I'd like all of us **to review** this project implementation so that we can avoid some **pitfalls** in the future and **build on our strengths.**

2. Mettre en valeur les résultats positifs

overall = dans l'ensemble.
you did your utmost = vous avez fait le maximum.
to meet your commitments = pour respecter vos engagements.

to review = faire le point.
pitfalls = des écueils.
to build on our strengths = miser ou capitaliser sur nos forces.

3. Address the main issues

All milestones have been met, except for the last one.

We have **gone through hard times** because of a lack of **effective** communication with the **contractor's** representative.

This has led to misunderstandings and brand image deterioration with our **key account**.

3. Aborder les principaux problèmes

to go through hard times = traverser des moments difficiles.

effective = efficace. A également le sens d'« en vigueur ».
contractor = maître d'ouvrage public.
key account = grand compte.

4. Ask for team members' feedback

In your opinion, how could we **set new project guidelines so as to face this challenge?**

4. Recueillir les réactions de l'équipe

to set new guidelines = fixer de nouvelles règles.
to face a challenge = relever un défi.

5. Suggest improvements

David suggested **appointing** one single contact to collect and **circulate all information flows** between project management and contractor.

5. Proposer des axes d'amélioration

to appoint = nommer. Attention : *to suggest* est suivi du verbe + *ing*.
to circulate information flows = diffuser les informations.

Exemple de dialogue n° 43

PROJECT DEBRIEFING

— Lester: Good morning everyone! This is the **wrap-up meeting** of our IT project. First of all, thank your for joining this important meeting and for your numerous contributions to this project debriefing, as a response to my e-mail. In order **to tackle this matte**r, I suggest organizing our debate according to the following agenda:

First, **we'll go around the table**, so that everyone has an opportunity to speak and review his/her contribution.

Then, I'll focus on the major accomplishments, how we could integrate them into our work process and **institutionalize** them **throughout** our department.

Finally, we'll deal with some **critical points** in the project management, analyze their origin and suggest relevant and practical solutions to be implemented as soon as possible. Have you got any question or topic to add to this agenda?

— All: No, that' fine!

— Lester: Perfect. Now Jill, would you like to start?

— Jill: Well, regarding IT development, we could manage to deliver on time for each milestone. However, this required a lot of involvement by the team, since they had to be trained to a new software package simultaneously. Therefore they had **to work overtime** very often.

— Lester: Thank you Jill. We'll see how we could avoid this in the future. Henri?

— Henri: I believe the designer team has done a great job, as the new interface is quite **user-friendly**. Still, I must add that it would be very helpful if pre-sales engineers could be more specific on the type of design required, including some samples, this would avoid a waste of time.

— Lester: Thank you Henri, we'll discuss this point later to find a solution.

Thank you for this first overview. Now I'd like to emphasize the major accomplishments of the project, namely customer's satisfaction, **sticking to the budget** and schedule. I'd like each of you to send me some explanations about their capacity to solve these issues, in order to share them in the company. The success of this project is totally due to our teams dedication and flexibility. This will be rewarded in the coming **quarterly bonuses**.

Now, let's turn to problem solving. According to your feedback, I realized that there is a lack of continuous in-house training, which can be detrimental to our performance in project management. So, I suggest organizing regular sessions about new software packages, so that our teams are ready when the time comes.

That's why I'll need to receive a monthly request for training by each team leader. Thus, I will be able to organize the necessary seminars with our HR department.

What's your feeling about this proposal?

— All: Sounds great!

— Lester: Finally, I'd like to get back to the comment of Henri regarding pre-sales. There is obviously a need for better communication with them, especially concerning interface design. Henri, could we consider organizing a meeting with all pre-sales engineers in order to create a better circulation of information **upstream**?

— Henri: Definitely. **We should try and find some common ground**. I could show them some templates we have about design requirements.

— Lester: Wonderful. I'll organize a meeting within the coming two weeks, without fail. Well thank you again for your active and creative participation! **I'll keep you up to date!**

Les expressions idiomatiques de la clôture de projet

To tackle this matter.	S'attaquer à ce problème.
We'll go around the table.	Nous allons faire un tour de table.
We should try and find some common ground.	Nous allons essayer de trouver un terrain d'entente.
I'll keep you up to date!	Je vous tiens au courant !

 GLOSSAIRE

critical point: point névralgique – *Technical compliance will probably be the critical point of this project.* Le point névralgique de ce projet sera probablement la conformité technique.

(to) institutionalize: systématiser – *Best practices are institutionalized throughout the company.* Les meilleures pratiques sont systématisées dans toute l'entreprise.

major accomplishments: principales réussites – *The major project accomplishments should be outlined to value the team commitment.* Il faudrait souligner les principales réussites du projet pour valoriser l'engagement de l'équipe.

quarterly bonuses: primes trimestrielles – *Quarterly bonuses are meant to reward hard-working staff.* Les primes trimestrielles sont destinées à récompenser le personnel qui travaille le plus.

sticking to the budget: respecter le budget – *The major challenge will be to stick to the budget which is too low.* Le principal défi sera de respecter le budget qui est trop bas.

upstream: en amont – *The project manager has decided to reorganize the team's assignments upstream.* Le chef de projet a décidé de réorganiser les missions de l'équipe en amont.

(to) work overtime: faire des heures supplémentaires – *The project teams can't work overtime, they are already exhausted!* Les équipes du projet ne peuvent pas faire d'heures supplémentaires, elles sont déjà épuisées !

wrap-up meeting: la réunion de clôture – *I imagine the project shortcomings will be reviewed during the wrap-up meeting.* J'imagine que les dysfonctionnements du projet seront évoqués lors de la réunion de clôture.

▶ Pour aller plus loin, voir les fiches 20, 27, 39 et 40

La communication interne

 Contexte

La communication interne est la transmission d'informations entre membres ou services de la même organisation. Elle doit à la fois garantir l'efficacité des messages ou instructions et peut devenir un vecteur de partage des valeurs et des projets de l'entreprise. Pour être efficaces, les entreprises emploient différents outils de communication à l'écrit et à l'oral, à la fois formels et informels.

 À l'écrit

Un mémo (mémorandum) est une petite note écrite sur un thème important. Bien qu'il existe plusieurs variétés de mémos, ce document reste toujours un texte clair et concis, souvent rédigé en moins d'une demi-page, pour transmettre une information très précise en interne. Il s'agit d'un texte soit informel, soit formel selon les besoins du rédacteur.

Annoncer un événement

Malgré la brièveté et l'apparence simple du mémo, faire l'annonce d'un événement reste un défi. L'objectif principal du mémo est qu'il soit lu avec attention par toutes les personnes concernées. Pour cela, il faudra un document rédigé de manière succincte et intéressante, qui porte une attention particulière à la présentation… Il s'agit de transmettre une information importante en peu de mots.

Mémo pour annoncer un événement informel

Memorandum

To: All Staff
From: Sébastien Friesse, Director, medical supplies department
Date: July 12, 2021
Subject: Alan's retirement party

Just a reminder that we're having a surprise **retirement party** for Alan to see him off after 22 years at our company.
The party will be held at 5:00 pm on July 25th in room V118.
It would be appreciated if everyone could bring a beverage. All food will be **catered** by the company. Please RSVP, and let me know if you have any dietary restrictions.

SF

Sensibiliser

Les campagnes de sensibilisation jouent un rôle important en interne dans les entreprises. Elles servent souvent de rappel aux collaborateurs pour qu'une action soit menée à bien de manière efficace. Pour ce faire, un mémo rédigé dans un langage soigné et persuasif se révèle utile afin d'atteindre les objectifs de l'entreprise. En fonction des besoins du rédacteur, le registre du mémo de sensibilisation peut être formel ou informel.

Mémo de sensibilisation informel

Memo

To: 4th floor employees
From: Gerald Stanley, maintenance
Date: June 6, 2021
Subject: Water consumption

The maintenance department has noticed a relatively large peak in water **consumption** on the 4th floor.

Employees are kindly reminded to turn off water faucets completely in the kitchens and **lavatories** before leaving.
GS

Mémo de sensibilisation formel

Memorandum

To: All department managers
From: Jonathan Swift, CCO
Date: February 7, 2022
Subject: Fundraising campaign

In an effort to develop community **stewardship**, the company will formally launch its inaugural **fundraising** campaign starting March 4th, 2022. This annual event is expected to significantly contribute to local charities in their respective missions.

All department managers are hereby requested to attend the informational meeting regarding the campaign's activities on February 12th, 2022 in the 25th floor conference room. To this end, it is recommended that each department head meet with managerial staff to discuss logistics and the possibility of a volunteer program after next week's meeting.

Do not hesitate to contact my office for any additional information regarding the campaign or the meeting.
Best regards,
JS

 À l'oral

La communication orale en interne est la forme d'échanges la plus fréquente en entreprise. Des réunions en tête à tête, visioconférences ou conversations téléphoniques sont les exemples les plus récurrents de ce type de communication. Ces modes de communication permettent à l'entreprise de communiquer le plus rapidement et le plus efficacement possible.

Identifier le type d'interaction nécessaire.

Type 1 — Informal meetings	**Type 1 — Les rencontres**
Hi, ok, so let's start. **Everyone's good?**	*hi* = salut (à réserver pour les intimes, et les collègues de très longue date).
	everyone's good? = tout le monde va bien ? (expression familière). Attention : les contractions sont d'un registre moins formel que les formes non contractées.
You all know that our sales forecast is **looking down in the dumps** today. The market is way down.	*to look down in the dumps* = être en berne (argotique).

.../...

<table>
<tr><td>

Type 2 – Telephone calls

Great, thank you for your **availabilities** for this conf call.

We can **get started** now that everyone is online. Right, I would just like to verify our connection to make sure everybody is present.

When I call your name, if you could please **state your position**, and the role you play in this project.

</td><td>

Type 2 – Les appels téléphoniques/visioconférences

availabilities = disponibilités. À noter : *available* = disponible.

to get started = démarrer.

to state one's position = indiquer son titre professionnel (ex. : responsable marketing = *marketing manager*).

</td></tr>
<tr><td>

Type 3 – Formal meetings

We will **pass the motion subject to** a majority vote.

For those who are in favor of the new construction project, please say "aye".

Those who are against, please say "nay".
Aye? One, two, three… alright. Three in favor.
Nay?… seven, eight, nine. Nine members of the board are against.

The motion is **overturned**.

</td><td>

Type 3 – Les réunions

pass the motion = approuver la proposition. Attention : *to pass* signifie souvent « dépasser ».
subject to = assujetti à.

to be overturned = être rejeté/refusé.

</td></tr>
</table>

 Exemple de dialogue n° 44

AN INFORMAL IN-COMPANY MEETING (AT A COCKTAIL)

— Dr. Roberts: Oh, hi Isabelle! It's me, Ferdinand Roberts from research and development. Would you like a glass of Champagne?

— Isabelle: Oh yes, thank you. I remember you, yes, Dr. Roberts! How have you been? What's going on over there in R&D?

— Dr. Roberts: Well we have a few exciting projects **underway**, one is to develop a new top-secret steering wheel that has been in development for the past 5 years. I would tell you more about it, but I would get in trouble! **How about things over in accounting?**

— Isabelle: Sounds fascinating! Accounting is accounting, in fact the work is very routine, but it's such a pleasure being in contact with interesting people from inside and outside the company. One of the advantages of my position is knowing almost everybody in our subsidiary, since I deal with payroll, too.

— Dr. Roberts: It's nice to see what is happening both inside and outside the company. Unfortunately, I only have the chance to work with internal colleagues as mine is mostly a back-office position.

— Isabelle: Let me introduce you to one of our suppliers of laboratory equipment, that way you can't say I never helped you **break out of your shell**! Jim! How are you? I would like you to meet Dr. Roberts, the assistant director of our R&D department.

— Jim: Hi Isabelle! It's so nice to meet you, Dr. Roberts. I've heard so much about your research.

— Dr. Roberts: **The pleasure is mine!**

Les expressions idiomatiques du dialogue

How about things over in Accounting?	Comment cela se passe dans le service comptabilité ?
Break out of your shell.	Sortir de sa carapace.
The pleasure is mine!	Avec grand plasir !

 GLOSSAIRE

to cater: passer par un traiteur – *We will have the event catered by YumYum.* Nous allons passer par le traiteur YumYum pour cet événement.

consumption: consommation – *We really need to keep an eye on our electricity consumption!* Nous devons vraiment faire attention à notre consommation d'électricité.

fundraising: collecte de fonds – *A fundraising event has been scheduled for the 4th of July.* Une collecte de fonds a été prévue pour le 4 juillet.

lavoratories: toilettes – *Please turn off the lights in the lavoratories before leaving the building.* Merci de bien vouloir éteindre les lumières dans les toilettes avant de quitter le bâtiment.

retirement party: pot de départ à la retraite – *Luke will be leaving next month; let's have a retirement party for him!* Luc va partir à la retraite le mois prochain. Organisons un pot de départ !

stewardship: engagement – *Community stewardship is becoming more and more important.* L'engagement au sein de la communauté est de plus en plus important.

underway: en cours de réalisation – *The construction of the sky scraper has been underway for more than five years now.* La réalisation du gratte-ciel est en cours depuis plus de cinq ans.

▶ Pour aller plus loin, voir les fiches 5 et 14

La communication sur l'intranet

 **Contexte**

Communiquer sur l'intranet est devenu un moyen privilégié de correspondance en interne. Non seulement cette forme de communication est instantanée et contemporaine, mais elle est aussi sécurisée et facile d'emploi. De plus en plus courante, l'utilisation d'une plateforme en ligne est essentielle pour un échange d'informations efficace !

 **À l'écrit**

En voie de disparition, la correspondance papier est encombrante et chère ; elle laisse place à la communication écrite en ligne, et notamment sur la plateforme intranet de l'organisation. La communication entre filiales et maison-mère peut être facilitée par des outils intranet, surtout lorsqu'il s'agit d'un groupe multinational.

Exemple d'un communiqué d'information

(PARIS) – The Paris subsidiary of ABC Corporation is proud to announce its new « Green Planet » program. **Spearheaded** by sustainable development initiatives implemented by Caroline Breakwater, the program seeks to reduce the amount of energy the company consumes on a day-to-day basis. Thanks to an innovative new incentive scheme, employees are encouraged to use natural light whenever possible. In addition, a budget has been allocated to install ecological toilets in the restrooms to reduce water consumption. Caroline's leadership and dedication to this initiative will likely spread to all subsidiaries worldwide. Please join her in our efforts to save the planet. Contact: cbreakwater@abc.com

Rédiger une newsletter

Une lettre d'information est une publication éditée à intervalles réguliers par et pour les filiales. Il s'agit d'un document pour informer sur de nouveaux développements, annoncer des événements, promouvoir un nouveau procédé, partager des résultats, etc.

Exemple d'une lettre d'information interne

The Inside Scoop

Jameson Consulting

New subsidiary in India

Jameson Consulting is proud to announce the opening of its new Indian subsidiary.

The subsidiary will employ approximately 125 consultants. Clients will include multinationals both from India and abroad.

This new subsidiary fully supports Jameson's commitment to helping its Indian and international clients achieve their goals. Managed by Jason Billingscroft, the subsidiary will work in tandem with a variety of clients on a yearly contract basis. Jameson's innovative consulting programs will assist its customers in establishing a strategy for their business

"It is true we have been consulting in India for more than five years, so this new subsidiary will be welcome to our local customers, as providing excellent customer service is our mantra," said Paige Gutierrez, president and CEO of Jameson.

July 2, 2022
Volume 5, Issue 3
Inside this issue:

The new subsidiary in India within proximity to the Taj Mahal

Dean Ashby appointed to become CFO

The board of directors has officially announced **the appointment** of Dean Ashby as the company's new CFO, Chief Financial Officer.

Mr. Ashby said he looks forward to serving as the company's CFO after 25 years of service at the Mexican subsidiary.

"This return to the roots is a way for me to bring home my years experience in Chihuahua to our headquarters," said Mr. Ashby. "I think this move is the best for me and the company."

Mr. Ashby begins his tour of duty in September.

Important dates:

- July 15—Annual company picnic
- July 18—Due date for Heisman Scholarship
- July 22—Off-site for the Orlando subsidiary in Southern Idaho

Suivi de projet

Mis à part les moyens classiques pour suivre une demande (lettre, message électronique, fax, etc.), il est également d'usage d'utiliser l'intranet. Ce mode de communication est particulièrement pratique car il est souple, rapide et interactif. Il est important de veiller à préparer sa question à l'avance, d'être bref, de rester poli et de se relire avant d'appuyer sur le bouton « Send ».

Assistance en ligne

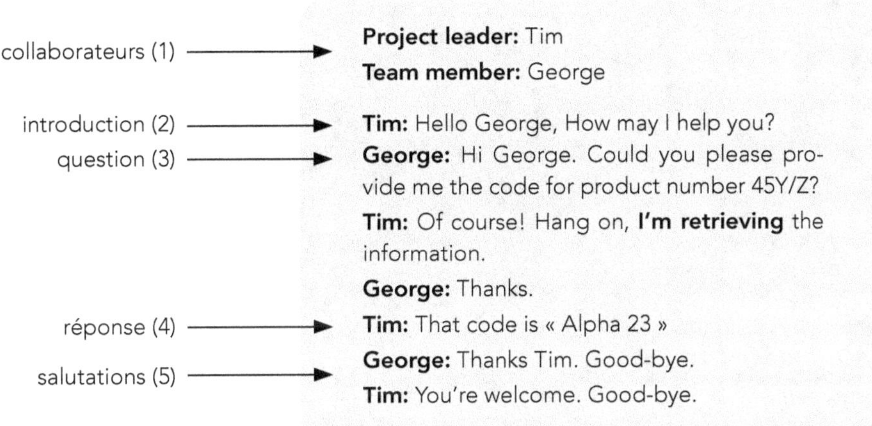

 # GLOSSAIRE

appointment: nomination – *She constituted a list of potential candidates for appointment to the position of vice president of marketing.* Elle a dressé une liste de candidats potentiels à la nomination au poste de vice-président du marketing.

news brief: dépêche journalistique – *Did you read the news brief about the social network?* Avez-vous lu la dépêche concernant le réseau social ?

newsletter: lettre d'information – *Our company newletter is published quarterly.* La lettre d'information de notre société est publiée tous les trimestres.

retrieve: aller chercher – *Could you retrieve the Grayson account for me please?* Pourriez-vous aller me chercher le dossier Grayson, s'il vous plaît ?

(to) spearhead: piloter – *The project was spearheaded by Mr. Jones.* Le projet a été piloté par M. Jones.

subsidiary: filiale – *The plan was for the company to set up a subsidiary in California.* Le projet était d'implanter une filiale de l'entreprise en Californie.

▸ Pour aller plus loin, voir la fiche 42

CHAPITRE 7

Gérer

La qualité et l'efficacité du suivi des opérations revêtent aujourd'hui une importance capitale, que ce soit au sein du back-office ou du front-office.

Sur le plan commercial, la fiabilité du vendeur se mesurera à sa capacité à suivre et à entretenir ses contacts prospects/clients. Les résultats commerciaux seront proportionnels à la qualité du suivi.

Sur le plan de l'exploitation, ce sont les enjeux du service client et de fidélisation qui seront au cœur des actions de suivi. Or, on sait que c'est là que se jouent la compétitivité et la notoriété des entreprises.

Les objectifs de ce chapitre visent à développer les compétences suivantes :

- ➡ savoir relancer les contacts commerciaux avec tact et professionnalisme ;
- ➡ utiliser des documents techniques de back-office achat et vente ;
- ➡ maîtriser les mots clés et expressions types des documents commerciaux ;
- ➡ s'entraîner à gérer des réclamations clients ;
- ➡ gagner en aisance orale.

Fiches de situations du chapitre

Un voyage d'affaires

 Contexte

Le voyage d'affaires a un objectif commercial avant tout et doit être optimisé. C'est pourquoi l'organisation et le suivi d'un voyage d'affaires à l'étranger représentent un exercice exigeant qui demande de donner des instructions précises et de savoir réagir aux aléas toujours possibles. Il est important de ne rien négliger, que ce soit les décalages horaires, les problèmes de visas, de vaccins ou les réglementations sur les voyages (produits interdits ou formats de bagages).

 À l'écrit

Un e-mail de confirmation est en général envoyé par l'agence, il faut bien vérifier qu'aucune information ne manque.

E-mail de confirmation d'une réservation

To: Jean-Pierre Ferré
From: Jenna Trevis – ABC Travel unit
Date: March 18, 2021
Subject: Booking confirmation Nb 3456.2021

Dear Jean-Pierre,

Following our telephone conversation, I'm enclosing the following confirmation concerning your trip to Australia for a **return ticket.**

1. Departure April 4: 25 hours average travel time/timetable in local time
Sunday: Flight QF 8054 CDG at 11:25 am – **Stopover** in Dubai at 8:00 pm –
Departure Dubai flight QF 8032 at 9:15 pm – Arrival in Brisbane at 7:45 pm on Monday.

2. Car rental: including **unlimited mileage** and **comprehensive insurance**
Pickup at Brisbane airport at the AVIS counter – **Drop off at** Perth airport, Avis agency.

3. Trip back April 23: Departure Perth on Friday: Flight CX 278 at 12:35 am – Stopover in Hong Kong at 1:00 pm – Departure Hong Kong Flight CX 289 at 3:00 pm – Arrival at Paris CDG at 1:30 am on Saturday.

4. Recommendations: You will need a visitor visa upon your arrival in Australia. You can apply on line and it's pretty quick to get, but try to apply 2 weeks before departure for safety.
I'll let you know whether there's any change to this booking.
Feel free to ask me any question or give me a call.

Best,
Jenna

Un voyage d'affaires peut être sujet à de nombreux impondérables et il n'est pas rare de devoir le modifier. Dans ce cas, prévoir d'avoir avec soi toutes les informations nécessaires avant de contacter l'agence.

Être concis et clair dans votre demande.

1. Remind the references of your trip

My **booking** reference is 345/2021.

1. Rappeler les références de son voyage

Booking : s'utilise en anglais britannique et *reservation* en anglais américain.

2. Explain the situation

I need to **put off** my stay in Orlando next month. So my hotel accommodation will have to be adjusted **accordingly**.

2. Expliquer la situation

to put off = décaler, reporter, retarder – syn. : *to delay*, *to postpone*.
accordingly = en conséquence.

3. Request the necessary modifications

So, I'd like my booking for the 3, 4 and 5 of October to be **substituted for** the 10, 11 and 12, **the following week**

3. Demander les modifications nécessaires

to substitute for = remplacer par – syn. : *to replace by*.
the following week = la semaine suivante dans le futur. Ne pas confondre avec *next week*, la semaine prochaine (par rapport à celle-ci.)

4. Validate the new proposal

That sounds perfect, even though this hotel is **a step further** from the downtown area.

4. Valider la nouvelle proposition

that sounds perfect = ça a l'air parfait.
a step further = un peu plus loin.

5. Request a written confirmation

Please send me an e-mail to confirm the terms of my new booking, including the **full board** option, **in a timely manner**.

5. Demander une confirmation écrite

full board = pension complète.

in a timely manner = dans les meilleurs délais.

Exemple de dialogue n° 45

CHANGING ACCOMMODATION

— David Gelin: Hello Christian, David Gelin speaking, ABC.

— Christian Beylin: Oh, hello Mr. Gelin, **I was just e-mailing you** the confirmation of your trip reservation.

— David Gelin: **I'm actually calling you about it!** Our business trip has to be postponed as my colleague **has gone on sick leave** for a week. So we'll have to reschedule to the week after.

— Christian Beylin: Oh I see… Well let me check availabilities. So that'll be between September 12 and 15, **is that correct?**

— David Gelin: That's it.

— Christian Beylin: I'm afraid the two double rooms with bath you wanted are no longer available for that period. There's a **single room** with bath and a **double room** with shower, **would that suit you?**

— David Gelin: **I think so**. Would you advise us to book with another hotel?

— Christian Beylin: Well, I don't think I would, this one is definitely the best in the area and close to the exhibition hall. Shall I confirm the booking?

— David Gelin: Certainly. We may need to organize a press conference during our stay, has the hotel got **meeting facilities** for about 25 participants?

— Christian Beylin: **I'll check it out right away**. Yes, the hotel can offer conference rooms up to 50 guests. I'll send you the link, so that you can have more information on their website.

— David Gelin: Perfect, Christian.

— Christian Beylin: There's still one point I need to clarify. Do you still want to have **half board accommodation** with dinner or just breakfast included?

— David Gelin: Thank you for asking! We have reviewed this point with my colleague and we'd rather not, since there are a lot of restaurants in the neighborhood.

— Christian Beylin: You're quite right, Mr. Gelin, there's a wide choice of dining options close to the hotel.

— David Gelin: Well Christian, I think it's all right. Could you please send me a confirmation as soon as possible?

— Christian Beylin: You'll get it before you leave the office today. Fell free to call me for any queries; I'll be pleased to help!

— David Gelin: Thank you so much, Christian! Good-bye!

Les expressions idiomatiques du dialogue

I was just e-mailing you.	J'aillais vous envoyer un e-mail.
I'm actually calling you about it!	Je vous appelle justement à ce sujet !
He has gone on sick leave.	Il est en arrêt maladie.
Is that correct?	C'est bien ça ?
Would that suit you ?	Est-ce que cela vous conviendrait ?
I think so.	Je crois que oui.
I'll check it out right away.	Je vais tout de suite vérifier.

 GLOSSAIRE

car rental: location de voiture – *Local car rental agencies are not always reliable abroad.* Les agences de location de voitures ne sont pas toujours fiables à l'étranger.

comprehensive insurance: assurance multirisques/tous risques – *It's advisable to pay a bit more and get a comprehensive insurance* – Il est préférable de payer un peu plus cher et d'avoir une assurance multirisques.

drop off: dépôt ou retour de la voiture de location – *There is an extra charge if you drop off the car at a different airport.* Il y a des frais supplémentaires si vous déposez votre voiture dans un autre aéroport.

half board accommodation: hébergement en demi-pension – *Half board accommodation is less interesting in downtown areas.* L'hébergement en demi-pension est moins intéressant en centre-ville.

meeting facilities: salles ou équipements de réunion – *Most chain hotels have got meeting facilities.* La plupart des chaînes d'hôtels ont des salles de réunion.

pickup: récupération de la voiture – *Where can we pick up the car?* Où pouvons-nous récupérer la voiture ?

return ticket: billet aller-retour – *Buying a return ticket is less expensive.* Il vaut mieux prendre un billet aller-retour, c'est moins cher.

single room/double room: chambre simple/chambre double – *As single rooms are often smaller, I always book a double, even when I'm on my own.* Les chambres simples sont souvent plus petites, c'est pour cela que je prends toujours une chambre double, même quand je suis seul.

stopover: escale (par avion) mais **a call** (par bateau) – *It's a direct flight, there's no stopover.* C'est un vol direct, il n'y a pas d'escale.

trip back: trajet retour – *The trip back is longer because of wind directions.* Le trajet retour est plus long à cause de la direction des vents.

unlimited mileage: kilométrage illimité – *For a weekly rental, it's advisable to take the unlimited mileage option.* En cas de location de voiture à la semaine, il vaut mieux prendre l'option kilométrage illimité.

▸ Pour aller plus loin, voir les fiches 3 et 33

Les achats

 Contexte

L'évaluation des performances des fournisseurs est devenue très importante dans les entreprises. Elle permet de suivre la qualité du service apporté, de réajuster en cas de besoin et de renégocier avantageusement les contrats (voire de déréférencer un fournisseur).

 À l'écrit

La « *scorecard* », ou fiche d'évaluation, sert de tableau de bord pour suivre la performance d'un fournisseur, en général sur une année, à partir de critères bien précis adaptés au produit ou service acheté, tant sur le plan quantitatif que qualitatif. Elle est à jour en permanence et permet de suivre en temps réel la performance du fournisseur.

Fiche d'évaluation fournisseur

Supplier's scorecard – ABC SA – France – Date: June 25, 2020

Supplier's statistics – ABC SA- France

SRM status: Conditional

Spend history (fiscal year to date): $780,000

Freight terms: FCA Roissy CDG

Payment terms: At 45 days, invoice date by bank draft

Number of POs year to date: 45

Quantitative Metrics

Quality and conformity of products	87%
On-time delivery	63%
Order Fulfillment	51%
Invoice accuracy	76%
Production lead-time	58%
Purchase price variance (as per standard cost)	+ 13%

Qualitative metrics
Service rating:

Customer service support	Below average
Ordering/Scheduling flexibility	Satisfactory
Continuous improvement	Average

Technology:

Manufacturing capability	Satisfactory
Product development support	Average
Access to innovation	Below average
Technical experience	Satisfactory

La dégradation de la performance du fournisseur est devenue très courante aujourd'hui du fait de la mondialisation des achats. Cela peut nécessiter un entretien, en particulier s'il s'agit d'un fournisseur stratégique. L'objectif sera de comprendre par des questions précises les causes de cette dégradation afin de décider d'éventuelles actions correctives ainsi que de la suite à donner à cette collaboration.

Être factuel et ferme mais montrer que l'on souhaite rétablir une collaboration de qualité.

1. Show that you satisfied with some aspects of his services

We appreciate your **responsiveness** to changes and new needs, as well as the technical quality of your products.

2. Point out the main issues to be addressed!

However, we have **listed** a certain number of **concerns**, especially regarding logistics.

Your **delivery times** have been longer than in 2019 and our **order fill rate** has decreased over the last quarter.

3. Ask concrete questions to investigate causes

Could you explain why your **production lead-time** has deteriorated lately?

We have noticed an increasing number of gaps in quantities, now **what accounts for** your **poor fulfillment rate**?

4. Agree on efficient solutions and their control

As our **contract renewal** will depend on the result of our audit, we need to schedule it shortly.

Would you agree to install **e-procurement software** in order to reduce gaps and mistakes in **order processing**?

We would prefer to have **dedicated sales admin staff** to respond to our queries.

Could we **reconsider** this matter in 6 months, in view of the results?

If you don't get back on track, we will have no alternative but place our business elsewhere.

1. Montrer sa satisfaction sur certains aspects des prestations

responsiveness = réactivité.

2. Mettre en exergue les principaux problèmes à aborder !

to list = répertorier
concerns = problèmes ou préoccupations. La connotation est assez forte.
delivery times = délais de livraison.
order fill rate = exactitude de la commande.

3. Poser des questions concrètes afin de comprendre les causes

production lead-time = délai de production.

what accounts for? = Qu'est-ce qui explique ?
poor fulfillment rate = mauvais taux de conformité de commande.

4. Trouver un accord sur des solutions efficaces et la façon de les contrôler

contract renewal = renouvellement du contrat.

e-procurement software = logiciel de passation de marché en ligne.
order processing = traitement de commande.

dedicated sales admin staff = des gestionnaires de commande dédiés.

to reconsider = revoir – syn. : *to review*.

Si vous ne redressez pas la situation, nous n'aurons pas d'autre choix que de changer de fournisseur.

🗨 Exemple de dialogue n° 46

IRONING OUT PROBLEMS WITH A SUPPLIER

— Julia Monroe: Good afternoon, David! Thank you for coming!

— David Gelin: Hello, Julia, it's a pleasure to see you, how have you been?

— Julia Monroe: Oh I'm all right, thank you. David, we have decided to arrange this meeting earlier than planned because we need to review some critical points in our partnership.

— David Gelin: Yes, I see what you mean.

— Julia Monroe: First, I'd like to stress how important it is for us to strengthen our collaboration, as we can rely on you in terms of flexibility and production capacity, which are essential to us.

— David Gelin: Thank you Julia.

— Julia Monroe: However, we have to admit that your overall quality of service has been deteriorating over the last six months and we need to investigate this issue and find solutions together.

— David Gelin: **I definitely share your view on this**, Julia.

— Julia Monroe: Well, first, our procurement team has been complaining about lack of support from your customer service, especially through poor availability and follow up. **I just couldn't believe my ears** when I was told this. Customer service quality used to be one of your major strengths!

— David Gelin: True Julia and we are working hard on this issue! Indeed, we had to face an exceptional situation lately: Three maternity leaves plus two sick leaves concurrently, which have totally disrupted our organization, especially in the summer period! **Everything is getting back to normal now**.

— Julia Monroe: Well David, in such a situation, please advise us. We have also noticed more and more **discrepancies** in your bills, how come?

— David Gelin: Well bad luck again! Two months ago we switched to a new IT system and, for a few weeks, we had some **flaws** affecting the accounting department. Unfortunately, we had a large volume of billing with you over that period.

— Julia Monroe: Well again, in such a situation, it would be advisable to let us know! Besides, your overall price level has been gradually increasing over the last quarter, **what's the reason behind this shortfall?**

— David Gelin: We had to face a sharp increase in raw materials costs and it had **to be reflected** in our sale price. As it didn't last long, we thought there was no need to renegotiate our prices.

— Julia Monroe: We are aware that forecasting increases in raw materials costs is difficult, but as partners we are supposed to communicate on a regular basis. I believe this is what we have to work on: Setting up ongoing reviews, so that we can iron out problems before they damage your performance as a supplier.

— David Gelin: **I could not agree more!**

— Julia Monroe: I'll send you a meeting schedule for the next quarter. Now, what do you suggest in order **to mitigate** the loss we have suffered?

— David Gelin: Well, we are prepared to offer a 10% discount on your next order, what about that?

— Julia Monroe: OK, but mind that we are not going to accept a decreasing performance in the future! Good-bye, David.

Les expressions idiomatiques du dialogue

Ironing out problems with a supplier.	Résoudre les problèmes avec un fournisseur.
I share your view on this.	Je vous rejoins là-dessus.
I just couldn't believe my ears.	Je n'en croyais pas mes oreilles.
Everything is getting back to normal now.	Tout va revenir à la normale maintenant.
What's the reason behind this shortfall?	Quelles sont les causes de cet écart ?
I could not agree more!	Je suis totalement d'accord !

 GLOSSAIRE

(to) be reflected: être pris en compte – *The new taxation rate must be reflected in our sale price.* Notre prix de vente doit prendre en compte le nouveau taux fiscal.

discrepancies: écarts, erreurs – *Please carefully read back your bills to avoid discrepancies.* Veuillez relire vos factures avec soin afin d'éviter des erreurs.

flaws: défaillances – *These flaws are due to machinery breakdown.* Ces défaillances sont dues à une panne de la machine.

invoice accuracy: exactitude des factures – *Invoice accuracy is an important KPI in supplier's grading because it's time-consuming.* L'exactitude des factures est un indicateur de performance important dans l'évaluation des fournisseurs car les erreurs font perdre beaucoup de temps.

(to) mitigate: compenser – *The supplier should make a gesture to mitigate our financial loss.* Le fournisseur devrait faire un geste pour compenser notre préjudice financier.

order fulfillment: exécution de la commande – *The order fulfillment KPI measures whether the orders are properly executed (quantity, correct reference and packaging for example).* L'indicateur de performance concernant l'exécution de la commande mesure si les commandes ont été correctement réalisées (quantité, référence et conditionnement corrects, par exemple).

spend history: historique des facturations (CA par fournisseur) – *Each supplier's spend history must be checked every month to see whether it's on line with our forecast.* L'historique de facturation de chaque fournisseur doit être vérifié chaque mois pour voir s'il correspond à nos prévisions.

SRM (Supplier Relationship Management): gestion de la relation fournisseur – *Thanks to our SRM software, we can follow our vendors' performance in real time!* Grâce à notre logiciel de SRM, nous pouvons suivre la performance de nos fournisseurs en temps réel !

▶ Pour aller plus loin, voir la fiche 36

Fiche 46

Un premier contact commercial par téléphone

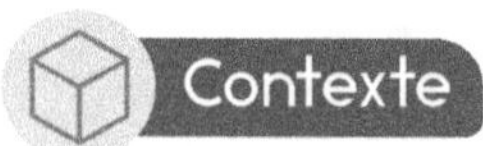 **Contexte**

Appeler une nouvelle entreprise pour lui proposer ses services est sans doute l'un des exercices les plus difficiles car il n'y a pas ou peu d'antériorité. De plus, il faut arriver à se faire accepter par son interlocuteur, alors que, probablement, on le dérange. Enfin, l'enjeu est important pour l'avenir de son entreprise mais aussi en termes d'image personnelle. Il faut noter également qu'il est plus facile d'obtenir un responsable au téléphone dans les pays anglo-saxons où l'on aura tendance à mieux vous écouter.

 **À l'écrit**

Il est très utile de se construire une fiche de prise de contact qui servira de fil conducteur lors de la conversation. Il en existe beaucoup dans les entreprises qui sont adaptées au type de prospect visé.

L'objectif est surtout de bien se préparer à structurer son approche et à ne pas se trouver déstabilisé au milieu de la conversation. Selon la situation, on va se fixer des objectifs et essayer de les atteindre, au moins partiellement. L'objectif essentiel est d'obtenir un rendez-vous en face à face afin d'initier le lien commercial. L'objectif minium sera de pouvoir rebondir sur un prochain contact avec des informations complémentaires et de mieux personnaliser le contact la prochaine fois.

Grille de préparation d'un appel

❶ Who will I speak to?	❶ Name: Company: Position: Phone No.:
❷ Does she/he know us already?	❷ If she/he is not there, who shall I ask for?
❸ What will be my first sentence to start the conversation?	❸ «..»
❹ What is the major goal of my call?	❹ To arrange a meeting
❺ What are the other possible goals?	❺ To update **contact details**, investigate new needs
❻ What are the possible objections? Objections: – no time – no need – no budget	❻ REPLIES to objections « .... » « .... » « .... »
❼ What are the possible alternatives offered?	❼ Special offer, invitation to showroom?

❽ When to call back?	❽ Send new catalogue Limited offer
❾ Next action	❾ Call back? Find a new contact? Send **literature**, samples?

 **À l'oral**

Afin de bien préparer son appel, il est impératif de vérifier toutes les informations nécessaires, en particulier sur le site web ou les réseaux sociaux professionnels. On peut se préparer quelques phrases clés pour l'accroche afin de soigner le premier contact. Sur le plan de la communication, ne pas hésiter à bien articuler et à parler un peu fort, du fait de la distorsion de la voix au téléphone. Essayer de créer de la convivialité avec son interlocuteur tout en restant professionnel.

Enfin, bien soigner la prise de congé, c'est le souvenir que la personne gardera de votre conversation.

Être souriant au téléphone, cela s'entend !

1. Check the identity of your party

Is that the sales **department**, please?
Are you Mr. Lester's assistant?

1. Vérifier l'identité de son interlocuteur

Utiliser *department* pour le service dans l'entreprise et service pour une prestation de service.

2. Introduce yourself

David Gelin **speaking**, from **ABC** company.

2. Se présenter

Pas de *is* devant *speaking*. ABC : jamais d'article devant le nom des entreprises.

3. Ask for your party/the department

Could you **put me through to** Mr. Lester **please**?
Could I speak to Mr. Lester please?

I'd like to speak to Mr. Lester please.

3. Demander l'interlocuteur/le service

to put through to : ne pas oublier *to* qui est obligatoire pour introduire le complément.

please? : l'intonation en fin de question est moins accentuée qu'en français.

4. Suggest to call back

When do you think he'll **be back**?
Then I'll **call him back** tomorrow.

4. Proposer de rappeler

Sens de la préposition *back* (retour).

to be back = être de retour.
to call back = rappeler.

5. Present the subject of your call

I'm **calling** you **about** our last meeting.

I'd like to get some information **about your products**.

5. Présenter l'objet de son appel

I'm calling you = présent progressif (*be + ing*) car on est en train d'appeler.

about = sens de la préposition « à propos de ».

6. Manage problems

Could you please speak louder, the line is very bad…
Could you speak slowly, please?
Would you mind repeating so that I can check?

6. Gérer les difficultés

Quand la ligne est mauvaise.

Quand vous perdez le fil.

Quand vous voulez éviter les erreurs.

🗨 Exemple de dialogue n° 47

THE FIRST TELEPHONE CONTACT

— Switchboard operator: XWZ Corporation, can I help you?

— David: Hello, David Gelin speaking from ABC. Could you **hand me over to** the purchasing department, please?

— Switchboard operator: **Could you tell me what it's about?**

— David: Well, we are launching a new range of furniture that I'd like to present to your purchasing manager.

— Switchboard operator: Could you first send your catalogue by e-mail?

— David: Well I did it last week, so I'd like to know whether they have any questions and provide complementary information.

— Switchboard operator: I'll connect you with Mrs. Hewitt, our **category buyer**.

— Mrs. Hewitt: Clara Hewitt speaking!

— David: Hello Mrs. Hewitt, David Gelin, from ABC. Have you received our catalogue by e-mail and did you have time to have a look at our new office furniture collection?

— Mrs. Hewitt: Yes, but we are not planning any decoration **renewal** at the moment.

— David: Well in fact I have recently read in the press that you are planning to set up a new branch in Scotland.

— Mrs. Hewitt: That's right, but we are still looking for the **premises**. So we'll choose our office furniture once we have decided on our **location**.

— David: I see. However, I'd like to invite you to our showroom so that you can have a concrete view of our design. This will also be an opportunity to study your needs in terms of ergonomics and comfort.
In addition, we are currently offering a launching price that could still apply once you have **made up your mind**. What about this?

— Mrs. Hewitt: I'm afraid **my schedule is very tight** at the moment. Please call me back by the end of this month **to arrange** a visit to your showroom.

— David: Why don't we set up an appointment for the beginning of June, at your convenience; **I'll be free throughout all week 23.**

— Mrs. Hewitt: All right, what about Friday the 8th at 2 pm?

— David: **That will do perfectly**!

— Mrs. Hewitt: Now Mr. Gelin, please send me an e-mail the week before to make sure that our appointment is confirmed.

— David: Oh, certainly. Thank you for your time, Mrs. Hewitt.

— Mrs. Hewitt: You're welcome, good-bye.

— David: Good-bye.

Could you tell me what it's about?	De quoi s'agit-il, s'il vous plaît ?
My schedule is very tight.	Mon emploi du temps est très chargé.
I'll be free throughout all week 23.	Je serai libre toute la semaine 23.
That will do perfectly!	Cela me convient parfaitement.

GLOSSAIRE

(to) arrange: organiser – *We have arranged a meeting to prepare our next campaign of prospecting calls.* Nous avons organisé une réunion pour préparer notre prochaine campagne de prospection téléphonique.

category buyer: acheteur famille (de produits) – *Our procurement department is structured around 6 category buyers.* Notre service achat est structuré en 6 acheteurs famille.

contact details: coordonnées (d'une personne ou d'une entreprise) – *Please give your contact details to the procurement assistant.* Veuillez laisser vos coordonnées à l'assistant achat.

(to) hand over to: passer un appel – *Could you hand me over to the finance department please ?* Pourriez-vous me passer le service financier, s'il vous plaît ?

literature: documentation commerciale – *You can find our full literature on our website.* Vous pouvez trouver notre documentation complète sur notre site web.

location: emplacement ou endroit – *Our head office will move out to a new location, but we don't know where yet.* Notre siège social va déménager vers un nouvel endroit, mais on ne sait pas encore où.

premises: locaux – *The refurbishment of our new premises will be completed by the end of April.* La rénovation de nos nouveaux locaux sera terminée d'ici la fin du mois d'avril.

renewal: renouvellement – *As agreed, the lease will be renewed next month.* Comme convenu, le bail sera renouvelé le mois prochain.

▶ Pour aller plus loin, voir la fiche 1

La relance commerciale d'un prospect

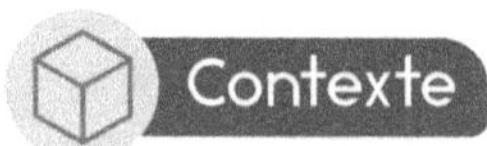 Contexte

Il est important, après un salon par exemple, de relancer à chaud un prospect et d'essayer de renouer la relation afin d'aboutir à un nouveau rendez-vous. Trop souvent, on laisse trop de temps s'écouler et la personne risque de vous avoir oublié. C'est l'occasion aussi d'élargir le potentiel connu et d'étudier des opportunités à plus long terme.

 À l'écrit

On peut utiliser le prétexte d'un e-mail de remerciement ou d'envoi de documents promis pendant le salon, pour reprendre le contact.

E-mail de relance après un salon

To: Flora Bolkenstein
From: David Gelin
Date: March 24, 2021
Subject: Updated product data-sheet and promotional offer

Dear Mrs. Bolkenstein,

As agreed during our meeting at our booth during the "RTG Trade Show" last week, we are pleased to enclose the required **specification-sheet** for our product 345B. On that occasion, you mentioned that this item could match a new project you are currently planning, regarding **customizable** bathroom fittings for your B to B customers. Indeed, our **gaskets and bung closer systems** are available in different sizes and can also be **made to measure**, for a minimum yearly quantity ordered. You will find, in the enclosed quote, the terms we could offer for **repeat business**, as an example.

As I'm presently scheduling a business trip to the London area, within the coming weeks, we could arrange a meeting at your **production facility** in Reading, at your convenience. Since our pre-sales engineer will be with me, we could then have the opportunity to study your requirements with your technical team.

Please let me know which date and time **would suit you best**.

Best regards,
Daniel Gelin
ABC Sales Manager
Enc.: Data-sheet no 345B – Personalized offer

 **À l'oral**

Le premier objectif est de permettre au prospect de vous reconnaître rapidement. En général, on peut préparer le terrain en amont, sur le stand par exemple, en indiquant que l'on reprendra contact rapidement.

Tenir ses promesses vis-à-vis du prospect.

1. After an exhibition	**1. Après un salon**
As agreed, I'm calling you after our first meeting **at the** SIAL exhibition.	*at* : toujours devant les noms communs de lieux mais *in* devant les noms de villes.
2. Present products	**2. Présenter ses produits**
I'm contacting you to invite your purchasing team to the presentation of our new **line**.	Au téléphone, on utilise le présent progressif quand on s'adresse à une personne. *line* = gamme – syn. : *range*.
3. Follow up on an offer	**3. Suivre une offre**
Did you have time to go through our **tender**?	*tender* s'utilise pour une offre (soumission) dans un appel d'offres.
Have you **made a decision** concerning our offer?	*to make a decision* : ne pas confondre avec *to take a decision to do something*.
4. Offer information	**4. Proposer des informations**
I wanted to know **whether** you had any questions about the terms of our **proposal**.	On utilise *whether* quand on ignore la réponse (si oui ou non ?) *Proposal* peut s'utiliser mais pas proposition, qui a un sens plus général ; *offer* est le meilleur choix.

Trouver du soutien en interne.

1. New needs in the company	**1. Nouveaux besoins en interne**
Are there any other departments in your company, **which might be in need of our products?**	Y aurait-il d'autres services susceptibles d'être intéressés par nos produits dans votre entreprise ?
2. At a corporate level	**2. Ailleurs dans le groupe**
I **learned** that you've set up a **subsidiary** in Italy.	*to learn* est régulier et irrégulier (*learned/learnt*). *subsidiary* = filiale.
Do **they** also have a purchasing department?	On peut accorder une entreprise au pluriel (*they*) mais jamais au féminin (*she*).
3. Getting news from the contact	**3. Auprès du contact**
Are you also in charge of purchasing for your **branch** in Brittany?	*branch* = succursale, agence, établissement. *Brittany* = Bretagne.
What is the name of **the person in charge**?	*the person in charge* = le (la) responsable.
Can I contact him **on your behalf**?	*on your behalf* = ici, de la part de.

 **Exemple de dialogue n° 48**

FOLLOWING UP ON A FIRST CONTACT

— Mrs. Moore: Mrs. Moore speaking!

— David Gelin: Hello Mrs. Moore, David Gelin speaking, from ABC. We had a first contact during the Hair & Beauty show in Frankfurt 2 weeks ago. Our company is specialized in cosmetics for men.

— Mrs. Moore: Oh yes, I see, you gave me some samples.

— David Gelin: That's right, Mrs. Moore, did you have time to test them?

— Mrs. Moore: Not myself, but our beauty specialist has given me a report. Let me take it. Here it is. Well, as you remember we are a chain of beauty salons throughout Europe and we have noticed that our male clientele is steadily growing, so we need to offer specific skin care products and services.

— David Gelin: Well this is a general trend on the market and our new range **is selling like hot cakes**! Are **the findings of this report** positive, Mrs. Moore?

— Mrs. Moore: Yes, pretty good! The main strength is the fact that all ingredients are organic.

— David Gelin: **Definitely**. Mrs. Moore, I'd like to invite you to our head office so that you can visit our R&D center and laboratory. We could also study your specific requirements and assess the quantities you may need on a yearly basis.

— Mrs. Moore: Why not? However I think we need to examine your different products in depth before we go further. Could you send us samples of your full range? I'll call you back 3 weeks after receipt to arrange a meeting at your premises.

— David Gelin: **That sounds perfect**! You'll receive our samples by the end of the week. Please let me know if everything is all right with the delivery.

— Mrs. Moore: Sure, thank you Mr. Gelin, I'll contact you soon, **hopefully** for good news.

— David Gelin: Good-bye, Mrs. Moore.

— Mrs. Moore: Good-bye!

Les expressions idiomatiques du dialogue

Here it is.	Le voilà.
It is selling like hot cakes.	Cela se vend comme des petits pains.
The findings of this report.	Les conclusions du rapport.
Definitely.	Absolument.
That sounds perfect!	C'est parfait !
Hopefully.	Avec un peu de chance.

 GLOSSAIRE

customizable: adaptable ou personnalisable – *Are your products customizable in terms of color and shape?* Est-ce que vos produits peuvent être personnalisés en termes de couleur et de forme ?

gaskets and bung closer systems: systèmes de joints d'étanchéité et de bondes de fermeture – *Our new range of gaskets and bung closer systems are subject to a patent.* Notre nouvelle gamme de systèmes de joints d'étanchéité et de bondes de fermeture fait l'objet d'un brevet.

made to measure: fabriqué sur mesure – *This product can be made to measure at no extra cost if you order a minimum quantity of 500 pieces.* Ce produit peut être fabriqué sur mesure sans frais supplémentaires si vous commandez une quantité minimum de 500 unités.

production facility: site de production ou usine – *As your production facility is close to our head office, our engineers could easily meet your technicians!* Comme votre site de production est proche de notre siège social, nos ingénieurs pourraient facilement rencontrer vos techniciens !

repeat business: commandes régulières ou clients réguliers – *In case of repeat business, we could offer more favorable terms.* En cas de commandes régulières, nous pourrions vous proposer des conditions plus avantageuses.

specification sheet: fiche technique – *All our products are delivered with a precise specification sheet, aimed at helping the client make a proper use.* Tous nos produits sont livrés accompagnés d'une fiche technique précise, afin d'aider nos clients à utiliser correctement le produit.

updated: mis à jour – *Our product data-sheets are updated every quarter, due to ongoing innovation.* Du fait d'une innovation continue, les fiches techniques de nos produits sont mises à jour tous les trimestres.

would suit you best: qui vous conviendrait le mieux – *According to the dimensions of your standard hotel bathroom, which size would suit you best?* En fonction des dimensions standard de la salle de bain de vos chambres, quelle taille vous conviendrait le mieux ?

▶ Pour aller plus loin, voir la fiche 1

Fiche 48

Un appel d'offres

Contexte

La procédure d'appel d'offres s'est généralisée et mondialisée au cours des dernières décennies. Elle permet d'avoir accès à de nombreuses opportunités mais est devenue très exigeante et concurrentielle. Lorsque vous soumissionnez à un appel d'offres, quelle que soit sa forme, n'oubliez pas que vous n'êtes pas le seul à répondre. C'est un investissement en temps et en ressources, il faut donc s'assurer que l'on a une chance de gagner. Il est indispensable de passer en revue les exigences du cahier des charges et des modalités de réalisation.

À l'écrit

Un appel d'offres peut être utilisé pour un besoin ponctuel ou un projet important, mais aussi pour qualifier les fournisseurs dans le cadre de courants d'affaires réguliers. Dans ce cas, le fournisseur sera enregistré dans la base de l'entreprise et les acheteurs pourront les consulter pour obtenir des cotations de prix. La procédure passera par trois étapes.

Les 3 étapes d'un appel d'offres

RFI: request for information	Demande d'information : **pré-qualification du fournisseur**
RFP: request for proposal	Appel d'offres : **qualification du fournisseur**
RFQ: request for quote	Demande de prix : **pour chaque besoin auprès du fournisseur**

La demande de renseignements a pour but de s'assurer que le fournisseur peut répondre aux besoins de l'acheteur sur le plan des prérequis : taille, réseau, capacité de production, certifications, solvabilité, compétences, etc. La réponse doit être claire et détaillée ; elle s'appuie sur un questionnaire de pré-qualification.

Réponse à une demande d'information

Speedy & Sons IT Services
2720 S. 123rd Street
Trenton, NJ 08601

Bolder Business Solutions
2383 County Road 68J
Nederland, CO 80466-9686
October 8, 2020
Dear Sir or Madam,
Further to your request for information concerning the Bolder Business website initiative, Speedy & Sons is glad to send you the details you asked for concerning our company.

Founded in 1995, Speedy & Sons was one of the first website designers on the market to meet the demand of customers for websites in the early and mid-1990s, during which the number of Internet users increased exponentially. Since our **incorporation**, we have created approximately 1,500 websites (please see enclosed references) thanks to a skilled team of 12 **IT** experts.

We are ISO-9000 certified, and pride ourselves on the value of our product and superior customer service we provide. To this end, we are an active member of the Better Business Bureau (BBB), an independent agency, which carries out regular audits of our activity.

In addition to these qualifications, we are pleased to indicate that all creation and maintenance of our websites take place exclusively **in-house**. We do not subcontract to third-party services to guarantee **seamless** web services. You will also find enclosed the completed **PQQ**. We will be happy to provide an estimate of our services upon request, and look forward to working with you.

Sincerely,
Robert Speedy, CEO

 À l'oral

L'étape de qualification est cruciale pour l'acheteur car c'est en sélectionnant des fournisseurs fiables qu'il remplira sa mission. C'est également l'étape la plus difficile pour le fournisseur, dans la mesure où il devra convaincre de sa capacité à répondre à l'ensemble des exigences de l'acheteur.

En tant qu'acheteur, passer en revue tous les points sensibles de l'appel d'offres.

1. Express your needs and constraints

We are seeking a competitive supplier for the supply of **ball bearings**.

we are seeking : obligation d'utiliser un présent progressif lorsque l'on s'adresse à la personne en temps réel.
ball bearings = roulements à bille.

The average yearly volume could **reach** 20,000 pieces.

to reach = atteindre un niveau ou une somme (également : parvenir à destination).

We **require** the supply of **batches** of 100 units each.

to require = avoir besoin ≠ *to request* = demander.
batches = des lots (*one batch*).

Please send us your ABEC 3 or ISO 6 **standard certificate.**

standard certificate = certificat de conformité à la norme.

We request **random qualification testing** on each shipment.

random qualification testing = tests d'homologation aléatoires.

2. Express your expectations

We will also base our choice on **ease of assembly** and flexible use.

ease of assembly = facilité de montage.

We want to be entitled to use your **technological upgrades** at no extra cost.

technological upgrades = avancées technologiques.

We can't afford delivery delays and we need flexibility **in this respect**.

we can't afford = nous ne pouvons pas nous permettre de. Ici, l'expression n'a pas un sens financier.
in this respect = à cet égard.

.../...

.../...

<table>
<tr><td>

3. A few questions about the supplier's activites and products

Is your manufacturing process **standardized** (ISO or NF)?

Do you **sub-contract or outsource** some of your production?

Where do you **source** your components?

</td><td>

3. Questions sur les activités et les produits du fournisseur

standardized = normalisé. Ne pas confondre avec l'adjectif *standard* qui veut dire « général » ou « standard »

sub-contract or outsource = sous-traiter ou externaliser.

to source = s'approvisionner.

</td></tr>
</table>

 Exemple de dialogue n° 49

QUALIFYING A SUPPLIER

— Mrs. Campbell: Please have a seat. So, Mr. Clark this is our first meeting following our **invitation to tender**. **There are a few topics that I'd like to review.** First, as you can see in our requirements specification, the ISO certificate must be valid for the coming 3 years. I know that you are under renewal but as this master agreement is going to be valid for a period of 3 years, we need to have a certificate covering the whole period. **As you know** this is a pre-requisite to be qualified.

— Mr. Clark: That's right, Mrs. Campbell. However, we've just received the inspection date, which is very close. Thus we could expect our renewal to be effective by the end of next month. You mention in your tender that the final decision will be made by that time, don't you? Do you think this could be acceptable?

— Mrs. Campbell: Well, it sounds like it, provided that we get the certificate on time. Now another point, Mr. Clark: after checking your production capacity, we have noticed that **you may have to turn to sub-contractors** for complementary supply or rush deliveries. How do you control the quality and conformity of your sub-contractors' products?

— Mr. Clark: **I understand your concern**, Mrs. Campbell. We have set up a monitoring system including audits and a quality control procedure. We've never had any claim so far and we've been working with this sub-contractor for more than 10 years.

— Mrs. Campbell: That's fine. We mention in our tender that the qualified supplier should have the capacity to serve all our markets, is that the case, Mr. Clark?

— Mr. Clark: Well, not directly in fact. We are present in most countries in Europe and I have recently checked that we can serve all your requests through our network of affiliates for overseas markets.

— Mrs. Campbell: Oh, I see. Now let's focus on financial issues. As far as I know, you have omitted to mention in your bid **the sliding scale of discounts** you offer.

— Mr. Clark: Indeed, for long-term projects like **the master agreement you're calling for**, we prefer to favor a percentage linked to volume and repeat business. You'll find the chart in appendix 2 of our bid.

— Mrs. Campbell: What do you mean by "repeat business"?

- Mr. Clark: Well for example, besides the quarterly volume ordered, we also allow for the yearly pace of orders and if it's increasing **year-to-year** within the same project, you are offered a kind of **loyalty discount**.
- Mrs. Campbell: Oh, I see, I'll have to study this chart. Well, Mr. Clark, I suggest resuming our meeting tomorrow, so that I have time to go through your offer in more detail.

Les expressions idiomatiques du dialogue

There are a few topics that I'd like to review.	J'aimerais revoir certains points.
This is a prerequisite to be qualified.	C'est un prérequis pour être qualifié.
You may have to turn to sub-contractors.	Vous pourriez vous tourner vers des sous-traitants.
I understand your concern.	Je comprends votre préoccupation.
The master agreement you're calling for.	L'accord-cadre pour lequel vous consultez.

GLOSSAIRE

further to: Comme suite à – *Further to your e-mail, the shipment will arrive next week.* Comme suite à votre e-mail, la livraison arrivera la semaine prochaine.

in-house: interne – *All our accounts are audited in-house every quarter.* Toute notre comptabilité est assujettie à un audit interne tous les trimestres.

incorporation: constitution en société – *Since our incorporation, we have promoted the same values.* Depuis notre création, nous avons voulu promouvoir les mêmes valeurs.

invitation to tender: appel d'offres – *We'll bid for a tender issued by a major market player.* Nous allons soumissionner à un appel d'offres provenant d'un acteur majeur du marché.

loyalty discount: remise de fidélité – *Thanks to this card, you are entitled to a 10% loyalty discount.* Grâce à cette carte, vous avez droit à une réduction de 10 %.

PQQ (pre-qualification questionnaire): questionnaire de préqualification – *We sent a PQQ to all our potential suppliers.* Nous avons envoyé un questionnaire de préqualification à tous nos fournisseurs potentiels.

seamless: parfait – *The way they handled our transport needs was seamless.* Ils ont parfaitement géré nos besoins en transport.

sliding scale of discounts: le barème variable de remises – *The sliding scale of discounts is increasing.* Le barème variable de remises est progressif.

year-to-year: d'une année sur l'autre/en glissement annuel – *We have managed to cut the procurement budget by 8%, year-to-year.* Nous avons réussi à baisser le budget achat de 8 % en glissement annuel.

▶ Pour aller plus loin, voir les fiches 36 et 38

Une offre commerciale

 **Contexte**

L'offre commerciale est un document qui engage le fournisseur qui l'émet et le client qui l'accepte. Elle a une valeur juridique et une durée de validité. À l'international, l'offre est plus complexe et doit contenir des informations essentielles. De plus, elle nécessite d'utiliser un vocabulaire technique concernant, par exemple, les conditions de transport et de paiement.

L'offre commerciale intervient comme réponse à une demande de devis (*RFQ*) ainsi qu'à toute autre demande destinée aux fournisseurs admis à concourir au marché. Elle peut être spontanée, mais doit être adaptée à la demande du client pour s'assurer que celui-ci a les éléments de réponse nécessaires pour l'évaluation équitable et transparente des candidats.

 **À l'écrit**

Il faut veiller à référencer l'offre (numéro, identité du client et date d'émission).

On commence l'offre par la désignation du produit et sa description technique, puis les données sur les quantités, les prix et le transport (*Incoterms*, délais d'acheminement et emballage). La rubrique concernant les conditions de paiement doit être précise : moyens de paiement, échéancier, conditions et garanties particulières.

Offre commerciale

OFFER NUMBER 002345678
DATE: 12/18/2020
CLIENT: ABC – France

DESCRIPTION	REF	UNIT PRICE	QUANTITY	TOTAL PRICE
LAMP – New model – Energy efficient – Longer life – ISO 9000	FLUO 24	€15.00	1,400 pieces	€21,000.00

Incoterms: EXW pickup at our works in Taiwan.

Technical specifications: Each model includes 2 fluorescent neon tubes, 58 watts and equivalent to approximately 200 watts. This item is in compliance with **the safety standards** in force in the EU regarding electrical equipment.

Packing: All cartons will be numbered and marked "handle with care". They will be **palletized** and wrapped under a plastic film.

Quantity discount: For each extra batch of 200 lamps, we can grant you a 10% discount **when you reorder**.

Warranty: 1 year including free replacement of faulty items under standard working conditions.

Pickup and delivery time: Within 3 weeks after order receipt. Drivers can pick up the order at the factory only on working days. You are advised 1 week before the items are ready for shipment.

Terms of payment: 30% upon collection, **the balance** at 30 days invoice date by swift transfer. 3% **credit terms** are offered if you **pay cash**. A bank guarantee is requested for a first order.

Validity deadline: This quote is valid until 01/18/2021. Our 2020 prices will apply up to that date.

For any question, please check our standard terms overleaf.

Lorsque l'on doit discuter des conditions d'une offre commerciale, il est recommandé d'avoir une démarche structurée et un regard critique. Il ne faut pas hésiter à demander des précisions et à faire ajouter des conditions plus sécurisantes ou à renégocier ce qui n'est pas assez favorable pour l'acheteur.

Ne pas hésiter à couper les cheveux en quatre !

1. Evidence that you have studied the offer in depth

After studying your offer, we have listed some comments and questions concerning your **standard sales terms**.

1. Montrer que vous avez étudié l'offre de près

standard sales terms = conditions générales de vente.

2. Ask specific questions

Can you offer more resistant packing, especially for **sea freight**, at no extra cost?

What do you mean by "standard working conditions"? Is there a specific definition in your standard sales terms?

2. Poser des questions précises

sea freight = le transport maritime.
at no extra cost = sans coût supplémentaire.

standard working conditions = conditions normales de fonctionnement.

3. Request improvements

As we are placing a **bulk order**, we think we should **be entitled to** the 10% discount on our initial order.

Could you **consider** extending the **validity deadline** to two months instead of one month, initially?

3. Demander des améliorations

bulk order = une commande en gros.
to be entitled to = avoir droit à.

to consider = envisager (suivi de -*ing*).
validity deadline = date limite de validité de l'offre.

4. Ratify supplier's agreement

Make sure you **specify** the new packing description.

Please send us the rectified offer for validation **within** two days.

4. Ratifier l'accord du fournisseur

to specify = préciser.

within = dans un délai de, sous.

Exemple de dialogue n° 50

DISCUSSING THE OFFER TERMS

— David Gelin: Welcome to Paris, Mrs. N'guyen! It's nice to have you here for our first collaboration.

— Shan N'guyen: Well, it was quite an opportunity to meet you, since we are currently attending a trade show in the Paris region.

— David Gelin: Excellent. So let's focus on your offer now. After reading it carefully, I've checked some terms with our experts, here at our head office, and we have **itemized** a few questions and comments.

— Shan N'guyen: Oh I see, well go ahead, I'll be pleased **to remove any doubt**.

– David Gelin: Thank you Mrs. N'guyen. So, first we'd like to have some explanations about the shipping terms. As we buy ex-works, we have to pick up the cargo at your premises, but we'll be advised only one week ahead. I'm afraid this is a bit short for us to organize dispatch.

– Shan N'guyen: How long ago should you be made aware of goods availability?

– David Gelin: I would say at least 2 weeks, as we arrange for shipment by airfreight.

– Shan N'guyen: Let me think, humm…We could go as far as 10 working days, but not more, I'm afraid.

– David Gelin: Sounds better, we could make some pre-booking with the airline, and confirm 10 days before. **We can make this work!** Now, let's turn to payment terms. You mention a bank guarantee to secure payment of the first order, but, as you know, this is costly and **we are not used to applying for a guarantee with the bank.** We would rather suggest a payment through documentary credit, which is well adapted to international orders.

– Shan N'guyen: Well this is more expensive for us, but, as your order is quite substantial, we could agree to a D/C. Then, we'll have to reconsider payment terms when you reorder.

– David Gelin: Definitely! We are planning to place repeat orders with your company if we are satisfied with this first shipment. Finally, Mrs. N'guyen, we need to review your warranty terms. You may be aware that, in the EU, most product warranties are extended to 2 years **by law**, especially for long-lasting ones, like your lamp. Thus, we request a free warranty extension of one year as part of the master agreement we'll sign in the near future.

– Shan N'guyen: I can't give you an immediate answer on this point, as this will be **dispensatory** in our standard sales terms. I'll check with our Operation Director and get back to you.

– David Gelin: Perfect, Mrs. N'guyen, **I'm sure you'll win the case!**

– Shan N'guyen: I'll do my best to meet your expectations, **as far as possible**.

– David Gelin: I appreciate your commitment with our company, Mrs. N'guyen.

– Shan N'guyen: Thank you Mr. Gelin.

– David Gelin: I'll be expecting your confirmation. Now tell me what you've planned to visit in Paris…

Les expressions idiomatiques du dialogue

To remove any doubt.	Lever tous les doutes.
We can make this work!	Ça peut marcher !
We are not used to applying for a guarantee with the bank.	Nous n'avons pas l'habitude de monter une demande de garantie auprès de la banque.
By law.	Selon la loi.
I'm sure you'll win the case!	Je suis sûr que vous aurez gain de cause !
As far as possible.	Dans la mesure du possible.

 GLOSSAIRE

balance: ici, le solde du paiement – *The balance of 40% is still outstanding.* Le solde de 40 % est toujours en attente de règlement.

credit terms: escompte – *We can offer 2% early payment credit terms if you pay cash.* Nous pouvons vous accorder un escompte de 2 % pour paiement anticipé, si vous payez comptant.

dispensatory: dérogatoire – *This is a dispensatory situation, that's why we can accept your request.* Cette situation est dérogatoire, c'est pourquoi nous pouvons accéder à votre demande.

(to) itemize: énumérer – *First, I'll itemize the topics to be clarified and then we'll go through each of them.* Tout d'abord, je vais énumérer tous les points à éclaircir, puis nous les étudierons un par un.

overleaf: au verso – *Please sign overleaf.* Veuillez signer au verso.

palletized: mis sur palette – *If the cargo is palletized, there's a risk of breakage.* Si la cargaison est mise sur palette, il y a un risque de casse.

(to) pay cash: payer comptant – *Do you prefer to pay cash or on credit?* Vous préférez payer comptant ou bien à crédit ?

pickup and delivery time: enlèvement et délai de livraison – *It'll take within 2 weeks for pickup and delivery at your premises.* Il faut compter sur un délai de deux semaines pour l'enlèvement à l'usine et la livraison chez vous.

safety standards: normes de sécurité – *If this device does not abide by the new safety standards, it will be refused by the Customs authorities.* Si cet appareil ne respecte pas les nouvelles normes de sécurité, il sera refusé par les autorités douanières.

when you reorder: lors de votre prochaine commande – *Please quote this promotion code when you reorder to get the 5% discount!* Veuillez indiquer le code promo lors de votre prochaine commande afin d'obtenir la remise de 5 % !

▸ Pour aller plus loin, voir la fiche 38

Fiche 50

Des instructions en interne

Contexte

Lorsque l'on doit suivre des instructions en interne, il est important de s'assurer que celles-ci sont clairement énoncées et contiennent bien toutes les informations nécessaires pour que les destinataires puissent les réaliser correctement.

À l'écrit

Dans un mémo interne qui vise à transmettre des instructions, les points suivants seront abordés : la formulation et la justification du besoin, les objectifs et les moyens nécessaires pour l'atteindre, les délais d'exécution des tâches. Il est également important de mettre en place un mode d'évaluation. Enfin, il convient de montrer que l'on reste disponible pour toute information complémentaire.

Mémo d'instructions interne

MEMO
Production Instructions

To: Cammie Blais, CEO
From: Jill Armstrong, Production Department Director
Date: November 1, 2021
Subject: URGENT Recall Horizon 2-door sedan

Since the **rollout** of our Fall 2020 line of the Horizon 2-door sedan in Europe, an anomaly has been discovered in the glove compartment **latch**, which will require a **recall** of all **faulty components.**

To date, an estimated 20,400 customers are affected. As provided for by the warranty, they are entitled to repair of the latch, which will be made available at any Horizon **dealership** after January 25, 2021.

Please inform the production **foreman** responsible for reference #13/HOR2S.908 to begin production for immediate distribution of a repair kit of the **aforementioned** reference, with an instruction manual, to be delivered to dealers on January 10, 2021 at the latest.

A **performance report** will be issued by the end of January 2021 to evidence implementation.

For any additional information, you may contact me at extension #454.

JA

 **À l'oral**

Des relances sont souvent nécessaires au cours de la réalisation d'une action. De nombreuses difficultés peuvent survenir, il vaut donc mieux prévenir ! Un défaut de produit, un retard de production ou une erreur de traitement de commande ? Il est primordial de faire un rappel afin que le même contretemps ne se reproduise plus à l'avenir.

Être constructif mais exigeant !

1. Get an update

So, how are we doing?
So, how is it going?
Now, let's take stock of the situation.

1. Venir aux nouvelles

Alors, où en est-on ?
Alors, comment ça se passe ?
Bon, faisons le point de la situation.

2. Get a detailed insight

Could you be more specific on the causes?
What do you mean by "behind schedule"?
What is your assessment of the situation?

2. Obtenir une analyse détaillée

Pourriez-vous être plus précis sur les causes ?
Qu'entendez-vous par « hors délais » ?
Quelle est votre analyse de la situation ?

3. Generate ideas and actions

As you know, we need to collect **first-hand information** about this new market trend.
What about setting up **business intelligence** tools?
Could you **work out** a **budget forecast** for this plan?

3. Générer des idées et des actions

first-hand information = renseignements de première main.
business intelligence = veille économique.
to work out = élaborer.
budget forecast = budget prévisionnel.

4. Request feedback and results

I think the action plan should be updated and **complemented in view of** our last decisions.

We'll be expecting your report by the end of next month, **showing** that the selected solutions have been **effective**.

4. Demander un retour d'informations et des résultats

complemented = complété – Ne pas confondre avec *completed* que veut dire « terminé ».
in view of = en fonction de. Ne pas confondre avec *with a view to* qui veut dire « en vue de ».
showing = indiquant.
effective = efficace.

Exemple de dialogue n° 51

FOLLOWING UP INSTRUCTIONS

— Jill Armstrong: Hello, Liam, I'm calling you to review our **recall** program regarding the Horizon 2-door sedan latch. How is it going?

— Liam Shelton: Oh hello, Jill, I was planning to call you this afternoon to report on the progress made. Well, I've just been informed that there's been a shortage in the supply of repair kits in Spain and Portugal. Therefore the dealers won't be supplied as scheduled by the end of January.

- Jill Armstrong: I see… **How come?** I guess the orders for repair kits were placed with the workshop sufficient time ahead!

- Liam Shelton: Oh that's right, but a component has been sold out in our **buffer stock** and **refurbishment** was longer than forecasted.

- Jill Armstrong: Well, how many customers are affected?

- Liam Shelton: Let me check. (…) About 850.

- Jill Armstrong: We could ask other dealerships to supply us with a small **batch** so that we can fix some customers in each country? Besides, we could also shorten our **lead-time** for repair kits by adding a night shift for 2 weeks. What are your suggestions?

- Liam Shelton: Both solutions sound effective. I was also considering sourcing this component with a trading company at least for a limited quantity.

- Jill Armstrong: Why not, if it's not too expensive! Anyway, Liam, I need to have your positive feedback shortly, as our customers' satisfaction is at stake here, which means our brand-image! Please take action **in no time**.

- Liam Shelton: You know that production will **work miracles** as usual! I'll keep you abreast as soon as possible.

- Jill Armstrong: Thank you Liam, **I'm depending on you!**

Les expressions idiomatiques du dialogue

How come?	Comment ça se fait ?
In no time.	En un temps record.
To work miracles.	Faire des miracles.
I'm depending on you!	Je compte sur vous !

 # GLOSSAIRE

aforementioned: mentionné ci-dessus – *The aforementioned reference number of this component is wrong.* Le numéro de référence du composant mentionné ci-dessus est erroné.

batch: lot – *A batch of defective spark plugs had to be recalled.* Un lot de bougies d'allumage défectueuses a dû être rappelé.

buffer stock: stock tampon – *The warehouse contained a 5-day buffer stock.* L'entrepôt contenait un stock tampon de cinq jours.

dealership: concession – *Our subsidiary in India will set up an exclusive dealership network next year.* L'année prochaine, notre filiale en Inde va mettre en place un réseau de concessionnaires exclusifs.

faulty components: composants défectueux – *Unfortunately, this faulty component in currently out of stock.* Malheureusement, ce composant défectueux est actuellement en rupture de stock.

foreman: contremaître ou chef d'atelier – *The new production foreman is specialized in our field.* Le nouveau chef de l'atelier de production est spécialisé dans notre secteur.

latch: verrou – *A press-button latch will be installed in our next model.* Un verrou à bouton poussoir sera installé sur notre prochain modèle.

lead-time: délai de production – *Lead-times are indicated in our product catalogue.* Les délais de production sont indiqués dans notre catalogue de produits.

performance report: rapport d'exécution – *The performance report will have to be delivered to me personally.* Le rapport d'exécution me sera remis en mains propres.

recall: rappel – *This baby buggy has to be recalled for faulty brakes.* Cette poussette doit être rappelée pour des freins défectueux.

refurbishment: réassort ou réapprovisionnement – *We need to expedite stock refurbishment.* Nous devons accélérer le réapprovisionnement du stock.

rollout: lancement – *Thank you for coming to our new collection rollout event.* Merci d'être venus pour le lancement de notre nouvelle collection.

to date: à ce jour – *To date, we have collected more pledges than last year.* À ce jour, nous avons recueilli plus de promesses de dons que l'an dernier.

▸ Pour aller plus loin, voir la fiche 34

Une commande

 **Contexte**

La prise de commande se fait aujourd'hui souvent par l'intermédiaire d'un système d'information dans lequel les gestionnaires de commandes vont saisir les données clés.

Cependant, le risque d'erreur est toujours possible et il est impératif de vérifier que les informations transmises par le client sont bien conformes à ce qui a été négocié avec le service commercial. S'il existe un écart, il faut impérativement lever l'ambiguïté avant de confirmer la commande.

 **À l'écrit**

Le vendeur peut demander à son client de signer et de légaliser (tampon) le bon de commande sous forme d'une facture proforma. L'intérêt pour le client est de voir exactement à quoi ressemblera sa facture commerciale. L'intérêt pour le vendeur est de maîtriser les données de la commande et d'obtenir une confirmation fiable. Mais l'acheteur peut également imposer son PO ou *Purchase Order* (bon de commande) afin de pouvoir avoir sa propre présentation des informations. Cela peut se négocier en amont.

Bon de commande

PURCHASE ORDER

XYZ COMPANY
XYZ address: 6356 Hollywood Blvd - LA-CA
Website: www.xyz.com
E-mail: Procurement@xyz.com

Date: June 2, 2021
PO number: 0621/34
XYZ phone: 12345678901
Vendor ID: 1298

Purchase from:
Company name: LANA Fashion
Address: 401 W 50th St – New York - NY
Phone: 09876543211
Contact name: Bruce Rohmer

Ship to:
Company name: NILA
Address: 1627 16th St- Austin
Phone: 32415673908
Contact name: Nila Jones

ORDER DESCRIPTION

Shipping method By truck - FEDEX		Payment terms At 30 days, delivery date	**Required by** June 15, 2021
Description	Quantities	Unit price	Total
Item ref 678	345	$2.50	$862.50
Item ref 342	234	$3.00	$702.00
Item ref 980	678	$3.50	$2,373.00
		Subtotal	$3,937.50
		Sales tax 5%	$196.87
		Total	$4,134.37

SIGNATURE OF AUTHORIZED PERSON

- Jusqu'à 9999 on peut écrire le nombre avec ou sans virgule (2847 ou 2,847)
- À partir de 10,000 la virgule est obligatoire (847,847 ou en millions 2,847,847)

 **À l'oral**

Lorsque l'on doit enregistrer ou modifier une commande par téléphone, il est indispensable de suivre des étapes structurées afin de ne rien oublier, en reprenant par exemple le bon de commande ou l'offre commerciale. Aussi, il ne faut pas hésiter à : poser des questions précises, lever toute incertitude, proposer différentes options, vérifier chaque élément (prix, quantité, délais…) et, bien entendu, ne pas oublier de confirmer l'engagement de réalisation par écrit !

Être méthodique afin d'éviter tout risque de litige.

1. Bring accurate information

The item you require **is listed as number** 45 in our catalogue.

Your order will **amount to** €26,000.

Your order will **be booked upon receipt of the D/C (documentary credit) notification.**

We will **arrange for pickup and pre-carriage.**

The order could be supplied:

– by airfreight (*mode de transport*).

– by our carrier (*qui livre*).

– by the end of May (*quand*).

2. Make the client specify his requirements

Have you got any **requirements** with regards to packing?

When would you like to have your order delivered **at the soonest?**

Could you let us have your instructions for packing and **dispatch** as soon as possible?

3. Offer different options

Would you arrange for shipment or would you rather **leave that to us?**

Our prices are **quoted FOB** (Free On Board), but we can provide other quotations on request.

1. Apporter des informations précises

to be listed as number = figurer sous une référence/un numéro.

to amount to/to come to = s'élever à… pour une somme.

Votre commande sera enregistrée dès réception de la notification d'ouverture du crédit documentaire.

to arrange for = se charger de quelque chose. Ne pas confondre avec *to arrange* = organiser.
Nous nous chargerons de l'enlèvement et du pré-acheminement.

La commande pourrait être livrée :

– par avion ;

– par notre transporteur ;

– d'ici la fin du mois de mai.

2. Faire préciser les besoins

requirements est un synonyme de *needs*.

at the soonest = au plus tôt ; *at the latest* = au plus tard.

dispatch = attention ne veut pas dire « dispatcher » mais « expédier ».

3. Proposer différentes options

Leave that to me! = Je m'en occupe ou J'en fais mon affaire.

Our prices are quoted FOB = équivalent de l'expression « Nos prix s'entendent FOB. »

…/…

.../...

4. Inform about order-processing terms	4. Prévenir des modalités de réalisation
The **order** will be **booked** for immediate delivery.	*to book an order* = prendre une commande.
You **will** be advised **when** the goods **are** ready for shipment.	Attention à la concordance des temps : utilisez le présent simple quand la subordonnée au futur commence par *when* ou *as soon as.*
You will receive a **dispatch note** in due time.	*a dispatch note* = un avis d'expédition.

L'utilisation de la voix passive impersonnelle

On trouve souvent une voix passive sans *by* pour exprimer une forme impersonnelle en anglais business.

L'expression...	Deviendra...
We request our customers to confirm their orders by e-mail.	Our customers **are requested** to confirm their orders by e-mail.
We **carry out** our orders within 15 days after the firm order, at the latest.	Our orders are **carried out** within 15 days after the firm order, at the latest.
We **are processing** your order.	Your order **is being processed**.
We **will process** your order according to your instructions.	Your order **will be processed** according to your instructions.

! ATTENTION : ON PRÉFÉRERA LA VOIX ACTIVE POUR METTRE EN VALEUR CE QUE L'ON PROPOSE

▶ *I will make every effort to correct this mistake soon!*

▶ Et n'oubliez pas : *I will* = Je vais (volonté), mais *I shall* = Je vais (devoir/obligation).

Exemple de dialogue n° 52

ORDER MODIFICATION

— John Lester: ABC Company, Sales Admin, John Lester speaking, can I help you?

— Sarah Foster: Hi John, Sarah speaking from XYZ, how are you?

— John Lester: Oh I'm fine, thank you. I've duly received your purchase order!

— Sarah Foster: **That's just the point**. You see John, I need to modify some terms of my order. Is it still possible to change the requested quantity?

— John Lester: Well, let me check…The order preparation has not started yet, so I think I can still make some alterations.

— Sarah Foster: **Oh that's great!** Could you add a batch of spare parts reference 258 in your catalogue? I'd also need to replace 100 pumps reference 369 by reference 398, which is more powerful.

— John Lester: I'm afraid the **spare parts** will be dispatched separately because they've been sold out for 10 days. They should be restocked by Monday 24. As for reference 398, it's available from stock.

— Sarah Foster: Alright then. Do you think the **extra batch** could be **consolidated** by airfreight? **We are prepared to bear the extra cost.**

— John Lester: I believe so, we are using DHL for our **rush deliveries**, so you could be delivered on Wednesday 26 at 4 pm. Is that suitable?

— Sarah Foster: That will do perfectly. I'm sending you an updated purchase order.

— John Lester: **I'll get back to you shortly** to confirm the delivery schedule. **It's as good as done!**

— Sarah Foster: Thank you John! I'll be expecting your confirmation, good-bye!

— John Lester: You're welcome Sarah; good-bye.

Les expressions idiomatiques du dialogue

That's just the point.	C'est justement de cela qu'il s'agit.
Oh that's great!	Oh, c'est super !
We are prepared to bear the extra cost.	Nous sommes disposés à payer les frais supplémentaires.
I'll get back to you shortly.	Je reviens vers vous très vite.
It's as good as done!	C'est comme si c'était fait !

 GLOSSAIRE

consolidated: envoyé en groupage – *We accept consolidated shipments by airfreight at no extra cost.* Nous acceptons les expéditions aériennes en groupage sans surcoût.

extra batch: lot supplémentaire – *The extra batch you want to order has been sold out for 2 weeks.* Le lot supplémentaire que vous voulez commander est épuisé depuis deux semaines.

required by: ici s'utilise pour la date limite de livraison – *The order will be required by the end of June, at the latest.* La commande devra être livrée d'ici la fin juin, au plus tard.

rush deliveries: livraisons urgentes – *We can offer rush deliveries in case of inventory depletion.* Nous pouvons accepter des livraisons en express quand votre stock est épuisé.

sales tax: taxe sur les ventes (équivalent de la TVA) – *The rate of sales tax in our State is 5%.* Dans notre État, le taux de taxe sur les ventes est de 5 %.

ship to: expédier à – *The order will be shipped tomorrow by sea freight.* La commande sera expédiée demain par voie maritime.

spare parts: pièces détachées – *We need this set of spare parts urgently.* Nous avons besoin de ce jeu de pièces de rechange en urgence.

vendor ID: numéro d'identification du fournisseur – *Please make sure to mention your vendor ID on the purchase order.* Veuillez vous assurer de bien indiquer votre numéro d'identification fournisseur sur le bon de commande.

▶ Pour aller plus loin, voir la fiche 52

Des intervenants extérieurs

 Contexte

La gestion d'une commande suppose de coordonner des intervenants extérieurs, que ce soit des prestataires (transport, banques, assurances, etc.) ou des administrations (douane, chambres de commerce ou consulats). Il s'agit souvent d'obtenir des documents qui permettront de réaliser la commande (reçu d'expédition, instructions de paiement, certificat d'assurance pour les marchandises, certificat d'origine ou visa consulaire). Pour qu'une demande soit exécutée en temps et en heure, il faut des instructions claires et précises de la part du prescripteur. La communication avec les intervenants extérieurs est essentielle au bon déroulement et il est nécessaire d'être vigilant afin que les documents envoyés soient précis et conformes aux besoins de l'acheteur et à la réglementation en vigueur.

 À l'écrit

Une demande écrite est souvent nécessaire pour obtenir des documents officiels. Votre demande se doit d'être justifiée et précise. Ne pas oublier que l'obtention des documents conformes et dans les délais vous permettra de vous faire payer !

Demande de documents

BOSKY BLOCK LTD.
4545 Market Street
Philadelphia, PA 19101
"The ICF Experts"

Teillhard Plastiques SA
46200 Souillac
France

May 12th, 2021

Dear Mr. Teillhard,

Following our recent order with you, our logistics department has informed us that French **Customs** has not yet received the export license for polystyrene beads we purchased.

As a result, the merchandise has been **held up** in a **bonded warehouse** in Le Havre and cannot be **released** until the proper documents have been received.

If you could please forward a copy of this document to us so the **cargo** can be **cleared through the Customs** and continue its **journey** to Philadelphia, it would be greatly appreciated.

Do not hesitate to contact me for any further information.

Very best regards,

Brian Portman,
Logistics Director

 **À l'oral**

Il est important de lancer des instructions ou faire des demandes claires afin d'obtenir les documents nécessaires (mentions, cachets, nombres de copies, etc.). Ensuite, il faut bien suivre la réception des documents à l'aide d'un tableau de bord et tenir les délais.

Lorsque les dates limites commencent à se rapprocher, ne pas hésiter à relancer pour obtenir les informations et les documents. Après la réception, il est indispensable de disposer de suffisamment de temps pour réagir au moindre écart et tout vérifier avant la remise à la banque. Enfin, suivre les recouvrements avec soin notamment sur le respect des délais et s'assurer de la satisfaction du client.

Savoir gérer d'une main de fer dans un gant de velours.

1. Confirm your instructions

Hello, Dennis! The order **I was expecting** has been confirmed!

So, **I'm sending you** the **shipping instructions** by e-mail, please let me know if all the terms are all right.

1. Confirmer les instructions

I was expecting : on utilise le prétérit progressif pour indiquer la durée d'une action dans le passé.

I'm sending you : toujours au présent progressif quand on parle du moment présent.

shipping instructions = instructions d'expédition, pas seulement en maritime.

2. Follow up official documents application

I sent you **a declaration of interest request** 10 days ago. Is it ready and when do you think I can get it?

2. Relancer les demandes de documents

a declaration of interest (or open policy) request = une demande d'avis d'aliment (certificat) pour l'assurance des marchandises.

3. Bring amendments

We need to **postpone** the documentary credit validity date as the vessel has been **delayed** by 4 days.

3. Amender les informations

to postpone = repousser/reporter.
to delay = retarder – syn. : *to put off.*

4. Follow up and keep up to schedule

Your order has been **held up at Customs** for 2 days, but we are not **behind schedule**.

4. Suivre et tenir le planning

held up at Customs = bloqué en douane.
behind schedule = hors délai.

5. Monitor collections

We have checked all the documents in the set and they are all **compliant**, we have found no **discrepancies**.

5. Suivre les encaissements

compliant = conforme ≠ *discrepant* = non conforme, incohérent.
discrepancy = écart, non-conformité.

6. Win out

Could you please **make every effort** to send this document on time, we need it **without fail**.

6. Obtenir gain de cause

to make every effort = « tout mettre en œuvre » (très fort).
without fail = sans faute (très fort aussi).

.../...

.../...

7. Check customer's satisfaction	**7. Vérifier la satisfaction du client**
Hello Mr. Jones! I'm calling you about your last order, have you **been satisfied with** delivery terms? Have you checked the content? **Oh, that's perfect!**	***to be satisfied with*** : attention à la préposition, ce n'est pas « *of* ». ***Oh, that's perfect!*** : il faut éviter d'utiliser « *that's ok* » trop souvent.
8. Try to book an other order	**8. Essayer de prendre une autre commande**
Well, if you have any question or if you want to place your next order shortly, **please let me know!** **I'll be pleased to help!**	***please let me know*** = n'hésitez pas à me contacter. ***I'll be pleased to help*** = ce sera avec plaisir !

 Exemple de dialogue n° 53

PROBLEMS WITH DOCUMENTS

— Anna: Hello, Harvey, Anna speaking from ABC, I'm calling you about our last shipment.

— Harvey: Yes Anna, **I was just about to give you a call**!

— Anna: Well, Harvey, I'm still expecting the **set of shipping documents**, including the **true report of findings** and a copy of the **bill of lading**. **I'm supposed to lodge the documents with the bank** by the end of next week, at the latest.

— Harvey: I know Anna; the point is that the **hold inspection** has been delayed. I'll only get the certificate tomorrow.

— Anna: Tomorrow's Friday, do you think I can receive the set on Monday afternoon? As you know it takes time to check all documents and obtain possible amendments or signatures.

— Harvey: Oh it never happens to you, **you have such an eye for detail**!

— Anna: **Never say "never"...**

— Harvey: Sure, Anna, **I'll attend to this myself**. I'll collect the certificate directly after inspection and send the full set by UPS, so that you get it on Monday, without fail.

— Anna: That's fine, Harvey. Besides, my customer in the United States is requesting a certificate of conformity, in addition to the other documents. Could you arrange for this rapidly?

— Harvey: Well, Anna, **it's down to the wire**, but I think **I can manage to have it made out** together with the hold inspection certificate, so that I get both documents.

— Anna: Oh, that would be perfect!

— Harvey: I'll send you an e-mail as soon as I have the confirmation.

— Anna: Thank you so much Harvey, good-bye.

— Harvey: Good-bye Anna.

Les expressions idiomatiques du dialogue

An iron hand in a velvet glove.	Une main de fer dans un gant de velours.
I was just about to give you a call.	J'allais vous appeler.
I'm supposed to...	Je suis censé(e)...

To lodge the documents with the bank.	Déposer des documents à la banque.
To have an eye for detail.	Avoir le souci du détail.
Never say "never".	Ne jamais dire : fontaine, je ne boirai pas ton eau
I'll attend to this myself.	Je m'en occupe personnellement.
Down to the wire.	Sur le fil, à la dernière minute.
I can manage to have it made out.	Je peux réussir à le faire établir.

GLOSSAIRE

bill of lading: connaissement maritime (document de transport maritime) – *We need an original copy of the B/L as an evidence of shipment.* Nous avons besoin d'un exemplaire original du connaissement maritime comme preuve d'expédition.

bonded warehouse: entrepôt sous douane – *The merchandise was held up in a bonded warehouse.* La marchandise est restée bloquée dans un entrepôt sous douane.

cargo: cargaison – *Their cargo was loaded onto the cargo ship.* Leur cargaison a été chargée à bord du cargo.

(to) clear Customs: passer la douane – *His shipment was subject to duties in order to clear Customs.* Sa livraison a été assujettie aux droits de douane avant de passer la douane.

Customs: douanes – *You must declare goods to Customs.* Il faut déclarer toute marchandise aux douanes.

hold inspection: certificate d'inspection des cales – *The hold inspection certificate testifies that the hold of the ship was clean before loading.* Le certificat d'inspection des cales atteste que la cale du navire était propre avant le chargement.

(to) hold up: retenir – *The truck was held up on the border because the driver did not have a certificate of origin.* Le camion a été retenu à la frontière car le chauffeur n'avait pas le certificat d'origine.

journey: voyage – *Did you have a good journey?* Avez-vous fait bon voyage ?

(to) release: dédouaner – *Our merchandise was released from the warehouse last night.* Notre marchandise a été dédouanée de l'entrepôt hier soir.

set of shipping documents: jeu de documents d'expédition – *The set of shipping documents generally includes a copy of the transport document and the packing list.* En général, le jeu de documents d'expédition comprend un exemplaire du document de transport et la liste de colisage

true report of findings: dossier d'inspection (certificats) net de réserves – *For exportation, the true report of findings includes all clean certificates requested by the buyer or the administration.* À l'export, le dossier d'inspection contient tous les certificats, nets de réserves, demandés par l'acheteur ou l'administration.

▶ Pour aller plus loin, voir la fiche 51

La relation client

 **Contexte**

L'importance du back-office ne doit pas être sous-estimée dans la fidélisation des clients. C'est lors de la réalisation de la commande que le client pourra mesurer la qualité du service qui lui est offert.

 **À l'écrit**

Les partenariats les plus réussis dépendent de trois éléments : la confiance, la communication et la réciprocité. Afin d'améliorer la qualité des interactions, il est, par exemple, essentiel d'informer ses clients de l'expédition d'une commande en bonne et due forme. Il est également indispensable de les tenir au courant quand tout se passe bien mais aussi lorsqu'un incident se produit.

Avis d'expédition

TEILLHARD PLASTIQUES SA
46200 Souillac - France

May 13th, 2021

Bosky Block Inc.
4545 Market Street
Philadelphia, PA 19101

Subject: Dispatch note

Dear Mr. Portman,

Please accept our apologies for the **delay** in the dispatch of your order. The **export license** has been sent by **courier** to the French Customs.

Your goods left the port of Le Havre at 9:00 am this morning as per our contract dated May 5th, 2021. The cargo **is expected** to reach your premises on May 25th, 2021.

Please let us know whether you receive your order on time and **in good order and condition**.

Feel free to contact me for more details.

Kind regards,

Gilles Teillhard
CEO, Teillhard Plastiques SA

Enc.: Export license

Rien ne remplace le contact direct avec le client chaque fois que c'est possible ; aussi il est important de se rendre disponible pour répondre à toute question ou demande. Il est nécessaire d'anticiper les difficultés en les prévoyant en amont (dans l'offre par exemple) et de proposer des solutions rapides et concrètes dans les meilleurs délais. Lorsque le client fait une demande particulière, il est recommandé d'accepter ce qui est faisable afin de montrer sa bonne volonté mais de savoir aussi refuser l'impossible avec diplomatie.

Savoir ménager le client et défendre son entreprise.

1. Keep the customer informed

Your order is confirmed as we have received your **advance payment**.

Yes, Mr. Jones, your order was **shipped** yesterday.

Your **freight forwarder** will receive the **pallet** the day after tomorrow.

Indeed, we have checked your subscription form and everything is in order.

1. Tenir le client informé

advance payment = acompte. Attention au faux sens de *account*, un compte.

to ship = expédier, mais pas seulement par voie maritime.

freight forwarder = le transitaire.

Attention à l'orthographe de *pallet*, en français « palette ».

Indeed = en effet.

2. The customer wants to modify the order

As this reference is **available from stock**, we can **supply you with** the requested quantity.

Unfortunately, we can't **bring the delivery date forward**.

2. Le client veut modifier la commande

available from stock = attention à la préposition *from* et non pas *on*.

to supply someone with a product : *with* est obligatoire !
to bring the delivery date forward = avancer une date, c'est le contraire de *to postpone*.

3. You have to alter the order

We are not in a position to supply this product, which has been **discontinued** since January.

This item could work just as well.

3. Vous devez modifier la commande

we are not in a position to = plus diplomatique que *we are not able to*.
to discontinue = arrêter un produit, ne plus suivre un produit.

Cet article pourrait tout aussi bien convenir.

4. You foresee a potential issue

The shipping company has just advised us that, due to bad weather, **it would be advisable** to **air freight** your container.

Could we **reconsider** the terms of shipment?

4. Anticiper un problème éventuel

it would be advisable = il serait préférable.
to air freight = expédier par avion (en deux mots).

to reconsider = revoir, rediscuter.

5. Find a solution

This product will be **restocked within** 2 days.

We will deliver the **extra** quantity by May 15th.

We'll **make the** necessary **arrangements** to deliver on time.

5. Trouver une solution

to restock = réapprovisionner.

within = dans un délai de…

extra = supplémentaire en plus court.

to make arrangements = prendre des dispositions.

Expressions clés pour résister à la pression du client

Despite all our efforts…	Malgré tous nos efforts…
We have made all efforts to…	Nous avons tout mis en œuvre pour…
Please note that…	Veuillez noter que…
If you consider…	Si vous tenez compte de…
This is beyond our control.	Cela ne dépend pas de nous.
We are also dependent on…	Nous dépendons également de…
This is against…	Cela va à l'encontre de…
Have you contemplated…?	Avez-vous envisagé de… ?
I've looked into it for you.	J'ai étudié cela pour vous.

Exemple de dialogue n° 54

CHANGING SALES TERMS

— Anna: Hello Mr. James, Anna speaking from ABC, I'm calling you about your inquiry concerning your credit limit reduction.

— Mr. James: Yes Anna, I was surprised to learn that our ceiling has been lowered, **how come**?

— Anna: Well, Mr. James a new policy is being implemented in the group to secure our debt collection and avoid overdue payments.

— Mr. James: As you know, we've been doing business with you for 10 years now, so are there any preferential terms for loyal customers? Besides, we usually use our credit limit for high amounts.

— Anna: Well, after checking your file and if you have a look at your contract terms, you'll see that in case of credit limit reduction, the previous ceiling is valid within the next three months, provided the order has been placed before the reduction effective date.
So, if you place an order today, the former credit limit will still apply. I'll also check with our finance manager to know whether more favorable terms could be offered to you. He'll call you back shortly with an alternative offer.

— Mr. James: Oh, that's fine, Anna. I must tell you **off the record** that, if not, **we might place our business elsewhere**. So, I'm sure we'll find a satisfactory agreement.

— Anna: No doubt. So, are you going to place your order today? I can book it immediately, if you want. **You kill two birds with one stone**, then!

— Mr. James: Well, I was planning to do it next week, but I think it can be done right now. I'll send you an e-mail today.

— Anna: That's all right Mr. James, **I'll see to it**. Anything else I can do?

— Mr. James: No, thank you Anna.

— Anna: Well, **feel free to contact me** for any question, good-bye.

— Mr. James: Good-bye Anna.

Les expressions idiomatiques du dialogue

How come?	Comment ça se fait ?
Off the record.	De manière informelle, non officielle.
We might place our business elsewhere.	Nous pourrions changer de fournisseur.
You kill two birds with one stone.	Vous faites d'une pierre deux coups.
I'll see to it.	J'y veillerai.
Feel free to contact me.	N'hésitez pas à me contacter.

GLOSSAIRE

(to) be expected: être prévu – *The tanker is expected to arrive in Le Havre at 5 pm.* Il est prévu que le pétrolier arrive au Havre à 17 heures.

courier: coursier – *You can send the documents to our client by courier.* Vous pouvez envoyer les documents par coursier.

delay: retard – *The delivery delay has slowed down our production line.* Les retards de livraison ont ralenti notre production.

dispatch note: avis d'expédition – *Thank you for sending us the dispatch note.* Merci de nous avoir envoyé l'avis d'expédition.

export license: licence d'exportation – *The authorities issued an export license for delivery of the goods.* Les autorités ont délivré une licence d'exportation pour la livraison de la marchandise.

in good order and condition: en bon état – *The goods were delivered in good order and condition.* La marchandise a été livrée en bon état.

▶ Pour aller plus loin, voir la fiche 32

Les relances clients et fournisseurs

 Contexte

Il est de plus en plus courant d'être obligé de relancer des clients ou des fournisseurs pour les rappeler à leurs obligations. C'est une situation délicate dans la mesure où l'on doit à la fois obtenir gain de cause pour protéger son entreprise mais aussi préserver la relation commerciale pour l'avenir.

 À l'écrit

La plupart du temps, les clients règlent leurs factures en temps et en heure. Cependant, il arrive que certains clients oublient, ou n'en aient tout simplement pas la possibilité. En cas de non-paiement, il est conseillé d'envoyer un rappel courtois au client pour le prévenir que la date limite du règlement est dépassée, et que le compte doit être réglé au plus tôt.

Il est conseillé d'adopter un ton courtois, mais ferme et de rappeler la date de paiement d'origine ainsi que le montant dû.

Relance de paiement

TEILLHARD PLASTIQUES SA
46200 Souillac
France

July 7th, 2021

Bosky Block Inc.
4545 Market Street
Philadelphia, PA 19101
Re: PAYMENT REMINDER

Dear Ms. Krisko,

According to our records, we have not yet received payment—due on June 6, 2021—for your order delivered on May 26th, 2021. **In the event** we obtain payment before your receipt of this letter, please **disregard** the following.

Otherwise, please be informed that your account is **overdue**. It would be greatly appreciated if you could **settle** the **outstanding balance** ($25,000.00) as soon as possible.

Of course, we remain at your disposal if you would like to explore financing options.

Best regards,
Camille Faïnne
Credit Manager

 **À l'oral**

Il vaut mieux commencer par identifier la raison du problème afin de savoir quelle réponse on peut apporter. Ensuite, il faudra faire valoir son point de vue mais sans agressivité. Puis amener le client à proposer une alternative. On veillera à graduer la pression tout en faisant preuve de fermeté.

Préserver la qualité du contact avec le client.

1. The first reminder

Hello Mr. Spencer, how are you?

Have you received my e-mail regarding your last **invoice**?

As you know, your **invoice** has been **overdue** for 1 month now. Maybe you are facing some problems with your own customers?

1. La première relance

invoice s'utilise en anglais britannique et *bill* en anglais américain.

overdue invoice = facture impayée à l'échéance.

2. The second reminder

Mr. Spencer, I sent you **a payment reminder 10 days ago.**

Have you already arranged your payment?

What could you suggest to solve this issue?

I must tell you that **failing payment** within 2 weeks, you will have to pay **late charges.**

2. La seconde relance

payment reminder = relance de paiement.

Avez-vous déjà procédé au paiement ?

Que proposez-vous pour régler ce problème ?

failing payment = faute d'un paiement.
late charges = intérêts de retard.

3. The last reminder

Hello Mr. Spencer. I'm afraid that you have **ignored** all our reminders, **whether** by e-mail, mail or telephone.

So, if we don't receive **the full settlement** within the next 48 hours, **we'll have no alternative** but **to pass** your file **onto** our **litigation department.**

However, we want to use this procedure **as a last resort,** so please let us know what you can offer.

3. La dernière relance

to ignore = ne pas tenir compte de (faux ami).
whether = ici, « que ce soit ».

the full settlement = règlement total.
we'll have no alternative : sens très fort en anglais.
to pass onto = transmettre – syn. : *to forward to.*
litigation department = le service contentieux.

as a last resort = en dernière extrémité ou au pis aller.

Exemple de dialogue n° 55

THE LAST REMINDER

— Mrs. Roberts: Hello, Mr. Doolittle, Mrs. Roberts speaking!

— Mr. Doolittle: Good morning, Mrs. Roberts, how are you?

— Mrs. Roberts: Fine, thank you. Well, Mr. Doolittle, as you may know, despite several reminders, your last **remittance** is still outstanding. We need to find a way out; otherwise **we'll have to take legal action** against your firm. You will admit that this is not a satisfactory solution for both our companies, is it? So, **let's get that settled straight away**, what do you suggest?

— Mr. Doolittle: Well Mrs. Roberts, we are going through a very tough period, due to the international crisis. However, we are expecting to recover within the next 6 months, positive signs are already in sight. Could we consider rescheduling our debt?

— Mrs. Roberts: This would be the most realistic solution, I guess. What kind of timeline could you offer?

— Mr. Doolittle: Well, let me check. Our last settlement comes to €25,000, plus €2,500 of late charges, for a total amount of €27,500 altogether, am I right?

— Mrs. Roberts: That's it, Mr. Doolittle.

— Mr. Doolittle: Then, what about **breaking down** our payment schedule into 5 **installments** of €5,500, starting next month?

— Mrs. Roberts: As you know this causes cash flow problems for us; so we'd prefer a shorter time, like 2 installments of €13,750.

— Mr. Doolittle: Oh! **This is beyond our means!** We can't afford this right now!

— Mrs. Roberts: Mr. Doolittle, **we're back to square one**. Well, **let's meet halfway**. We could accept 4 monthly installments of €6,875, provided that a 2% penalty is added to the amount, that is to say €137.50 per installment. Therefore each settlement will amount to €7,012.50. **What's your feeling about that?**

— Mr. Doolittle: 2% more, in addition to the late charges we already have to pay, that seems to be a lot.

— Mrs. Roberts: Well, you see, **that's the other side of the coin**, when the payment deadline is not met.

— Mr. Doolittle: All right then, I think we could live with this schedule.

— Mrs. Roberts: That's fine Mr. Doolittle. I'll send you a payment schedule starting from May. Please make sure you send your remittance on time.

— Mr. Doolittle: I'll forward the payment schedule to our accounting department and give the necessary instructions.

— Mrs. Roberts: Mr. Doolittle, thank you for your collaboration, I'm convinced that your company will overcome its present difficulties.

— Mr. Doolittle: Well, thank you for your time; I've really appreciated your patience and high professional standards.

— Mrs. Roberts: So, I'm looking forward to receiving your first settlement next month. Good-bye!

— Mr. Doolittle: Good-bye Mrs. Roberts.

Les expressions idiomatiques du dialogue

We'll have to take legal action.	Nous devrons entamer une action en justice.
Let's get that settled straight away.	Réglons cela tout de suite.
This is beyond our means!	C'est au-dessus de nos moyens !
We're back to square one.	Nous sommes revenus au point de départ.
Let's meet halfway.	Coupons la poire en deux.
That's the other side of the coin.	C'est le revers de la médaille.
What's your feeling about that?	Qu'en pensez-vous ?

GLOSSAIRE

balance: solde – *There is still a balance that needs to be paid on this invoice.* Il reste encore un solde dû sur cette facture.

(to) break down: décomposer le prix – *We can offer to break down your payment in three installments.* Nous pouvons vous proposer de lisser votre paiement en trois versements.

(to) disregard: ignorer – *I will disregard the final paragraph of the letter as we have already sent the bill.* Je ne tiens pas compte du dernier paragraphe puisque nous avons déjà envoyé la facture.

installment: versement ou tranche de paiement – *Your new payment schedule includes four installments.* Votre nouvel échéancier de paiement comprend quatre versements.

in the event: en cas de – *Please return defective goods in the event of water damage.* Merci de retourner toute marchandise défectueuse en cas de dégâts des eaux.

outstanding: débiteur – *My bank account shows an outstanding balance.* Mon compte bancaire fait apparaître un solde débiteur.

overdue: en retard – *Your payment is more than a month overdue.* Votre règlement est en retard de plus d'un mois.

remittance: versement – *Your remittance was due on May 31st.* Votre versement était payable à l'échéance du 31 mai.

(to) settle: régler – *Please settle your account before placing future orders.* Merci de régler votre facture avant de passer d'autres commandes.

▶ Pour aller plus loin, voir la fiche 55

Les réclamations clients

Contexte

Dans la plupart des secteurs, la gestion des litiges représente un service à part entière dont l'objectif est de répondre au mécontentement d'un client qui n'a pas eu satisfaction et de réparer ou de compenser le problème. Il n'y a qu'une raison pour laquelle un client se plaint : il n'a pas obtenu le produit/service qu'il attendait. Dès lors, le fournisseur doit répondre à la réclamation de son client de manière rapide et efficace afin de conserver sa confiance.

À l'écrit

La réponse à une réclamation doit être très rapide après avoir étudié l'origine du problème. Un incident peut être acceptable pour le client si le fournisseur se montre très réactif. La réponse sera structurée et claire : montrer que l'on est mobilisé sur le problème, décrire l'incident et ses causes, proposer une solution très rapide pour dépanner le client, informer le client du traitement de la réclamation (intervention des assurances, retour des marchandises abîmées, etc.). L'important à ce stade est de résoudre le problème du client, le traitement juridique et la définition des responsabilités interviendront plus tard.

Réponse à une réclamation client

TEILLHARD PLASTIQUES SA
46200 Souillac
France

June 11th, 2021

Bosky Block Inc.
4545 Market Street
Philadelphia, PA 19101
Re: Order number 56/YK-909

Dear Ms. Johnson,

Thank you for your letter of May 29 in which you described having received goods we dispatched in bad condition. Please accept our sincere apologies for this **setback**. Your business is very important to us, and we will **do whatever is necessary** to correct this problem as soon as possible.

While your insurance **adjuster** completes an investigation to determine liability, Teillhard SA has taken the liberty to contract a third-party supplier, AED Chemicals, to supply you with the same product that you ordered from our own company. This will come **at no additional charge** to what you have already **settled** with us, and you can be delivered as soon as we receive confirmation on your part.

Again, your **loyalty** is essential to us, and we will make every effort in the future to avoid such **mishaps**. We have ourselves used a new transporter, and did not expect such poor transportation conditions. This transporter has been informed of the problem, and has **in turn** had to give clients explanations for poor service.

We are of course available for any additional information. We look forward to hearing from you soon.

Sincerely,
Jean-Marie Fiorini

La façon de prendre en charge l'appel d'un client mécontent est très précise : on doit prendre le temps d'écouter l'objet du litige (même si ce n'est pas agréable à entendre), demander des précisions pour mieux comprendre les tenants et les aboutissants (*the ins and outs*) et reformuler pour faire valider la définition du problème par le client en restant factuel. Ensuite expliquer les raisons objectives ou montrer que l'on va rechercher les causes et proposer une alternative opérationnelle. Enfin, préserver la relation avec le client en lui montrant son implication et la recherche de solutions préventives pour les prochaines commandes.

Faire baisser la pression et montrer que l'on s'implique dans la recherche d'une solution !

ɪ. Show that you understand what is at stake

Indeed, I see!
Yes, I understand.
Oh, I see what you mean!

ɪ. Montrer que l'on comprend ce qui se passe

Écoutez et n'interrompez pas !

2. Stick to the facts and be cool-headed!

Can you **specify** the exact number of **faulty** items?
What do you mean by "damaged"?
As mentioned in the **data sheet**, this packaging is not suitable for **sea freight**.

2. Revenir aux faits et garder la tête froide !

to specify = préciser.
faulty = défectueux – syn. : *defective*.

data-sheet = fiche produit/technique.
sea freight = transport maritime.

3. Give precise explanations

Apparently, some pallets were **crushed** during **handling** operations.

Fortunately, only **2 pallets out of 45** have been damaged.

3. Donner des explications précises

crushed = écrasé, mais *crush-proof* se traduit pas antichocs.
handling = manutention.

2 pallets out of 45 = 2 palettes sur un total de 45.
Attention : ne pas confondre avec « *out of* » = « en dehors de ».

4. Rephrase the part you can deal with immediately and suggest a first solution

If I understand you correctly, you are afraid of new **delays, aren't you?**
Well, in case of emergency, we can exceptionally **bring** the delivery date **forward** by using part of our **buffer stock**.
As a first step, I could suggest to send 2 new pallets by the next vessel, **freight prepaid**, what about that?

4. Reformuler la partie qui peut être traitée tout de suite et proposer une première solution d'urgence

delay = retard (faux ami).

buffer stock = stock tampon.
to bring forward = avancer une date.

as a first step = dans un premier temps.
freight prepaid = fret payé d'avance.

.../...

.../...

5. Show that you are responsive to any issue

Hello Pamela, John speaking! I'm calling you about your last order. **I've just heard** that the shipping company has **issued some reservations** about your cargo.

I wanted **to let you know** immediately!

5. Montrer que l'on est réactif par rapport à un problème

I've just heard = je viens d'apprendre.
to issue reservations = émettre des réserves.

to let someone know = ici, prévenir.

6. Show that you handle the situation

The damaged pallets are stored in our forwarder's warehouse to avoid **returning** them. So you don't have **to attend to it.**

6. Montrer que l'on maîtrise la situation

to return = renvoyer la marchandise, mais le fournisseur la reprend, *to take back.*
to attend to = s'occuper de.

7. Try to foresee problems

In order to avoid **hitches to your coming shipments,** don't you think we should use strong-sided boxes instead of **plain** cartons?

7. Faire de la prévention

hitches = des contretemps.
strong-sided = renforcé.
plain = simple.

8. Emphasize common interests and find a compromise

This has allowed both our companies to identify a potential risk of **damage** to the **cargo.**

8. Mettre l'accent sur les intérêts communs et trouver un compromis

damage = sinistre, dégâts, jamais de « s ».
cargo = la cargaison, pas le bateau !

9. Make a gesture to show your involvement

We are prepared to offer **compensation** on 5 tons.

We agree to take back the damaged batch, **carriage paid.**

We'll be pleased to **grant you a discount** on your next order.

We'll let you have an extra quantity, **at no extra cost.**

9. Faire un geste pour montrer son implication

compensation = dédommagement.

carriage paid = en port payé.

to grant a discount = accorder une remise commerciale.

at no extra cost : mieux que *free of charge.*

10. Restore trust

We have **taken the necessary action** with our works **to have this defect detected before packing.**

This has enabled us to study this matter and to understand your requirements better.

10. Restaurer la confiance

to take action = prendre des mesures, syn. : *to take steps.*
to have this defect detected before shipment = pour faire détecter ce défaut avant l'expédition. En anglais « faire faire » se dit *to have something done.*

Cela nous a permis d'étudier cette question et de mieux comprendre vos besoins.

Exemple de dialogue n° 56

DEALING WITH A CLAIM

— Julia: ABC, logistics, Julia speaking!

— Mr. Clarke: Hello Julia, John Clarke speaking!

— Julia: Hello Mr. Clarke, how are you?

- Mr. Clarke: Not that good, I'm afraid. Our freight forwarder has just advised us that our pallets have been held up at the Customs for 3 days. Have you heard about this problem?
- Julia: Oh, not yet, I'm sorry to hear that. Did he investigate the matter?
- Mr. Clarke: No, **he didn't give us the slightest explanation**.
- Julia: All right Mr. Clarke, I'll call him immediately to find out what went wrong; maybe a piece of information was missing in the invoice. **I'll try to pour oil on troubled water.**
- Mr. Clarke: I must tell you Julia that **we are not prepared to bear extra bond fees. Why should we bear the brunt of their mistake?**
- Julia: Well, I understand, Mr. Clarke, I'll see to it. I'll make sure your pallets are released soon and I'll keep you posted.
- Mr. Clarke: Thank you Julia, I'll be expecting your call. Good-bye.
- Julia: Good-bye Mr. Clarke.

Les expressions idiomatiques du dialogue

Cool things down!	Faire baisser la pression.
He didn't give us the slightest explanation.	Il ne nous a pas donné la moindre explication.
To pour oil on troubled water.	Calmer les choses.
We are not prepared to bear extra bond fees.	Nous ne sommes pas prêts à supporter les frais supplémentaires d'entrepôt sous douane.
Why should we bear the brunt of their mistake?	Pourquoi ferions-nous les frais de leur erreur ?

 GLOSSAIRE

adjuster: expert en sinistres – *The insurance adjuster settled only 50% of our claim.* L'expert en sinistres n'a réglé que 50 % de notre déclaration.

at no additional charge: sans frais supplémentaires – *You can have this service at no additional charge.* Vous pouvez bénéficier de ce service sans frais supplémentaires.

do whatever is necessary: faire le nécessaire – *Please do whatever is necessary to collect on this invoice.* Merci de faire le nécessaire pour le recouvrement de cette créance.

in turn: en conséquence – *She did not sign the transfer order, which was in turn sent to the advising bank.* Elle n'a pas signé l'ordre de virement qui a été par conséquent renvoyé à la banque notificatrice.

mishap: contretemps – *After so many mishaps, we refuse to continue working with this supplier.* Après tant de contretemps, nous refusons de continuer à travailler avec ce fournisseur.

setback: retard – *The transporter is currently experiencing a large number of setbacks.* Le transporteur subit actuellement un grand nombre de retards.

(to) settle: régler – *Please settle your account before placing future orders.* Veuillez régler votre facture avant de passer d'autres commandes.

▶ Pour aller plus loin, voir la fiche 37

CHAPITRE 8

Recruter

Un recrutement efficace s'appuie sur des documents précis qui vont permettre au recruteur de bien connaître les exigences du poste à pourvoir ainsi que le profil recherché.

Si vous possédez des descriptifs du (ou des) poste(s) à pourvoir, vous pouvez naturellement procéder à la définition du processus de recrutement : rédiger une offre d'emploi, décrypter un CV/une lettre de motivation.

Mais c'est en face à face que se prend la décision après avoir mené un entretien de recrutement structuré et adapté au profil du candidat à recruter. Enfin, le recruteur apportera au futur collaborateur toutes les informations nécessaires à son intégration.

Ce chapitre vise à l'atteinte des objectifs suivants :

- ➲ pouvoir rédiger une offre d'emploi en utilisant le vocabulaire adéquat ;
- ➲ comprendre un CV pour sélectionner les candidatures les plus pertinentes ;
- ➲ mener un entretien de manière structurée avec les questions clés en anglais ;
- ➲ envoyer des réponses de qualité aux candidats reçus ou non.

Fiches de situations du chapitre

L'offre d'emploi

Contexte

L'offre d'emploi est un document clé pour le recruteur qui recherche le candidat idéal. Pour des raisons contractuelles, l'offre d'emploi est formulée à l'écrit dans la vaste majorité des cas. L'offre d'emploi se doit d'être aussi détaillée que possible afin d'éviter la réception de candidatures mal ciblées. L'objectif de l'offre d'emploi est de fournir aux candidats l'information dont ils ont besoin pour choisir d'y répondre. Grâce aux annonces en ligne qui ne sont pas limitées en taille, les employeurs peuvent aujourd'hui se permettre de détailler leurs offres d'emploi.

À l'écrit

La structure d'une offre est très formatée. Elle présente succinctement l'entreprise, décrit le poste (missions, fonctions, responsabilités), précise le profil recherché (diplôme, expérience, compétences particulières, qualités attendues) et indique la fourchette de salaire et les avantages, les modalités de candidature ainsi que la clôture de la campagne de recrutement. Généralement, une offre d'emploi prend la forme d'une publication à laquelle va répondre un candidat avant l'entretien d'embauche. Elle peut être suivie d'une lettre envoyée à un candidat après l'entretien pour lui proposer le poste.

Exemple d'une offre d'emploi (avant l'entretien)

Training Manager Wanted

A well-known manufacturer of high-quality shoes is recruiting a Training Manager. This position involves the coordination of in-house language courses. **The applicant** selected will have experience in the training industry, and several years of experience as a manager.

Our company welcomes **applications** from foreign and domestic **nationals** with strong communication skills. The applicant must hold at least a bachelor's degree, between the ages of 20 and 30, and available for international travel.

According to qualifications, our company offers an attractive salary ($3,000-$5,000 monthly) and **benefits package**. Preference is given to candidates that speak Italian and English. German is a plus.

For interested candidates, it is necessary to fill out an on-line application at the following address before July 28, 2021:

http://www.hrsolutions.net/online_application

Following receipt of all completed on-line applications, pre-selected candidates will be contacted by e-mail for an interview.

We are an equal opportunity employer (EOE).

Exemple d'une lettre de proposition de poste après l'entretien

Dear Vincenzo Fratti,

Following our interview last week, we are pleased to confirm that you have been selected for the position of administrative director at ABC Company.

As you will fill a management position, you will report directly to the CEO, Mr. Gillespie. Given your education and your vast experience in administrative management, we are very much looking forward to working with you to create a sense of quality and direction in our administrative department.

Knowing that you already negotiated your expectations and benefits package with Ciaran Pearson last week, we would be happy to offer you a starting salary of €75,000 net/annum, which will be settled in twelve monthly **installments** via wire transfer.

Should you accept this position, the provisional date of entry has been set at July 14th, 2022 at our headquarters located in the Aldwych borough of London (see address below). Our workweek has been set at 35 hours per week, from Monday to Friday during business hours. If you would like, you may also opt to work remotely, limited to 14 hours per week. You will find herewith a copy of the job description, which should help you make the best decision for you.

As Director of Administration, you will also benefit from our company health insurance and retirement scheme, 4 weeks of paid vacation, as well as a number of other fringe benefits that you may be interested in (company car, meal plan, lodging, etc.). Please find all information on the benefits package in the enclosure.

You will also find a copy of your contract with a 3-month trial period, which allows you to make the best decision about our future collaboration.

Welcome on board! We are really looking forward to working together. Do not hesitate to contact me if you have any questions, and if you are interested in the offer, please confirm your acceptance before next Friday 13th at danny.sheldon@abc.com.

Sincerely,
Danny Sheldon, CEO, ABC Company

Attirer les meilleurs candidats

1. Title of the position offered

What title is to be attributed to the employee internally, and how to identify them externally?

How does the title name correspond to **responsibilities** and **workload**?

2. Type of contract/employment

What type of contract is being offered? A **part-time**, **full-time**, short-term or long-term contract? Is the labor contract oral, or is there a **drafted** agreement?

1. Titre du poste

responsibilities = responsabilités. Attention : notez la différence d'orthographe entre l'anglais et le français.

workload = charge de travail.

2. Type de contrat/d'emploi

part-time = temps partiel.
full-time = plein temps. Attention : notez *full-time*,
long-term contract = CDI.
to draft = rédiger/écrire.

.../...

.../...

3. Compensation for the position

How does the level of responsibilities match the **remuneration** of the employee? Will the employee be paid **annually, hourly**? Is **overtime** obligatory?

Are there commissions or other bonuses that can be added on to the base salary?

4. Dates of entry into the position, schedule, workplace

When does the position start, what is the work schedule and is there an opportunity to **work from home?** **What is the location of the workplace?**

5. Dates compensation will be paid out

When are employees paid? **Monthly**, bi-monthly, weekly? Is compensation paid out by check, **direct deposit, in cash?**

6. Direct hierarchical supervision

Who does the employee **report to**, and what is the employee's hierarchical position in the organization? Who are the employee's subordinates? Collaborators?

7. Offer expiration date

How long is the employment offer valid? Is there **a trial period?**

3. Salaire/indémnités/traitement

remuneration = les prétentions salariales (dans le contexte d'un entretien) – syn. : *pay, salary, wages, remuneration, indemnity, compensation, expectations.*
annually = annuellement.
hourly = par heure.
overtime = heures supplémentaires.
Des commissions ou des primes viennent-elles en complément du salaire de base ?

4. Date d'occupation du poste, emploi du temps, lieu de travail

work from home = télétravail.

Où se trouve le lieu de travail ?

5. Date de versement du salaire

monthly = mensuellement.
direct deposit = virement automatique.
in cash = en liquide.

6. Supériorité hiérarchique

to report to = dépendre de. Attention : ne pas confondre avec *to report on* = faire un rapport sur.

7. Date d'expiration de l'offre

trial period = période d'essai.

GLOSSAIRE

applicant: candidat – *We have a good number of applicants in our employment pool.* Nous avons bon nombre de candidats dans notre vivier.

application: candidature – *The human resources team will examine three applications this afternoon.* L'équipe ressources humaines va étudier trois candidatures cet après-midi.

(to) apply for: candidater/postuler – *Why weren't there many people to apply for this position?* Pourquoi si peu de candidats ont-ils répondu à cette offre de poste ?

benefits package: avantages sociaux – *Could you tell me a little more about the benefits package? Are there restaurant vouchers?* Pouvez-vous m'en dire davantage sur les avantages sociaux ? Y a-t-il des tickets-restaurant ?

monthly installments: mensualités – *Your salary will be paid out in monthly installments.* Votre salaire sera mensualisé.

national: ressortissant – *In order to be eligible for this position, you must be a European national.* Il faut être un ressortissant de l'Union européenne pour postuler à cet emploi.

training manager: responsable formation – *The training center hired a new training manager.* Le centre de formation a engagé un nouveau responsable formation.

▶ Pour aller plus loin, voir les fiches 57 et 58

Le curriculum vitae

Contexte

L'objectif du curriculum vitae (du latin *curriculum*, « programme », et *vitae*, « vie ») est de présenter un résumé de son parcours et de ses compétences de manière succincte et efficace, en soulignant ses qualités professionnelles. Le recruteur averti retiendra les CV faciles à lire qui comportent les informations les plus pertinentes par rapport au poste à pourvoir. Le CV est devenu essentiellement électronique, ce qui a permis de le rendre plus attractif et de l'adapter plus facilement aux annonces auxquelles on répond.

À l'écrit

Un curriculum vitae rend compte de vos expériences et réalisations professionnelles ainsi que de votre formation. La forme doit être au service du message, tout en étant adaptée au destinataire. À noter les différences entre le CV britannique (classique, détaillé, plus long) et le CV américain (synthétique, analytique, proche du CV français).

Exemple d'un CV

Bradley Klingensmith
65, rue Lepic, 75018 Paris
France

Cellular: +33 (0) 6 27 83 11 07
E-mail: bklingensmith@yahoo.com

HR and payroll expertise, team management, excellent rapport-building, and an ability to learn and absorb knowledge.

EDUCATION

2019-2020 — University of Paris
Master in Business Administration, Paris, France

2015-2018 — Harvard Business School
Bachelor of Business Administration, Cambridge, USA

EXPERIENCE

July 2018-June 2019 — **Vintage Overseas Processing, India**
Payroll & HR Administration
- Handled payroll administration for both Indian and Irish staff (approx. 600 employees)
- Acted as payroll interface between PeopleSoft and Payroll

Recruitment
- Managed both initial screening and subsequent HR interview rounds

LANGUAGES, SKILLS AND INTERESTS

- **English:** mother tongue, **French:** bilingual, **Spanish:** intermediate
- Word, Excel, PowerPoint, Adobe Photoshop
- Cricket, photography, stamp collecting

Faire ressortir du lot son CV

1. Select the right CV/résumé structure

A CV/résumé can adopt a variety of structures. Among these, we can identify:

Reverse chronological structure

Most common/traditional format, **highlighting** most recent experiences first.

Combination structure (skills based)
Consists of a summary of large categories of skills, with a **breakdown** of practical experience in each.

Chronological structure

Highlights the **recent graduate** by drawing attention to educational **experience** first before addressing work experience.

2. Include the right contact information

The most important information that must be included: **name** (first name first, last name last), phone number (cell phone preferred), postal and electronic mailing addresses.

3. Adapt to a job offer using a statement of objective

Sum up your position-related skills and qualifications, and place this statement at the top of your résumé.

Ex: **Reliable** and dynamic saleswoman with over 5 years of experience in **B2B** sales in a fast-paced, **internationally-geared**, advertising agency. **Achieved** 90% of sales goals, and surpassed 95% of those by more than 10%.

4. Detail most important work experience

Include the job title, the company name, dates employed, and key responsibilities using action verbs.
Managed both initial screening and subsequent HR interview rounds

1. Choisir le bon format du CV

reverse chronological = anti-chronologique.

to highlight = mettre en évidence.

consists of (US) = *consists in* (UK).
Les prépositions « *of* » et « *in* » sont souvent suivies par un nom, ou par un verbe en *–ing*.

breakdown = détail.

recent graduate = nouveau diplômé.

Le mot « *experience* » est plus souvent utilisé dans sa forme invariable et indénombrable (ex. : *She has a lot of work experience* – et non pas : *many work experiences*).

2. Indiquer les informations de contact

name : en anglais, fait référence au prénom ET au nom de famille, ou bien juste le prénom. En revanche, *name* ne fait jamais référence juste au nom de famille, contrairement au français.

3. Adapter une phrase d'accroche au descriptif du poste

Cette petite phrase d'accroche sert à résumer les compétences du candidat. Elle doit être adaptée au descriptif du poste.
reliable = fiable.
B2B = *business to business*. *B2C* = *business to customer*.
internationally-geared = tourné vers l'international
to achieve = atteindre.

4. Lister les expériences professionnelles les plus pertinentes

to manage = gérer.
management = gestion.
manager = manager/responsable.

5. List education and training

Place your most recent, or the highest degree achieved, and any other degrees or certifications in reverse-chronological order.

5. Indiquer les diplômes obtenus et les formations suivies

Notez l'équivalence des diplômes :
high school diploma (US)/*A-levels* (UK) = baccalauréat.
associate's degree = BTS/DUT/DEUG.
bachelor's degree = licence.
master's degree = master.
PhD/doctorate = doctorat.

6. Add miscellaneous/skills section

One can add several **skills** on a résumé, such as **IT skills** and language abilities. Here it is important to indicate the proficiency in each of these areas. Other skills might include project management, international relations, etc.

In addition to skills, **miscellaneous** information can also be added, such as hobbies and interests, such as stamp collecting and sports.

Be careful, though! Make sure that any hobbies or interests are not **fleeting**, but real interests and hobbies.

6. Ajouter des informations diverses et des centres d'intérêt

IT skills = compétences en informatique.
proficiency = niveau/degré.

Une rubrique « Divers » (*miscellaneous*) sur un CV peut contenir des informations sur les centres d'intérêt, activités sportives… On peut aussi l'intituler « *Interests* »

fleeting = éphémère – syn. : = une lubie.

ATTENTION : UN CV EN ANGLAIS NE COMPORTE PAS LES MÊMES INFORMATIONS

- Ne pas mettre sur son CV en anglais : sa situation de famille, nombre d'enfants, titulaire d'un permis de conduire, date de naissance, plus d'une adresse électronique/numéro de téléphone.
- Les informations facultatives : un lien vers un profil professionnel (LinkedIn, Viadeo, etc.), adresse d'un blog, d'un site internet personnel.

ATTENTION : UTILISER DES VERBES D'ACTION POUR DYNAMISER VOTRE CV

- Au participe passé (*managed, created, purchased*, etc.) pour des postes passés.
- Au participe présent (*managing, creating, purchasing*) pour des postes que vous occupez actuellement.

 GLOSSAIRE

degree: diplôme – *The next graduating class is expected to receive their degree next fall.* On s'attend à ce que la prochaine promotion soit diplômée en automne prochain.

fleeting: éphémère/une lubie – *Their interest in the international transaction was fleeting and fraught with doubt.* Leur intérêt pour cette transaction internationale était de courte durée et semé de doutes.

miscellaneous: divers – *After the main points are discussed, we will have some miscellaneous business to attend to.* Une fois qu'on aura discuté les points principaux, nous allons devoir traiter diverses affaires.

name (or first name): prénom – *You just have to put your name on the badge.* Vous n'avez qu'à mettre votre prénom sur le badge.

proficiency: degré/niveau de connaissance – *Her database management proficiency far surpasses mine.* Ses connaissances en gestion de base de données dépassent les miennes de loin.

reverse-chronological: anti-chronologique – *Most good CVs are in reverse-chronological order.* La plupart des bons CV s'organisent en ordre anti-chronologique.

skills: compétences – *It is always a good idea to include language skills on a résumé.* Il est toujours de bon augure de faire figurer ses compétences linguistiques sur un CV.

(to) summarize/(to) sum up: résumer – *To sum up, you sent your résumé to several temp agencies.* Pour résumer, vous avez envoyé votre CV à plusieurs agences d'intérim.

▶ Pour aller plus loin, voir la fiche 58

La candidature écrite

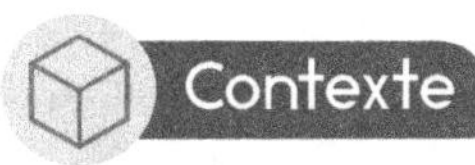 Contexte

Le recruteur recherche dans la candidature écrite la validation de l'intérêt du candidat pour son entreprise et le poste proposé. Il voudra s'assurer d'une bonne expression écrite, de l'analyse des points forts et de la valeur ajoutée du candidat. Enfin, c'est une amorce du dialogue qui délivre déjà une première image de ce dernier.

 À l'écrit

Bien qu'il existe une formule générale pour l'apparence de votre candidature écrite (un paragraphe de présentation, un ou deux paragraphes pour expliquer ce que vous proposez à l'entreprise + conclusion), chaque organisation possède sa propre culture… ce qui doit se refléter dans le contenu. D'où l'importance d'adapter la lettre de motivation à chaque nouvelle candidature. Attention le format doit être court, maximum une page.

Exemple d'un e-mail de candidature

To: david.grisham@abc.com
From: marie.robert@yohoo.fr
Date: September 11, 2021
Subject: Your job ad ref. 2345 published on glassdoor.com

Dear Mr. Grisham,

I noted with interest your ad for a **sales executive** with management skills and knowledge in France. I will soon be completing a Bachelor's degree with a **major** in Modern Languages—English and Chinese—and a **minor** in Business, Economics and Law.

I am presently looking for a rewarding job in order to enhance my international working experience and my **insight** into the operations of an international company. Due to my strong personal interest in international markets, I have decided to specialize in the field of sales and distribution.

As you will see from my **enclosed curriculum vitae**, I recently completed an internship as an assistant manager of the toy section at Auchan, a French supermarket. I was given the responsibility to advise customers in their buying decisions and to inform them about certain **features** of our different brands.

As my **field studies** suggest, I have a strong interest in languages and I very much enjoy communicating with people of different cultures.

I would be very pleased to meet you for an interview at your convenience. I thank you for your attention and look forward to hearing from you soon.

Yours sincerely,
Marie Robert
Enc.: CV MRobert.pdf

Exemple d'une lettre de motivation

Jason McCormac
844 S. Nevada Ave.
Colorado Springs, CO 80903

Oliver South
Assistant Director
Word Master International
Los Angeles, CA 90241

November 11, 2022

Dear Mr. South,

I am sending you this letter in reference to the translator and interpreter position recently advertised on Word Master International's website.

I believe I would make a valuable addition to your company, as I have all the necessary qualifications you require, a Bachelor's degree in Applied Foreign Languages, with a major in French and Greek and a minor in Business. English is my mother tongue, and I have excellent writing and verbal skills, which could greatly benefit your company.

Additionally, I have 3 years of experience working as a Junior Translator/Interpretor at the United Nations headquarters in New York. This experience has afforded me vast knowledge in the translation/interpreting domain, skills that I would like to bring to your company, whose mission corresponds to my professional philosophy and work ethic.

As my field studies indicate, I have a strong interest in languages and foreign cultures, and I love to travel.

It would be an honor to meet with you to discuss the possibility of a future partnership together, and would be able to meet you at your convenience.

I look forward to hearing from you soon.

Sincerely,

Jason McCormac

Rédiger une candidature

1. Make reference to the job offer

Include the source of the job offer:

- **a want-ad**/the **classifieds**
- Internet **job search platform/job board**
- newspaper/advertising

2. Underline your education/training and how it relates to the job

Include the degree, the level, and the description of each diploma obtained. Demonstrate the link between the skills acquired from training (or past experiences) and the future partnership with the company.

1. Faire référence à l'offre d'emploi

classifieds = petites annonces.

job search platform/job board = moteur de recherche d'emploi/site d'offres d'emploi.

2. Indiquer sa formation et son adéquation avec le poste

Si vous avez un niveau en langue, par exemple, indiquez un score obtenu sur un test de compétences linguistiques (ex. : *TOEIC 850* ou *English level C1*).

3. Make reference to the CV/résumé

In this section, mention a point brought up in the résumé, and elaborate on in as it relates to the job.

Example : As you can see in my enclosed CV, I have 10 years of experience in **retail distribution** at the **executive** level. I would like to bring this experience to your company to help develop and manage its franchise network, where there is vast potential.

4. Suggest meeting over an appointment

Indicate a time and **availabilities** to meet to discuss a future collaboration in person.

3. Faire référence au CV

Ce paragraphe permet au candidat de montrer le lien entre la formation/les expériences et les responsabilités du poste.

retail distribution = grande distribution.
executive = cadre/cadre supérieur.
at the executive level = en tant que cadre/cadre supérieur.

4. Proposer un rendez-vous

Le verbe « proposer » se traduit par *to suggest/to advise/to recommend* le plus souvent en anglais.
availabilities = disponibilités.

ATTENTION : RAPPELER LES RÉFÉRENCES DE L'ANNONCE !

▸ La date et le support de parution.

▸ Le numéro de l'offre.

GLOSSAIRE

(to) enclose: joindre – *You will find enclosed the file I was talking to you about today.* Vous trouverez en pièce jointe le fichier dont je vous ai parlé aujourd'hui.

field studies: études de terrain – *My field studies included a 5-month survey of the country's vast political spectrum.* J'ai fait une étude de terrain de cinq mois sur le spectre politique du pays.

insight: compréhension – *He has a special insight into this situation.* Il a une compréhension particulière de cette situation.

major/minor: spécialisation/parcours ou option – *I completed my Bachelor's Degree with a major in Computer Science and a minor in Programing.* J'ai obtenu une licence en informatique avec l'option « programmation ».

(to) suggest: proposer – *I suggest you try out this new machine for free.* Je vous propose de tester cette nouvelle machine gratuitement.

want-ad: petite annonce – *He took out a want-ad on the job board.* Il a publié une annonce sur le site d'emploi.

▸ Pour aller plus loin, voir la fiche 57

 # La lettre d'acceptation/de refus

 **Contexte**

L'objectif de la lettre d'acceptation est d'informer le candidat de l'avis favorable et de lui indiquer les démarches administratives nécessaires si toutefois il décide d'accepter le poste. La lettre de refus, elle, doit informer le candidat non seulement de l'avis défavorable à la suite de l'étude de sa candidature, mais aussi lui expliquer pourquoi celle-ci n'a pas été retenue.

 **À l'écrit**

Dans le cas d'une acceptation

Un employeur rédige une lettre d'acceptation à une personne (un candidat) qu'il souhaite embaucher dans sa société. Dans la plupart des cas, le salaire et les responsabilités du poste avaient déjà été négociés à l'avance en personne.

Exemple d'une lettre d'acceptation

ABC Company
Leela Beasley
3678 Trainer Avenue
Saybrook, IL 61770
E-mail: LCB@yohoo.fr

Mr. David Calhoun
5215 Saddle Dr.
Colorado Springs, CO 80803

March 4, 2021

Dear Mr. Calhoun,

Further to our interview of February 14th, we are pleased to confirm that you have been appointed as our Europe Key **Account Manager**.

You will find enclosed your employment contract **in duplicate.** Please return one copy duly signed as soon as possible.

As agreed, your contract is to start on April 1st. **In the meantime**, feel free to contact us for any further information you would require.

We are glad to welcome you to our group and trust that our collaboration will be successful.

Sincerely,
Leela Beasley
Director of Accounts at ABC

Enc.: Work contract

Réponse à une lettre d'acceptation

Mr. David Calhoun
5215 Saddle Dr. - Colorado Springs, CO 80803

ABC Company
Leela Beasley
3678 Trainer Avenue
Saybrook, IL 61770

Dear Ms. Beasley,

I would like to take this opportunity to thank you sincerely for this offer of employment at ABC company. It is a great honor for me to accept the position of Europe **Key Account Manager**. This mission's objectives correspond perfectly to my profile and personality, and I cannot wait to meet my **fellow coworkers**!

As mentioned during our interview on February 14th, my salary has been set at $50,000 **per annum**, and we will discuss the possibility of **leasing a company vehicle** after my 90-day trial period.

Thanks again for this opportunity, and for the wonderful interview we had a few weeks ago.

Please do not hesitate to contact me if need be.

Best regards,
David Calhoun

Dans le cas d'un refus

Un recruteur envoie une lettre de refus aux candidats qui ne correspondent pas aux exigences du poste à pourvoir. Expliquer au candidat pourquoi sa candidature n'a pas été retenue est fondamental car il est probable que sa recherche d'emploi ne s'arrête pas là. Il est donc important de lui donner un retour qualitatif pour l'encourager dans la poursuite de ses recherches.

Exemple d'une lettre de refus

ABC Company
John Boyle
1603 Railroad Street
Jacksonville, FL 32205 - United States
E-mail: jboyle@abc.com

Mr. Pierre Labonté
71, place de la Madeleine
75001 Paris
France

March 26, 2022

Dear Mr. Labonté,

Further to our **job interview**, we regretfully inform you that your application has not been selected.

Despite your numerous qualifications, we have chosen an **applicant** who will fully meet all **job requirements**, and notably for the foreign language requirement.

However, we are keeping your **application** on file and, should another opportunity come to our attention, we will **get in touch with you again**, without fail.

We hope you will soon find a position in accordance with your **expectations** and skills.

Sincerely,

John Boyle

John Boyle, Human Resources Director

 GLOSSAIRE

account manager: chargé de clientèle – *The account manager is frequently bogged down with phone calls.* Le responsable de compte est souvent submergé d'appels téléphoniques.

coworkers: collègues ou coéquipiers – *It's great to meet new coworkers when you get transferred!* C'est super de rencontrer de nouveaux collègues quand on a une mutation !

(in) duplicate: en double exemplaire – *I will send the information out in duplicate.* Je vous enverrai les informations en double exemplaire.

expectation: attente – *What are your expectations for your future professional development?* Quelles sont vos attentes quant à votre développement professionnel futur ?

fellow coworkers: collègues – *I wish my fellow coworkers could understand why we must go forward with this project.* J'aimerais que mes collègues comprennent la raison pour laquelle nous devons avancer sur ce projet.

get in touch with you again: vous recontacter – *If we have an employment vacancy which corresponds to your profile, we will get in touch with you again.* Nous vous recontacterons s'il y a un poste à pourvoir correspondant à votre profil.

job interview: entretien d'embauche – *Francesca was called in for a job interview last Thursday.* Francesca a reçu une convocation à un entretien d'embauche jeudi dernier.

job requirements: prétentions salariales – *Could you explain if you have other requirements before we make a decision on your application?* Pouvez-vous nous indiquer si vous avez d'autres prétentions avant de prendre une décision sur votre candidature ?

(to) lease a company vehicle: louer une voiture de fonction (à long terme) – *One of the perks of employment was being able to lease a company vehicle.* L'un des avantages de ce poste était de pouvoir louer une voiture d'entreprise.

(in the) meantime: en attendant – *She is eating lunch. In the meantime, you could begin making calls.* Elle est en train de déjeuner. En attendant, tu pourras déjà commencer à téléphoner.

per annum: par an – *Each of them make about one-hundred thousand per annum.* Ils ont chacun un salaire d'environ cent mille dollars par an.

trial period: période d'essai – *Before I can get any perks, I must go through a 3-month trial period.* Avant de pouvoir bénéficier des avantages salariaux, je dois finir ma période d'essai de trois mois.

▶ **Pour aller plus loin, voir la fiche 56**

L'entretien de recrutement

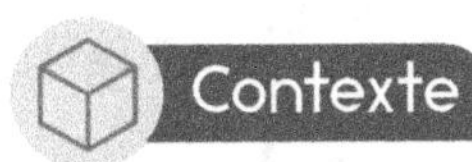

Contexte

La concurrence sur le marché de l'emploi ne cesse d'augmenter et les candidats ont de plus en plus de flexibilité dans leur choix d'un futur employeur. Pour un recruteur, cela signifie qu'il est de plus en plus difficile d'engager une personne qui correspond au poste, d'où l'importance d'une bonne préparation en amont de l'entretien.

À l'oral

Avant de rencontrer les candidats lors d'un entretien, il faudra préparer des questions pertinentes. En effet, le recruteur aura besoin d'une grille d'évaluation pour comparer les candidats en termes de compétences, le niveau par rapport aux exigences du poste, la capacité d'intégration dans l'entreprise et dans l'équipe, le potentiel de développement du candidat, ainsi que les motivations et les aspirations de celui-ci.

Mettre le candidat à l'aise

1. Welcome the candidate and introduce yourself

Good morning Mr. James, pleased to meet you.

I'm the HR manager and I'm in charge of **recruitment** for **management positions** at a **corporate level**.

Was the map I sent you of any help to find our **premises**?

Were you able **to park** your car?

1. Soigner l'accueil du candidat et se présenter

Bonjour M. James, enchanté.

recruitment : attention à l'orthographe (*ui*). Verbes : *to recruit, to hire*.

management positions s'utilise pour des postes d'encadrement.

Corporate level s'utilise pour désigner le niveau fonctionnel (siège).

premises = locaux (faux ami).

to park = se garer.

2. Explain the way the interview will be conducted

I'll ask you to introduce your **educational background**, then we'll study your **work history**.

Please, tell me about your **academic record**, then we'll consider your experience and **proven skills**.

2. Expliquer le déroulement de l'entretien

educational background/academic record s'utilisent pour qualifier le parcours de formation.

work history est un synonyme d'« *experience* ».

proven skills pourrait se traduire par « compétences terrain ».

.../...

.../...

3. A few words about the company

We design and make the equipment but we also **market it** through our own distribution network.

We are specialized in supply chain management; our activities **range from** packing and warehousing **to** deliveries overseas, **through** transit and customs clearance.

3. Quelques mots sur l'entreprise

we design and make = nous concevons et fabriquons.

to market : verbe utilisé pour « commercialiser ».

to range from… to… through : structure intéressante pour présenter succinctement l'éventail des produits et services de l'entreprise.

4. Outline the company's expectations

The aim of this new structure is to develop an efficient customer service **so as to** reduce the number of claims significantly.

4. Donner un aperçu des attentes de l'entreprise

so as to = afin de ou de façon à – syn. : *in order to*.

Orienter ses questions selon les critères de sélection du poste

1. A few questions about the educational background

Why did you decide to do a **Bachelor's Degree** in Law?

Why did you **change directions** after two years?

1. Questions sur le parcours et les choix de formation

bachelor's degree : une licence, attention on utilise *degree* pour les diplômes universitaires et *diploma* pour les diplômes du secondaire ou professionnels.

to change directions = changer d'orientation – syn. : *to redirect*.

2. A few questions about proven skills

Did you have **to draw up** quality diagnosis?

Were you involved in **technological watch**?

Did you have the opportunity **to install** new management tools?

What kind of reporting system did you **implement to monitor** the sales force **in the field**?

2. Questions sur les compétences terrain

to draw up = établir/élaborer (phrasal verb) – syn. : *to make out*.

technological watch = veille technologique.

to install = installer. Attention deux *l* à l'infinitif.

to implement = mettre en œuvre, et non pas « implanter » !

to monitor = surveiller, superviser, contrôler.

in the field = sur le terrain.

3. A few questions about responsibilities

How many employees did you have **to manage** directly?

Were you in charge of **setting targets** and controlling results?

How did you **succeed in** motivating your team?

How did you **manage to** improve the **abilities** and results of your team?

Were you also personally in charge of **a portfolio**?

3. Questions sur les niveaux de responsabilité

to manage = ici encadrer, diriger.

to set targets = fixer des objectifs. Attention, *to fix* veut dire « réparer ».

to succeed in : attention à la construction du verbe qui suit -*ing*.

to manage to = réussir à (*phrasal verb*).

abilities = aptitudes, talents et compétences.

a portfolio : peut se dire d'un portefeuille clients ou fournisseurs.

4. A few questions about soft skills and career prospects

What are the **assets** that would allow you to meet the job requirements?

Can you work under pressure and **tight deadlines**?

What do you expect from this position?

How do you imagine your **career development**?

Would you like to **take on new responsibilities**?

5. A few questions about social life and interests

What are your hobbies?

You mention in your **résumé** that you belong to a **charity**, what is its purpose?

4. Questions sur les qualités personnelles et l'évolution recherchée

assets = ici, les atouts, mais s'utilise aussi pour l'actif du bilan en comptabilité.

tight deadlines = ici, des délais très serrés, mais en général *deadline* se traduit par « date limite ».

career development = évolution de carrière. Attention à l'orthographe de *career* : ne pas confondre avec *carrier* le transporteur ou le réseau télécom.

to take on new responsibilities = assumer ou exercer de nouvelles responsabilités. Attention à l'orthographe : 4 fois « i ».

5. Questions sur la vie sociale et les centres d'intérêt

Quels sont vos loisirs favoris ?

résumé = CV (curriculum vitae). Attention : **les accents sont conservés** pour ne pas confondre avec *to resume* (reprendre après une interruption).

charity = association caritative.

 **Exemple de dialogue n° 57**

LEADING A RECRUITMENT INTERVIEW

— Mrs. Roberts (recruiter): Nice to meet you Mr. Clark, I'm Mrs. Roberts! I am in charge of middle-management positions here, at HR Consulting.

— Mr. Clark (candidate): Nice to meet you, too, Mrs. Roberts.

— Mrs. Roberts: Can I take your coat?

— Mr. Clark: Yes, thank you.

— Mrs. Roberts: Please have a seat. So, you replied to our ad last week concerning the position of export area manager. Well, your background in export sales in the Middle East could **match our requirements** for this position. But first of all, tell me about your academic record.

— Mr. Clark: Sure. Five years ago I graduated from a business school in International Management with a master's degree. After that, I decided to spend one year in Germany with a double major in Business engineering. My goal was to have the capacity **to market** industrial or technological products or services at a worldwide level.

— Mrs. Roberts: That makes sense. I see in your résumé that, prior to your master's degree, you did a Bachelor's Degree in English with a major in Translation. Did you plan to become a translator at first?

— Mr. Clark: Well not really. The point is that I've always been keen on foreign languages, particularly English. Besides, I thought that a good level in English is always an asset. It also allowed me to have a sound knowledge of German. But then I realized that I should have more professional knowledge to start my career.

— Mrs. Roberts: Fine. Now regarding your job history, could you outline the skills and achievements you gained through your 4 years of experience at Bausch GmbH in Frankfurt?

— Mr. Clark: It was a challenging position really for a career start, but I enjoyed it a lot. After 3 months at the company head office, I was sent to Saudi Arabia to develop a new market segment with the support of our local agent. I could rely on his experience and knowledge and soon I managed to set up a strategy, a budget and an action plan. It worked pretty well, as our market share increased by 20% within the first 2 years. Then, I was appointed business engineer for a project in Dubai that I had to manage for 1 year. It was also a success. Finally, I was promoted to the position of Middle East area manager back in Frankfurt.

— Mrs. Roberts: So, why did you decide to come back to France?

— Mr. Clark: Well, homesickness probably… I was missing my friends. On top of that, my family needed me here in France.

— Mrs. Roberts: Oh, I see. Then, are you available for extensive travel?

— Mr. Clark: Absolutely, I used to travel twice a month **on average** for the last 4 years, and I'm willing to go on at the same pace.

— Mrs. Roberts: Well **the news is very good**, Mr. Clark, you seem **to be the one-man band** we are seeking for this job. A second interview will be scheduled next week with the international division director to go into more detail concerning your application.

— Mr. Clark: Thank you so much, Mrs. Roberts, I'll be pleased to meet him.

— Mrs. Roberts: You're welcome. Have a good day Mr. Clark, good-bye.

— Mr. Clark: Good-bye, Mrs. Roberts.

Les expressions idiomatiques du dialogue

On average.	En moyenne.
The news is very good.	Les nouvelles sont bonnes.
To be the one-man band.	Être un homme orchestre.

 ## GLOSSAIRE

(to) market: commercialiser – *Her company marketed products all around the world.* Son entreprise a commercialisé des produits partout dans le monde.

(to) match: correspondre - *Her profile does not match the job announcement.* Son profil ne correspond pas à l'annonce d'emploi.

(to) recruit/(to) hire: engager/embaucher – *The human resources department hired three new staff members.* Les ressources humaines ont engagé trois nouveaux collaborateurs.

▶ Pour aller plus loin, voir la fiche 59

Mémento

Présentation

L'anglais est globalement une langue facile sur le plan de la grammaire et du vocabulaire, avec beaucoup de similitudes par rapport au français. 70 % des mots en anglais sont d'origine latine et les structures de la syntaxe sont en général très proches.

Cependant, il existe de nombreux pièges et c'est souvent la ressemblance entre les deux langues qui peut s'avérer trompeuse avec, par exemple, les faux amis et la construction des temps. De plus, l'anglais et le français présentent une perception de la réalité très différente et leur structure s'en ressent : l'anglais « filme » la réalité et rend compte des actions en respectant toujours l'ordre réel, par exemple « *He ran accross the street* » (On le voit courir en traversant la rue). Le français est une langue plus conceptuelle, qui réorganise la réalité, par exemple : « Il a traversé la rue (action) en courant (manière). » Cela se ressent également au niveau du lexique de chaque langue : l'anglais possède un lexique de mots concrets très riche, le français de mots abstraits. Enfin, n'oubliez pas que l'anglais est une langue plus directe (moins de fioritures) et plus elliptique (moins de mots pour le dire).

Mais c'est dans la compréhension et l'expression orales que l'on rencontre le plus de difficultés. Beaucoup d'éléments de la syntaxe sont « avalés » par les anglophones et cela rend la compréhension plus exigeante pour les non-natifs qui ne maîtrisent pas bien la grammaire. C'est pourquoi l'écoute régulière est très efficace pour progresser. Quant à l'expression orale, elle est directement liée à la qualité de notre oreille et à la capacité de chacun de reproduire des sons. Là encore, c'est dans l'écoute régulière que se trouve la solution.

L'objectif de ce mémento est de revenir de manière claire et concise sur ces difficultés et ces pièges, que ce soit à l'écrit ou à l'oral.

Comment utiliser au mieux ce mémento ?

1. Pour améliorer votre expression orale :

- écoutez régulièrement, dans les fichiers téléchargés, les prononciations présentées dans les tableaux du mémento pour les mémoriser ;
- utilisez aussi votre mémoire visuelle en relisant fréquemment les différents tableaux du mémento (accentuation, différences de prononciation, etc.) ;
- revoyez régulièrement les pièges présentés pour apprendre à les repérer et pour les retenir.

2. Pour améliorer votre expression écrite :

- identifiez bien les différences d'orthographe entre l'anglais britannique et l'anglais américain, c'est une marque de respect qui sera appréciée ;
- n'abusez pas des abréviations et surtout apprenez à adapter votre expression écrite au contexte et au niveau de votre interlocuteur ;
- enfin identifiez les formules d'usage dans la communication professionnelle à l'écrit.

Un dernier conseil pour perfectionner votre anglais : privilégiez l'écoute régulière, en passant du sous-titré en français au sous-titré en anglais (pour voir la correspondance entre l'orthographe et la prononciation) puis à la VO intégrale car l'objectif ultime est de ne plus passer par le français. Votre cerveau fera le travail et vous progresserez sans effort ! Sachez que cela vous servira aussi pour améliorer votre expression écrite.

1

Améliorer son expression orale

Nous avons voulu, dans cette partie, mettre l'accent sur les points névralgiques de l'expression orale en anglais, mais, également, revenir sur les pièges de la langue qui pénalisent souvent l'expression orale des non-natifs. Notre ambition est la suivante : si vous mémorisez, à terme, le contenu de ce chapitre et si vous parvenez à l'appliquer, vous verrez votre niveau d'expression orale s'améliorer de manière significative et vous pratiquerez un anglais beaucoup plus naturel et plus opérationnel.

Vous pourrez ainsi :

▶ améliorer votre prononciation grâce aux tableaux structurés, qui sont, pour la plupart, disponibles en ligne, afin de pouvoir les mémoriser. N'hésitez pas à les écouter régulièrement. Nous n'avons pas utilisé d'écriture phonétique car elle est trop complexe eu égard aux objectifs de ce manuel. Nous avons préféré nous référer à des sons équivalents du français mais qui se rapprochent du son produit en anglais américain ;

▶ adapter votre accentuation et votre intonation dont les règles sont très différentes de celles du français (le fameux accent tonique, qu'il ne faut pas hésiter à forcer en anglais). Une intonation mal placée peut changer l'impact de vos propos sur votre interlocuteur !

▶ utiliser le registre adéquat en fonction du contexte dans lequel vous vous trouvez. C'est un enjeu important en termes de communication professionnelle ;

▶ éviter les principales erreurs de grammaire que font les Français ;

▶ mémoriser les pièges comme les faux amis et les *phrasal verbs* ;

▶ préciser l'articulation de votre prise de parole et aider ainsi votre interlocuteur à mieux vous suivre.

Bonne lecture !

Les difficultés de l'anglais à l'oral

La prononciation : ne pas se fier à l'orthographe !

La prononciation de l'anglais est difficile pour trois raisons principales :

- il n'y a pas forcément de lien entre l'orthographe d'un mot et sa prononciation ;
- il y a très peu de règles de prononciation et elles souffrent de très nombreuses exceptions ;
- certaines voyelles ou consonnes ne se prononcent pas.

Par conséquent, la seule manière efficace d'améliorer votre expression orale en anglais, c'est d'écouter, écouter, écouter, idéalement en immersion dans un pays anglophone ou chez vous de manière régulière.

Vous ne prononcerez correctement que ce que vous aurez entendu de nombreuses fois.

Voici néanmoins quelques points de repères.

La prononciation des voyelles

- Les voyelles simples :
    - le « e » en fin de mot est toujours muet ;
    - le « u » est toujours muet entre une consonne et une voyelle (*guard*) ;
    - attention à la longueur des voyelles, cela peut changer leur sens ! Ex. : *to pick*, avec un « i » court (choisir, prendre) et *to peak*, avec un « i » long (culminer) ;
    - les diphtongues : c'est une voyelle qui se prononce en glissant d'une voyelle vers une autre voyelle. En général, si la voyelle est suivie d'une consonne + « e » à la fin du mot, on entend un glissement vers une autre voyelle. Ex. : *late* [lèïte], *line* [laïne].
    - En revanche, quand la voyelle est suivie d'une consonne qui termine le mot, elle est sans glissement vers une autre voyelle. Ex. : *map* [map], *stop* [stop].
- Les voyelles complexes sont composées de plusieurs voyelles, plus éventuellement des consonnes. Elles donnent lieu à différentes prononciations.

Les voyelles simples

Voici un tableau qui présente la prononciation des voyelles simples en partant de l'orthographe du mot. Vous verrez que pour une même voyelle simple il existe différentes prononciations. Lorsque des règles existent, elles sont indiquées.

Orthographe et prononciation (à écouter sur le support audio)

Orthographe	Prononciation	Exemple et exception	Traduction
a – Règle : on prononce le « a » [eï] ▸ quand « a » est suivi d'une consonne et d'un « e » muet (*late*) ▸ quand « a » est suivi de deux consonnes (*paste*)			
a	[eï]	C'est une diphtongue *Plate, waste* *Paste*	Assiette, déchets Coller
	[a]	*Map* *Cab*	Carte, plan Taxi
e – Pas de règle, on prononce [è] la plupart du temps			
e	[è]	*Red*	Rouge
	[i]	*England*	Angleterre
	[i] long	*To complete, obsolete*	Terminer, obsolète
i – Règle : on prononce le i [aï] ▸ quand « i » est suivi d'une consonne et d'un « e » (*arrive*) ▸ quand « i » est suivi de deux consonnes (*island*)			
i	[aï]	C'est une diphtongue *Timeline, amortize, advertise, socialize, emphasize, realize*	Calendrier, amortir, faire de la publicité, fréquenter des gens, mettre l'accent, se rendre compte
	[i] court	*Examine, promise, determine, vineyard*	Examiner, promettre, déterminer, vigne
	[i] long	*Expertise* *Unique*	Expertise Unique
	[e] long	*Firm*	Entreprise

.../...

.../...

o – Pour le « o », pas de règle car trop grand nombre de possibilités			
o	[o]	*Top, stop*	Haut, stop
	[eo]	C'est une diphtongue *Both, most, don't, only, post*	Les deux, la plupart, ne pas, seulement, poste
	[e]	*Come, comfort, company, some, among, above, London, month, does*	Venir, confort, entreprise, des, parmi, au-dessus, Londres, mois, *do* au présent
	[ou]	*Do, lose, move, prove, whom, whose,*	Auxiliaire *do*, perdre, bouger, prouver ou s'avérer, qui, à qui
	[è]	*Women*	Les femmes
	[ao]	C'est une diphtongue *Cow*	Vache
u - Pour le « u », pas de règle car trop grand nombre de possibilités			
u	[e] long	*Urgent, urban*	Urgent, urbain
	[o] en anglais US [ou] en anglais GB	*Bull, pull, full*	Taureau, tirer, plein
	Ne se prononce pas dans…	*Build, guard, buy*	Construire, garde, acheter
	son entre le [i] et le [è]	*Business, minute, busy*	Entreprise ou activité, minute, occupé
	[you]	*Unique*	Unique

Les voyelles complexes

Orthographe et prononciation (à écouter sur le support audio)

Orthographe	**Prononciation**	**Exemple et exception**	**Traduction**
ai	[eï]	*Rain, plain*	Pluie, simple
	[è] + [e] long en anglais GB [è] + [r] en anglais US	*Pair, air, fair*	Paire, air, équitable
	[è]	*Said, again*	Dit, encore
au	[o] long	*Caution, auction*	Prudence, vente aux enchères
	[a] en anglais US [o] en anglais GB	*Austria, Australia* *Because, sausage*	Autriche, Australie Parce que, saucisse

.../...

augh	[o] long [a] en anglais US [o] en anglais GB	Le « gh » ne se prononce pas *caught, taught* Le « gh » se prononce [f] *laugh, laughter*	Prétérit et participe passé de *to catch* (attraper) et *to teach* (enseigner) Rire, le rire
ay	[eï]	*Quay, way*	Quai, manière
ea	[i] long	*Heat, peak* *To lead*	Chaleur, sommet Mener
	[è]	*Already, instead, steady, measure* *Lead* (attention s'écrit comme le verbe *to lead*)	Déjà, au lieu de, plomb, régulier, mesure Du plomb
	[eï]	C'est une diphtongue *Break, great*	Pause ou le verbe casser, grand ou super
ei	[i] long	*Ceiling, receipt,* *Either* (anglais US)	Plafond, reçu Soit
	[aï]	*Height* *Either* (anglais UK)	Hauteur Soit
ei et ai + ght	[eï]	« gh » ne se prononce jamais après « ai » et « ei » *Freight, straight, weight*	Fret ou transport, direct, poids
ee	[i] + [e] en anglais GB [ier] en anglais US	*Peer*	Scruter
	[i] long	*Meet, seem*	Rencontrer, sembler
eu	[you] en anglais GB [ou] en anglais US	*Neutral*	Neutre
ew	[o]	*Sewing*	La couture
	[you] en anglais GB [ou] en anglais US	*New*	Nouveau
ey	[eï]	*Grey*	Gris
ie	[i] long	*Siege, field*	Siège, champ ou secteur
	[i] court	*Mischief*	Bêtise, mal, malice
	[è]	*Friend*	Ami

...∕...

igh	[aï]	*High, right* Aucune exception	Haut, vrai ou droit
oa	[oe]	*Road, loan, load*	Route, un prêt, une charge
	[o] long	*Broad, abroad*	Large ou vaste, à l'étranger
oi et oy	[oï]	*Join, joy* Pas d'exception	Rejoindre ou adhérer, joie
oo	[ou]	*Food, soon*	Nourriture, bientôt
	[e]	*Blood, flood*	Sang, inondation
ou	[ao]	Found	Prétérit et participe passé de *to find*, trouver
	[o]	*Shoulder, soul*	Épaule, âme
	[a]	*Country, couple, cousin, trouble*	Pays, couple, cousin, problème ou ennui
	[ou]	Le « l » ne se prononce pas *Could, should, would*	Prétérit de *can*, auxiliaires du conditionnel
	[ou] long	*You, wound, Vancouver* Les mots empruntés au français : *soup, bouquet, boulevard*	Vous, blessure, Vancouver Soupe, bouquet, boulevard

L'orthographe « ough » se prononce de cinq façons différentes !				
ough	[a]	*Thought*		Prétérit de *to think*
	[o]	*Though, thorough*		Bien que, approfondi
	[of]	*Tough*		Rude
	[af]	*Trough*		Creux
	[ou]	*Through*		À travers
ow	[ao]	*Allow, Dow Jones*		Permettre, Dow Jones
	[o]	*Below, blow, flow, know*		Sous, souffler, flux, savoir
	[a]	*Knowledge* [naledge] *Aknowledge* [eknaledge] Attention à la prononciation !		Savoir Reconnaître

.../...

.../...

ui	[ou]	*Fruit, suit*	Fruit, costume
	[ouè]	Attention à *ruin* [rouène] et à *nuisance*	Ruine Nuisance
	[iou] en anglais GB	[niousence]	
	[ou] en anglais US	[nousence]	
	[aï]	*Guide*	Guide, guider

La prononciation des consonnes

Une première règle qui marche à tous les coups (ou presque) : tous les mots commençant par « sh » se prononcent [che] : *shipping* ; tous les mots commençant par « ch » se prononcent [tche] : *cheap* (sauf *Christ, Christmas, charisma, chaos*).

Le fait de prononcer un [h] en début de mot peut aussi changer le sens de votre message. Ex. : *eight and hate* (huit et la haine), *arm and harm* (bras et mal).

Orthographe et prononciation

Orthographe	Prononciation	Exemple et exception	Traduction
b	[b]	*Bad, sob* On n'entend pas le « b » en fin de mot devant un « m » : *climb, lamb, comb* et devant un « t » : *debt, doubt*	Mauvais, sanglot Grimper, agneau, peigne Dette ou créance, doute
c	[c]	*Cat*	Chat
	[s]	*Ceiling*	Plafond
d	[d]	*Duck*	Canard
f	[f]	*Fly*	Voler
		Pas de différence avec le français	
g	[g]	*Get* On entend très peut le « g » en fin de mot devant une voyelle : *sing, ring, song*	Obtenir Chanter, bague, chanson
	[dj]	*Gem* On n'entend pas le « g » en fin de mot devant un « n » : *sign, design, to resign*	Pierre précieuse Signer, la conception ou le design, démissionner

.../...

h	[h]	*Ghost, ghastly, what, which, where* Le « h » en anglais est expiré.	Fantôme, horrible, quoi, que, où
		Le « h » n'est pas prononcé après le préfixe « ex » : *exhibit, to exhaust* et dans les mots suivants : *heir, honest, hour, honor, vehicle.*	Exposer ou ce que l'on expose, épuiser Héritier, honnête, heure, honneur, véhicule
	[w]	*Who, whole*	Qui, tout
j	[dj]	*Jam, jail* Pas d'exception	Confiture, prison
k	[k]		
l	[l]		
m	[m]		Pas de différence avec le français
n	[n]		
p	[p]		
r	[r]		
s	[s]	*To start*	Commencer
	ch	*Sure, to ensure*	Sûr, s'assurer
t	[t]		
v	[v]		Pas de différence avec le français
w	[w]		
x	[ks]	*Taxi, extra*	Taxi, supplémentaire
	[z]	*Xylophone*	En début de mot
	[gz]	*Example, exhibit*	Exemple, exposer
y	[ye] devant une voyelle	*You, yes, eye*	Vous, oui, œil
	[i] devant une consonne	*Rhythm, symbol, study*	Rythme, symbole, étude
	[aï] en début de mot	*Hygiene,* sauf *hymn* [i]	Hygiène Hymne
ch	[tch]	*Chapter*	Chapitre
	[k]	*Christmas, archives, architect*	Noël, archives, architecte

.../...

...

/...

ck	[k]	*Rock*	Rocher
		Thick	Épais
gh	[g]	En début de mot : *ghost*	Fantôme
	[f]	En fin de mot : *laugh*	Rire
gn	[gne]	*To ignore*	Ne pas tenir compte
	[ne]	*To design, to resign*	Concevoir, démissionner
qu	[kw]	*Quantity, quality* Pas d'exception	Quantité, qualité
ss	[z]	*To possess, to dissolve*	Posséder, dissoudre
	[ch]	*To assure*	Assurer
th	[th] sourd (l'air passe très peu)	En début et en fin de mot : *bath, thin, three*	Bain, fin, trois
	[th] sonore (l'air passe entre la langue et les dents)	Dans les éléments grammaticaux comme les articles, pronoms personnels	
		The, this, that, those *There…* sauf : *both, beneath, through.* En milieu de mots *Father, southern*	Le, celui-ci, celui-là, ceux-là il (y a) Les deux, sous, à travers Père, du sud
	[t]	Dans certains noms propres : *Thailand, Thames, Anthony, Thomas*	Thaïlande, Tamise, Anthony, Thomas

L'accentuation des mots : l'accent tonique

Dans ce domaine, l'anglais est bien différent du français avec le fameux « stress », ou accent tonique, qui donne plus d'importance à une syllabe du mot. Accentuer les mots en anglais contribue grandement à la sonorité de la langue, au rythme de la phrase et au sens du message transmis.

La règle de base de l'accentuation des mots en anglais est simple : on place l'accent tonique sur la première syllabe du mot. Or les Français ont tendance naturellement à accentuer la dernière syllabe des mots.

L'accent se déplace lorsque l'on change de catégorie grammaticale, exemple : **to com**'pete – **compe**'tition – e'conomy – eco'nomic.

L'accent se déplace en fonction de l'utilisation des suffixes, exemple : **to con**'sign – **consign**'ee – 'a**rabic** – a'ra**bian**.

Règles d'accentuation

Nombre de syllabes du mot	Accentuation	Exemples et exceptions	Traduction
1 syllabe	Sur la syllabe	Toutes les particules et prépositions (*in, at, out,* etc.).	Ces éléments grammaticaux sont souvent non accentués dans la phrase (voir partie « La fluidité dans l'expression »).
2 syllabes	Sur la 1ʳᵉ syllabe	*'Basket, 'window* Sauf si la 1ʳᵉ syllabe est un préfixe : *as'leep, for'get.*	Panier, fenêtre Endormi, oublier
	Sur la 1ʳᵉ syllabe, s'ils sont des noms ou des adjectifs	Mots d'origine latine	
		'Export	L'export
		An 'increase	Une augmentation
		'Progress	Le progrès
		A 'record	Un record
		A 'survey	Une étude, enquête
		A 'transfer	Un transfert, virement
		'Transport	Le transport
	Sur la 2ᵉ syllabe, s'ils sont des verbes	Mots d'origine latine	
		To ex'port	Exporter
		To in'crease	Augmenter
		To pro'gress	Progrès
		To re'cord	Enregistrer, archiver
		To sur'vey	Inspecter
		To trans'fer	Transférer, muter
		To trans'port	Transporter
3 syllabes	Sur la 1ʳᵉ syllabe	*'Different* *'Excellent* *'Interest*	Différent Excellent Intérêt
Plus de 3 syllabes	Sur l'avant avant dernière syllabe (antépénultième)	Mots d'origine latine	
		In'telligent *De'velopment* Prononcez [di'vailopment]	Intelligent Développement

Règles d'accentuation, influence des suffixes

Suffixes	Accentuation et exemples	Traduction
Sur la dernière syllabe		
-ee	*Train'ee*	Stagiaire
-eer	*Engin'eer*	Ingénieur
-ette	*Cigar'ette*	Cigarette
-ese	*Chin'ese*	Chinois
-ice	*Adv'ice*	Conseil
-ique	*Techn'ique*	Une technique
-oo	*Ta'too*	Tatouage
-oon	*Ty'coon*	Magnat
Sur l'avant-dernière syllabe		
-ial	*Fi'nancial*	Financier
-ian	*Ca'nadian*	Canadien
-ience	*Con'venience*	Commodité, confort
-ient	*Con'venient*	Pratique
-ion	*In'flation*	Inflation
-ior	*In'ferior*	Inférieur
-iour	*Be'haviour*	Comportement
-uous	*Am'biguous*	Ambigu
-eous	*Spon'taneous*	Spontané
Sur la syllabe qui précède le suffixe		
-ic, ical, ically	*Dra'matic, dra'matically*	Considérable
-ety	*Soci'ety*	Société (civile)
-itious	*Am'bitious*	Ambitieux
-itude	*'Attitude*	Attitude
-ity, -itive	*Relia'bility, va'lidity*	Fiabilité, validité
-logy, logism, logist	*E'cology, Psy'chologist*	Écologie, psychologue
-graphy, grapher	*Pho'tography, pho'tographer*	Photographie, photographe
-cracy	*De'mocracy, aris'tocracy*	Démocratie, aristocratie
-nomy	*Au'tonomy*	Autonomie
-pathy	*'Empathy, 'sympathy*	Empathie, compassion
-cular	*Spec'tacular*	Spectaculaire
		Exceptions
	A'rithmetic	Arithmétique
	'Arabic	Arabe
	'Politics	Politique
	'Arsenic	Arsenic

.../...

.../...

Sur l'avant-dernière syllabe du suffixe		
		Pas d'exceptions
-ental	*Environm'ental*	Environnemental
-ensive	*Compre'hensive*	Complet, exhaustif
-endent	*Inde'pendent*	Indépendant
-escence	*Obso'lescence*	Obsolescence
-ernal	*Ex'ternal, in'ternal*	Externe, interne
-herent	*Co'herent*	Cohérent
-herence	*Co'herence*	Cohérence
Les suffixes anglo-saxons ne changent pas la place de l'accent du mot.		
		Pas d'exceptions
-dom	*'Freedom, 'wisdom*	Liberté, sagesse
-ful	*'Fruitful*	Fructueux
-hood	*'Likelyhood*	Vraisemblance
-less	*'Useless*	Inutile
-ness	*'Openess*	Ouverture
-ship	*Secre'taryship*	Secrétariat
-some	*'Handsome*	Beau
-wise	*'Likewise*	De même
-ly (adverbe)	*'Actually*	En fait

L'intonation de la phrase : montante ou descendante ?

L'intonation de la phrase est également différente entre l'anglais et le français. D'une façon générale, l'intonation est moins marquée en anglais et, quand elle l'est, c'est que le locuteur exprime son humeur et délivre un message. Par exemple, une intonation montante forte en anglais peut exprimer l'intérêt, l'ironie ou le doute.

Intonation	Utilisation	Exemples	Exceptions/ traductions
Descendante	Information neutre	*That's correct.*	C'est exact.
	Exclamation	*That's terrible!*	C'est épouvantable.
	Ordre	*Ask HR to solve this issue.*	Demandez aux RH de résoudre ce problème.
	Questions en W	*When is John leaving?*	Quand John part-il ?
	Questionnement avec peu d'intérêt	*Is he?*	Ah bon ?
	Question tag : lorsque l'on recherche l'approbation	*It's hard work, isn't it?*	C'est du boulot, hein ?
	Remerciements marqués	*Oh, thank you.*	Oh, merci beaucoup.
Montante	Question avec intérêt pour la réponse	*John is retiring. Is he?*	John part à la retraite. Ah, vraiment ?
	Encouragement	*Don't worry, you'll learn fast.*	Ne vous inquiétez pas, vous apprendrez vite.
	Protestation	*I never said I agreed!*	Je n'ai jamais dit que j'étais d'accord !
	Questions en W avec intérêt	*What did you say?*	Qu'avez-vous dit ?
	Question tags sans négation (ironie)	*You were late on purpose, did you?*	Alors, tu as fait exprès d'être en retard ?
	Question tags pour demander l'opinion	*You didn't understand the chart, did you?*	Tu n'as pas compris le tableau, n'est-ce pas ?
	Exclamations interrogatives	*Why? Really? Well?*	Pourquoi ? Vraiment ? Et alors ?
	Salutations	*Good morning!*	Bonjour !
	Mises en garde	*Mind! Don't drop it!*	Attention ! Ne le faites pas tomber !

La fluidité dans l'expression

L'une des plus grandes difficultés à l'oral pour les Français est d'arriver à devenir *fluent*, c'est-à-dire à s'exprimer avec cette fluidité qui fait le son de la langue. Or, en anglais, tout ne se prononce pas (c'est ce qui fait aussi la difficulté de la compréhension des anglophones).

Il faut donc apprendre à accentuer dans la phrase certains éléments et à en écraser d'autres :

 ▶ les éléments lexicaux : ce sont tous les éléments de la phrase qui véhiculent le message, les noms, les verbes, les adjectifs, les adverbes. Puisqu'ils transmettent l'essentiel du message, ils doivent être accentués ;

 ▶ les éléments grammaticaux : ce sont tous les éléments de la syntaxe, nécessaires à la construction de la phrase, les articles, les pronoms, les auxiliaires de conjugaison, les prépositions, ils doivent être écrasés.

Par exemple : *How does our equipment compare with what you are using at the moment?*

Soulignons les mots lexicaux : *How does our **equipment compare** with what you are **using** at the **moment**?* On prononcera donc : *[Ha das ae **equipment compare** wizwet you'r **using** athe **moment**?]*

Il existe quelques exceptions d'éléments grammaticaux accentués :

 ▶ *may* et *might* ;

 ▶ *when* ;

 ▶ *off* afin d'éviter la confusion avec *of* ;

 ▶ *on* afin d'éviter la confusion avec *in* ;

 ▶ les *phrasal verbs* que l'on prononce d'un seul tenant car le sens est lié à l'ajout de la particule, exemple : *We have to **carry out** this project on time.* On prononcera donc : *[We have to **carryout** this project on time].*

Les particularités de l'expression orale

Les différences de prononciation entre l'anglais britannique et l'anglais américain

En règle générale, on peut dire qu'en anglais américain :

▶ le « r »est très audible aussi bien à l'intérieur du mot qu'à la fin. Ex. : *term* [teurm], *order* [ordeur] ;

▶ le « t » se prononce [d]. Ex. : *what's the matter?* [mader], *party* [pardi], *water* [wodeur], *city* [cidi] ;

▶ le « t » après le N ne s'entend pas. Ex. : *twenty* [twainy] ;

▶ les diphtongues sont souvent transformées en voyelles simples. Ex. : *progress* [progress], *tune* [toune], *suit* [soute], *news* [nouze], *assume* [essoume] ; les « o » sont plus longs. Ex. : *law* [lo], *to draw* [dro].

Anglais britannique	Anglais américain	Traduction
Schedule [ch]	*Schedule* [sk]	Planning
Vitamin [i]	*Vitamin* [aï]	Vitamine
Data [eï], *patent*	*Data* [a], *patent*	Des données, un brevet
Clerk [a]	*Clerk* [e]	Employé de bureau
Advertisement [i]	*Advertisement* [aï]	Publicité
France [è], *chance, plant*	*France* [an], *chance, plant*	France, chance, plante
Can't [è]	*Can't* [an]	*Can* à la forme négative
Either [aï]	*Either* [i long]	Ou bien
Where [wai]	*Where* [hwai]	Où
Often [often]	*Often* [ofen]	Souvent
Direct [i]	*Direct* [aï]	Direct
Direction [i]	*Direction* [aï]	Orientation, direction

Les Américains trouvent que les Anglais avalent les mots et les Britanniques trouvent que les Américains font traîner leurs phrases !

Les registres de langue à l'oral
et les styles de communication formel/semi-formel/informel

Dans les relations professionnelles à l'oral, il existe trois types de registres de communication :

- le registre formel s'utilise soit dans une première phase du contact, soit en fonction du niveau hiérarchique ou politique du contact. Le fait de maîtriser ce registre est très important pour être reconnu et apparaître crédible à son contact ;
- le registre semi-formel suivi du registre informel s'utilise au fur et à mesure de l'évolution des relations professionnelles dans le temps et/ou lorsque l'on communique au même niveau hiérarchique. Ce registre doit s'appuyer sur une relation de confiance, mais le professionnalisme ne doit jamais en être absent ;
- attention de ne jamais tomber dans le *slang* ou même dans un niveau très relâché. Cela peut nuire à votre image professionnelle. Par exemple, on doit proscrire les *I wanna* et les *I gonna* même avec les Américains ; ils seront avantageusement remplacés par *I'll* suivi d'un verbe d'action. Ex. : **I'll present** *next year's budget*.

On remaquera que le registre soutenu est souvent basé sur de mots à racine latine (**mots en gras**).

Français	Anglais informel	Anglais formel
En ce qui concerne	*About*	*Regarding/***concerning**
Et/ainsi que	*And*	*As well as*
Compte tenu de	*Bearing in mind*	*Reference being made to*
Parce que/du fait de	*Because*	**As a result of***/due to*
Commencer	*Begin, start*	**Commence**
Mais/alors que	*But*	*While/whereas*
Prudent	*Careful*	**Cautious**
Effectuer	*Carry out*	**Effect**
Vérifier	*Check*	**Verify**
Suffisant	*Enough*	**Sufficient**
Me mettre au courant	*Fill me in/Keep me posted*	*Inform/tell*
Établir (un fait)	*Find out*	*Ascertain*
Respecter/suivre	*Follow*	*Duly observe*
Recevoir	*Get*	**Receive**
Contacter	*Get in touch*	**Contact**
Doit	*Has to be*	*Shall be*
Doit donner	*Have to give*	*Submit*
Faute de	*If you don't*	*Failing/failure to*

.../...

Pour toute question	If you've got any questions	Should you have any queries
Selon/en vertu de	In accordance with	Pursuant to
Avoir un découvert	In the red	Overdrawn
Entraîner	Involve	**Entail**
Perdu, égaré	Lost	Inadvertently mislaid
S'assurer de	Make sure	**Ensure**
Plusieurs	Many/Several	**Numerous**
Payer/régler	Pay	Settle
Par écrit	Put in writing	Provide written confirmation
Désolé	Sorry!	**We regret**/We apologize
Fournir	Supply	**Furnish**
Enlever/retirer	Take away	Withdraw
Nous allons vous poursuivre en justice	We'll call the law We'll take legal action	We will have no alternative but taking legal proceedings
À réception de	When we get	On receipt
À votre convenance	Whenever you want	At your convenience
Indiqué	Written/Shown	**Indicated**
N'hésitez pas à	Feel free to	**Do not hesitate to**
Nous sommes en mesure de	We are not able to	We are not in a position to
En retard	Late	Behind schedule
Nous ne pouvons pas	We can't	We are at a loss to
De rien, je vous en prie	Don't mention it, no problem	You're welcome

Les principales erreurs à l'oral

Le vocabulaire

Français	Erreur	Solution
Les chiffres	Numbers	**Figures** – Ex. : *sales figures* = le chiffre d'affaires
Un plan (carte)	A plan	**A map** – Ex. : *a city map*
Une augmentation	An increasing	**An increase – A rise** – Ex. : *A turnover increase* = une augmentation du CA Ex. : *A pay rise* = une augmentation de salaire

Une société commerciale	A society	**A company, a firm, a business**
Les bénéfices	Benefits	**Profits** – Ex. : *Our profits have increased by 2%*
La rentabilité	Rentability	**Profitability** – Ex. : *We need to sustain our profitability*
Un moyen de	A mean of	**A means of** – Ex. : *We are designing a means of storing solar energy*
L'implantation d'une entreprise	The implementation	**Establishment** of a firm **Setting up** a company, a business
Une vision (point de vue)	A vision	**An approach** – Ex. : *We don't have the same approach of the issue*
L'économie (science)	The economy	**Economics,** mais *the French economy*
Économique (qualifie l'économie)	Economical (qui permet d'économiser)	**Economic**
Les noms de pays pluriels et/ou composés	USA	*The USA*
Internet	Internet	**The** *internet*

Les verbes

Français	Erreur	Solution
Discuter de	*To discuss **about***	**To discuss a matter,** a subject – Ex. : *We need **to discuss this matter** now.*
Décider de	*To decide **to***	**To decide on**
Représenter un pourcentage	*To represent*	**To account for** – Ex. : *Export sales **account for** 20% of the total turnover.*
Représenter (une somme)	*To represent*	**To amount to** – Ex. : *Our export sales **amount to** €200,000.00.*
Réaliser (un projet)	*To realize (se rendre compte de)*	**To carry out, execute, perform** – Ex. : *The project will be **carried out** on time.*
Réaliser (des bénéfices)	*To realize profits*	**To make profits** – Ex. : ***Making profits** will fuel our R&D.*
Diviser en (plusieurs parties)	*To divide in*	**To divide into** – Ex. : *My presentation is **divided into** 3 parts.*
Respecter une date limite	*To respect a deadline*	**To meet a deadline** – Ex. : *We'll **meet** the delivery deadline.*
Satisfaire les clients	*To satisfy customers*	**To meet customers' satisfaction**

.../...

...|...

Croître	*To grow up (for a kid!)*	**To grow** – Ex. : *Our small business should grow rapidly.*
Payer un bien	*To pay something*	**To pay for** an item – Ex. : *How much did you **pay for** this ?*
Se décomposer en	*To split in*	To break down into, to split **into**.
Remplir un formulaire	*To fill up (a glass!)*	**To fill in** (GB), **to fill out** (US)
Faire payer	*To pay*	To charge **for** – Ex. : *How much will you **charge us for** warranty extension?*
Se mettre d'accord Être d'accord	*To agree* **with** *I am agree*	To agree **on** – Ex. : *We have **agreed on a price**.* *I agree* – Ex. : *I agree with you.*
Fournir un produit à	*To supply someone a product*	*To supply someone* **with a product** – Ex. : *Please **supply us with** the invoice in duplicate.*
Reporter à plus tard	*To postpone* **to**	*To postpone* **until** – Ex. : *Delivery will be postponed **until** late May.*
Être tenu pour responsable de	*To be held responsible* **of**	*To be held responsible* **for** – Ex. : *We **can't be held responsible for** this.*
Passer une commande d'un produit auprès d'un fournisseur	*To **pass** an order **of** a product **at** a supplier*	*To **place** an order **for** a product **with** a supplier.*

Les indénombrables : « s » ou pas « s » ?

Certains mots en anglais ont un sens collectif mais ne se mettent pas au pluriel.

Dans certains cas, cela ressemble au français, c'est la notion de « du » pour les aliments et les matériaux : du pain (*bread*), du lait (*milk*), de l'eau (*water*), du sable (*sand*), etc.

Les indénombrables sont aussi des mots à sens collectif comme les bagages (*luggage*) ou les meubles (*furniture*), par exemple.

Dans la sphère professionnelle, on trouve d'autres catégories de mots indénombrables qui concernent deux autres catégories, ceux qui qualifient les activités humaines et les mots qui font référence à des notions abstraites.

Une règle d'or : les indénombrables s'accordent le plus souvent au singulier. Ex. : **My luggage has been lost by the airline** = **Mes bagages ont** été perdus par la compagnie aérienne.

Sauf quand on veut insister sur le nombre de personnes. Ex. : *staff, team, company*.

Français	Erreur	Solution
Activités humaines		
Des voyages	*Travels*	*Travel*
Notions abstraites		
Des connaissances	*Knowledges*	*Some knowledge*
Des doutes	*Doubts*	*Doubt*
Des recherches	*Researches*	*Some research*
Des conseils Un conseil	*Advices* *An advice*	*Some advice* *A piece of advice*
Des renseignements Un renseignement	*Informations* *Un renseignement*	*Some information* *A piece of information*
Mots à sens collectif		
Dégâts, dommages	*Damages*	*Some damage*, jamais de « **s** » En anglais *damages* = dommages et intérêts
Des progrès	*Progresses*	*Some progress*
Des logiciels	*Softwares*	*Software* – *A software package*
Des équipements informatiques	*Hardwares*	*Hardware, hardware equipment*
Des preuves	*Evidences*	*Some evidence*
Des dépenses	*Expenditures*	*Expenditure* – Ex. : *capital expenditure*, les dépenses d'investissement
Les affaires	*Businesses*	*Business*
Les déchets	*Wastes*	*Waste* – Ex. : *waste disposal*, l'élimination des déchets
Des produits alimentaires	*Produces*	*Produce*
L'argent liquide	*The cash*	*Some cash*
Des précisions	*Precisions*	*Some precision*
Des marchandises	*Merchandises*	*Merchandise*

Les expressions pièges

Français	Erreur	Solution
En ce qui concerne	*As regard*	***As regards** – Ex. : As regards our budget, it can't be cut down.*
Par exemple	***As** example*	***For** example, **for** instance*
Le besoin de	*The need **of***	*The need **for***
Une augmentation de	*An increase **of** 2%*	***A 2% increase***
À ce moment-là (dans le passé)	*At this moment*	***At that time***
Près de	*Near **of***	***Near, close to***
C'est d'accord	*It's **ok** It's **ok** for me*	***That's alright with me** **That's just fine***
La société ABC	*The ABC company*	***ABC company***
Il y a beaucoup de	*There **is** a lot of* + pluriel	***There is a lot of fog*** (indénombrable) *There **are** a lot of* + pluriel ***There are a lot of competitors***
Je vais à Londres	*I'm going **at** London*	***to*** (avec les verbes de mouvement)
Je suis à Londres	*I'm **at** London*	***in*** (avec les noms de ville)

Même orthographe mais prononciation différente !

Attention des éléments de même racine peuvent se prononcer différemment, par exemple :

To close [to cleoze] Fermer	*Close* [clausse] Près de
To live [to live] Vivre	*Live* [laïve] En direct
To use [to youze] Utiliser	*The use* [yousse] L'utilisation
To lead [to liid] Mener	*Lead* [laid] Le plomb
To read [to riid] Lire	*Read* [raid] Prétérit et participe passé du verbe *to read*
To tear [to taire] Déchirer	*A tear* [tiir] Une larme
To wind [to waïnd] Enrouler	*The wind* [winde] Le vent

The ou pas the ?

Pour régler le problème de l'omission de *the*, il faut garder en mémoire quatre règles simples.

➡ Règle n° 1

Les noms dénombrables (ceux que l'on peut compter à l'unité) doivent être précédés au singulier d'un article (*the* ou *a*). Ex. : *the report, the chart.*

➡ Règle n° 2

Les noms dénombrables doivent être précédés au pluriel d'un article lorsqu'ils désignent des groupes définis, mais sans article quand ils désignent des généralisations. Ex. : *All the cars in the company are white. All cars should have electric engines.*

➡ Règle n° 3

Les noms indénombrables au singulier (voir définition plus haut) ne sont précédés de *the* que lorsqu'ils sont utilisés dans un sens restreint. Ex. : *Employment – the employment of seniors.*

➡ Règle n° 4

Les noms indénombrables au pluriel sont extrêmement rares en anglais. Ex. : *archives* (les archives), *damages* (les dommages et intérêts), *savings* (l'épargne), *earnings* (salaire), *thanks* (remerciements), *goods* (marchandises), *wages* (salaires), *perks* (avantages sur salaire).

Donc, dès que l'on évoque un sujet en général, on ne met pas *the* en anglais.

Français	Erreur	Solution
La publicité	*The advertising*	*Advertising* Mais une publicité = *an advertisement*
La vente de détail	*The retail*	*Retail*
La consommation	*The consumption*	*Consumption*
L'emploi	*The employment*	*Employment*
La comptabilité	*The accounting*	*Accounting*
La distribution	*The distribution*	*Distribution*
La messagerie instantanée	*The instant messaging*	*Instant messaging*
La paperasse	*The red tape*	*Red tape*
L'argent	*The money*	*Money*
Le transport	*The transport*	*Transport*
L'hébergement	*The accommodation*	*Accommodation*
Le travail	*The work*	*Work*
La main-d'œuvre	*The labour*	*Labour*
L'assistance	*The assistance*	*Assistance*
Le matériel	*The equipment*	*Some equipment*

Les faux amis de l'anglais business

Voici une présentation des faux amis dans les deux sens. Nous partons du mot en français, le terme est traduit en anglais et ensuite, sur la même ligne, on trouve le faux ami en anglais accompagné de sa traduction réelle. Cela permet de voir tous les mots d'une même problématique.

En français...	se dit en anglais	Mais en anglais...	se dit en français
achever	*to complete*	*to achieve*	réaliser
actuellement	*presently/currently*	*actually*	en fait/réellement
agenda	*diary*	*agenda*	ordre du jour
altérer	*to adulterate*	*to alter*	modifier
assumer	*to take on*	*to assume*	supposer
attendre	*to wait for*	*to attend*	assister à
auditoire, public	*audience*	*session*	une audience
avantage	*benefit*	*profit*	bénéfice
avertissement	*warning*	*advertisement*	annonce publicitaire
blâmer	*to criticize*	*to blame*	rendre responsable
brevet	*patent*	*trading license*	patente
chance	*luck*	*chance*	possibilité, occasion
charger	*to load*	*to charge*	faire payer, accuser
charte	*charter*	*chart*	diagramme
cohérent	*consistent*	*substantial*	consistant
compléter	*to fill in/out*	*to complete*	terminer
compréhensif	*understanding*	*comprehensive*	complet, exhaustif
concerné	*involved*	*concerned*	préoccupé
concurrence	*competition*	*concurrence*	simultané
considérer	*to regard*	*to consider*	envisager
contempler	*to gaze at*	*to contemplate*	envisager de
contrôle	*check*	*to control*	limiter, atténuer
corporation	*guild*	*corporation* (US)	entreprise
CV	*résumé*	*summary*	résumé
délai	*time(-limit)*	*delay*	retard
désagrément	*inconvenience*	*disagreement*	désaccord
développer	*to expand*	*to develop*	élaborer, exploiter

.../...

dispute	*argument*	*dispute*	contentieux
empêcher	*to prevent*	*to inform, to warn*	prévenir
emplacement	*location*	*renting*	location
essentiel	*basic*	*primary*	basique
estimer, trouver	*to reckon*	*to recognize*	reconnaître
éventuellement	*possibly*	*eventually*	finalement
évidence	*obviousness*	*evidence*	preuve
exiger	*to demand*	*to request, to ask for*	demander
expédier	*to dispatch*	*to expedite*	accélérer un processus
extra	*first rate*	*extra*	supplémentaire
faire face à	*to confront*	*to compare*	confronter
faire remarquer	*to remark*	*to notice*	remarquer
faire semblant	*to pretend*	*to claim, to allege*	prétendre
faire un rapport	*to report*	*to postpone*	reporter
faute	*mistake*	*fault*	défaut, vice
fichier	*file*	*line*	file
grand, gros	*large*	*wide, broad*	large
ignorer	*not to be aware*	*to ignore*	ne pas tenir compte
implémenter	*to install*	*to implement*	mettre en œuvre
Initiative, entreprise	*venture*	*adventure*	aventure
insignifiant	*trivial*	*vulgar*	trivial
itinéraire	*route*	*road*	route
lieu	*place*	*square*	place
locaux commerciaux	*premises*	*beginnings*	prémices
loger, héberger	*to accommodate*	*to prepare, to arrange*	accommoder
méthode	*approach*	*vision*	(une) approche
mondial	*global*	*total*	global
original	*unique*	*sole, single*	unique
polyvalent	*versatile*	*fickle*	versatile
pot-de-vin	*bribe*	*piece, bit*	(une) bribe
pratique, commode	*convenient*	*suitable*	qui convient
préjugé	*prejudice*	*damage, harm*	préjudice

.../...

prétexte	*excuse*	*apology*	excuse
profession	*occupation*	*activity, hobby*	activité
proposer	*to offer*	*to give*	offrir
qui a une solution	*solvable*	*solvent*	solvable
réagir	*to respond*	*to reply, to answer*	répondre
remettre en question	*to question*	*to interrogate*	interroger
retirer	*to withdraw*	*to retire*	partir à la retraite
sans aucun doute	*definitely*	*forever*	définitivement
sujet, question	*issue*	*exit, way-out*	issue
supporter	*to bear, to stand*	*to support*	soutenir
terminer	*to finish, to complete*	*to terminate*	résilier (contrat)

Les trente *phrasal verbs* de l'anglais business

Les *phasal verbs* sont des verbes suivis de particules qui ne sont pas des prépositions (servant à introduire un complément) mais qui servent à modifier le sens du verbe, parfois de manière très significative.

Ex. : *to look* (sembler), *to look at* (regarder), *to look for* (chercher), *to look like* (ressembler), *to look after* (s'occuper de), *to look forward to* (espérer), etc.

Voici, dans un tableau, les trente *phrasal verbs* de l'anglais business qu'il faut absolument connaître (car lorsqu'on les rencontre, le risque de contresens est très élevé !).

Anglais	Français
1. *New circumstances must be **allowed for**.*	Nous devons **tenir compte de** ces nouvelles conditions. *To allow for* : prévoir, prendre en compte.
2. *Would you **arrange for** shipment, or would you rather leave that with us?*	Souhaitez-vous vous **charger de** l'expédition ou préférez-vous nous en laisser le soin ? *To arrange for* : s'occuper de, se charger de.
3. *I do not have figures yet **to back up** my demonstration.*	Je n'ai pas encore de chiffres **à l'appui** de ma démonstration. *To back up* : soutenir.
4. *The higher Euro exchange rate has **balanced out** the 2% increase in oil price.*	Le taux de change plus élevé de l'euro a permis de **compenser** la hausse de 2 % du prix du pétrole. *To balance out* : compenser.
5. *We cannot **bring** the delibery date **forward**.*	Nous ne pouvons pas **avancer** la date de livraison. *To bring forward* : avancer une date.

6. *A new product is going to be **brought out**.*	Nous allons **lancer** un nouveau produit. *To bring out* : lancer un produit – syn. : *to launch.*
7. *John has **called for** a budget increase.*	John a **exigé** une hausse du budget. *To call for* : exiger – syn. : *to demand.*
8. *The conference was **called off** due to weather accidents.*	La conférence a été **annulée** à cause des intempéries. *To call off* : annuler – syn. : *to cancel.*
9. *We must **carry on** inorganic growth despite the crisis.*	Nous devons **poursuivre** notre croissance externe malgré la crise. *To carry on* : continuer.
10. *Our orders are **carried out** at short notice.*	Nous **exécutons** nos commandes dans les meilleurs délais. *To carry out* : exécuter, réaliser – syn. : *to perform.*
11. *Our competitors are **catching up**.*	Nos concurrents sont en train de **rattraper leur retard**. *To catch up* : rattraper son retard.
12. *We cannot **cut down** our price.*	Nous ne pouvons pas **baisser** notre prix. *To cut down* : réduire, baisser.
13. *All topics on the agenda have been **gone through**.*	Nous avons **passé en revue** tous les sujets à l'ordre du jour. *To go through* : parcourir, prendre connaissance.
14. *Dialogue is the best way to **iron out** tensions in the team.*	Le dialogue est la meilleure manière **d'atténuer** les tensions au sein de l'équipe. *To iron out* : aplanir, atténuer.
15. *We need to **keep up with** market trend reversals.*	Nous devons **suivre** les retournements de tendance du marché. *To keep up with* : suivre le rythme, se tenir à jour.
16. *The purchase-order will have to be **made out** in duplicate.*	Le bon de commande devra être **établi** en deux exemplaires. *To make out* : établir un document – syn. : *to draw up.*
17. *We have **to make up for** the financial loss.*	Il nous faut **compenser** le préjudice financier. *To make up for* : compenser.
18. *Your advance payment will be **paid back**.*	Votre acompte vous sera **remboursé**. *To pay back* : rembourser – syn. : *to refund, to reimburse.*
19. *Your container will be **picked up** from works on May 20.*	Votre conteneur sera **enlevé** à l'usine le 20 mai. *To pick up* : prendre livraison (sens logistique).
20. *We want to **point out** an outstanding growth during the last quarter.*	Nous voulons **mettre en exergue** une croissance remarquable sur le dernier trimestre. *To point out* : signaler, faire remarquer, mettre l'accent sur – syn. : *to stress, to highlight, to emphasize.*
21. *Our appointment must be **put off**.*	Nous devons **reporter** notre rendez-vous. *To put off* : repousser, décaler – syn. : *to postpone, to delay.*

.../...

22. *Unfortunately, we have **run out** of this item.*	Malheureusement, cet article est **en rupture de stock**. *To run out* : être en rupture de stock.
23. *Our new range is **set out** on our website.*	Notre nouvelle gamme est **présentée** sur notre site web. *To set out* : présenter sur un support, indiquer.
24. *We are planning to **set up** a subsidiary in New York.*	Nous envisageons d'**implanter** une filiale à New York. *To set up* : implanter.
25. *This article has been **sold out**.*	Cet article est **épuisé**. *To be sold out* : ne plus être disponible.
26. *We expect sales to **take off** next year.*	Nous attendons un **décollage** des ventes l'an prochain. *To take off* : décoller (aussi pour un avion).
27. *The client eventually **turned down** our offer.*	Finalement, le client a **décliné** notre offre. *To turn down* : refuser.
28 *We'll have to **take on** new sales.*	Nous devrons **recruter** de nouveaux commerciaux. *To take on* : recruter, embaucher – syn. : *to hire, to recruit*.
29. *The new budget will be **worked out** soon.*	Nous **établirons** bientôt le nouveau budget. *To work out* : établir, élaborer.
30. *A 2% discount can be **written off**.*	Nous pouvons **déduire** une remise de 2 %. *To write off* : déduire, abandonner une dette.

Comment articuler son discours ?

Conséquence	
Consequently	Par conséquent
Hence	Par conséquent
Therefore	Donc
Thus	Donc, ainsi
Cause	
Since/as	Puisque (en début de phrase)
So as to/in order to	Afin de, de manière à
As per/according to	D'après, selon
For	Car
Thanks to	Grâce à
Because of	À cause de

.../...

Due to	Du fait de
Owing to	Du fait de
Contradiction	
Conversely	À l'inverse, inversement
Whereas	Alors que
While	Tandis que, alors que
Instead	Au lieu de
Réserve	
Although/though	Bien que
However	Cependant
Despite/in spite of	En dépit de, malgré
Even though	Même si
Nevertheless	Néanmoins
Unless	À moins que
Otherwise	Sinon
Subject to	Sous réserve de
Still	Pourtant
Likely to	Susceptible de
Accentuation	
Above all	Par-dessus tout, surtout
Furthermore	De plus
In addition to	De plus
Morevoer	De plus
Besides	En plus
Comparaison	
As compared to	Par rapport à

2

L'étiquette à l'écrit et les pièges

Il va sans dire qu'une bonne maîtrise de l'anglais est une vraie valeur ajoutée pour réussir ses études et sa carrière. L'anglais est l'une des langues les plus employées au monde : plus de 400 millions de personnes (en Europe, en Afrique, en Amérique du Nord, sur le sous-continent indien, au Moyen-Orient, en Océanie, sur les îles du Pacifique) la pratiquent comme première langue, et plus d'un milliard comme langue étrangère. L'anglais est la langue officielle de cinquante-trois pays dans le monde et reste, avec le français, l'une des deux langues dans lesquelles tous les documents doivent être traduits au sein de l'Organisation des Nations unies… d'où l'urgence de savoir bien rédiger dans la langue de Shakespeare. Qu'il s'agisse d'un contexte professionnel ou universitaire, la compétence en anglais écrit est un sésame qui ouvre les portes de la réussite.

Pour surfer sur la vague de la mondialisation, votre correspondance en anglais doit savoir s'adapter à différents registres professionnels. Hormis les éléments linguistiques (grammaire, syntaxe, ponctuation, etc.), il ne faut pas oublier que l'anglais écrit est avant tout un mode de communication pour véhiculer un message. Pour éviter les nombreux malentendus possibles en anglais, la maîtrise de facteurs tels que le registre de la langue (familier ou soutenu), les formules de politesse et les différences entre l'anglais américain et l'anglais britannique doit être complète.

La communication écrite en anglais est un *must* pour entreprendre des affaires dans un monde qui devient de plus en plus petit. Aujourd'hui, il est possible de prendre son petit-déjeuner à Paris le matin, d'assister à une réunion à New York en début d'après-midi et, ensuite, de visiter une unité de production en Californie en fin d'après-midi grâce aux liaisons aériennes internationales rapides et efficaces – et aux fuseaux horaires ! Tout comme les modes de transport, les modes de communication se doivent d'être, eux aussi, réactifs parfois au détriment de la forme. Certes, Internet a changé notre façon de communiquer, mais souvent aux dépens de la courtoisie, élément essentiel lorsque l'anglais n'est pas votre langue maternelle.

Pour communiquer efficacement et dans le respect de l'étiquette, trois règles d'or.

⊃ **Règle n° 1**

Soyez précis (vérifiez soigneusement les informations, apportez les précisions utiles, relisez-vous).

⊃ **Règle n° 2**

Soyez concis (utilisez des phrases courtes, des expressions simples, pas de jargon technique avec des non-spécialistes).

⊃ **Règle n° 3**

Soyez clair (utilisez un anglais simple, évitez trop de formalisme et trop de familiarité).

Comment y parvenir ?

- utilisez un style court et simple ;
- utilisez la voix active ;
- limitez la ponctuation à ce qui est vraiment nécessaire au sens ;
- soyez courtois et poli ;
- utilisez des mots courts et modernes.

Les différences d'orthographe entre l'anglais britannique et l'anglais américain

Orthographe française	Orthographe britannique	Orthographe américaine
	-ise	-ize
organiser	organi_se_	organi_ze_
réaliser	reali_se_	reali_ze_
coloniser	coloni_se_	coloni_ze_
	-ence	-ense
défense	defen_ce_	defen_se_
offense	offen_ce_	offen_se_
prétention	preten_ce_	preten_se_
	-our	-or
main-d'œuvre	lab_our_	lab_or_
port	harb_our_	harb_or_
honneur	hon_our_	hon_or_

	-re	-er
centre	*centre*	*center*
fibre	*fibre*	*fiber*
mètre	*metre*	*meter*
	-gramme	**-gram**
programme	*programme*	*program*
diagramme	*diagramme*	*diagram*
télégramme	*telegramme*	*telegram*
	-ae	**-e**
esthétique	*aesthetics*	*esthetics*
encyclopédie	*encyclopaedia*	*encyclopedia*
archéologie	*archaeology*	*archeology*

La typographie

La ponctuation

Symbole	Nom	Utilisation
.	*period, dot* (internet), *full stop*	Même qu'en français, sauf pour les chiffres : $2,330.17 (EN), 2 330,17 $ (FR).
,	*comma*	Voir ci-dessus.
;	*semi-colon*	Pas d'espace entre le point-virgule et le mot qui précède en anglais.
:	*colon*	Pas d'espace entre le deux-points et le mot qui précède en anglais.
?	*question mark*	Pas d'espace entre le point d'interrogation et le mot qui précède en anglais.
!	*exclamation point*	Pas d'espace entre le point d'exclamation et le mot qui précède en anglais.
" "	*quotation marks*	Le français utilise les guillemets « ... ».
''	*inverted commas*	Cette ponctuation existe en français dans des cas particuliers.

Majuscules et traits d'union

Les majuscules en anglais sont obligatoires pour tous les noms propres et les titres des personnes (*Queen, President*) ainsi que pour les diplômes lorsque l'on précise la matière, par exemple : « *a master's degree* » mais « *a Master's Degree in Psychology* ».

Il faut également mettre des majuscules aux jours, mois, langues, nationalités et adjectifs de nationalité (« *He is English* ») ainsi qu'aux liens familiaux « *Aunt Cassie* ».

L'usage du trait d'union en anglais n'est pas aussi strict qu'en français. Il n'est pas rare qu'un mot composé finisse par s'écrire sans trait d'union (*e-mail* est devenu *email*).

Par contre, les adjectifs composés ou les mots composés ayant une valeur qualificative ne perdent jamais leur tiret. Par exemple on écrira toujours « *A hard-headed woman* » et « *A good-quality product* ».

Les abréviations fréquentes dans les messages écrits

Abréviation	Forme longue	Utilisation	Traduction
c.c.	*carbon copy*	Envoi de l'email en copie à un second destinataire visible par le premier	c.c. (copie carbone)
b.c.c.	*blind carbon copy*	Envoi de l'email à un second destinataire sans le dévoiler à son premier destinataire	c.c.i. (copie carbone invisible)
ref.	*reference*	Même qu'en français	réf.
enc.	*enclosed*	Pièce jointe	p.j.
e.g.	*exempli gratia (for example)*	Même qu'en français	e.g. ou ex.
i.e.	*id est (that is to say)*	Même qu'en français	i.e (c'est-à-dire)!
p.p.	*per procurationem (by proxy)*	Indique que le rédacteur du document l'a signé sur ordre d'une tierce personne	p/o (pour ordre)
PS	*Post scriptum*	Même qu'en français	*Post-scriptum*
NB	*Nota bene*	Même qu'en français	*Nota bene*

Les formules de politesse

Ouverture

Formule	Utilisation	Français
Dear Sir or Madam,	Nom et sexe du destinataire non connus	Madame, Monsieur,
Dear Madam,	Sexe du destinataire connu, nom inconnu	Madame,
Dear Sir,	Sexe du destinataire connu, nom inconnu	Monsieur,
To whom it may concern,	Nom et sexe du destinataire non connus	À qui de droit
Dear Mr./Mrs. X,	Destinataire de sexe et de nom connus	Monsieur X, Madame X
Dear John,	Informel, destinataire connu	Cher John,
Your Excellency,	Destinataire issu du corps diplomatique	Votre excellence,
Your honor,	Destinataire magistrat	Votre honneur,

Fermeture

Formule	Utilisation	Traduction
Yours faithfully,	Formelle, nom du destinataire inconnu, premier contact	Veuillez agréer,
Yours sincerely,	Formelle, nom du destinataire connu, premier contact	Cordialement,
Best regards,	Formelle, formule plus personnelle	Bien cordialement,
Warm regards,	Formelle, formule plus personnelle	Affectueusement,
Best wishes,	Formelle, formule plus personnelle	Amicalement,
Thank you,	Informelle, formule plus personnelle	Merci,
Take care,	Informelle, formule plus personnelle	Amitiés,

Les titres et les acronymes

Les titres

Abréviation	Forme longue	Utilisation	Traduction
Mr.	Mister	Homme	Monsieur
Mrs.	Missus	Dame mariée/vieille dame	Madame
Miss	Miss	Dame célibataire/jeune dame	Mademoiselle
Ms.	Miz	Dame dont le statut marital est inconnu	Madame
Dr.	Doctor	Médecin/détenteur d'un doctorat	Docteur
Prof.	Professor	Professeur d'université	Professeur
Capt.	Captain	Militaire	Capitaine
Maj.	Major	Militaire	Major
Gen.	General	Militaire	Général
Col.	Colonel	Militaire	Colonel
Sir	Sir	Anobli	Chevalier (homme)
Dame	Dame	Anoblie	Chevalier (femme)
Lord	Lord	Anobli	Seigneur
Lady	Lady	Anoblie	Seigneur
Rev.	Reverend	Religieux	Révérend
Esq.	Esquire	Juriste	Maître

Les acronymes

Attention, il ne faut pas abuser des acronymes, ils peuvent nuire à la compréhension. Il convient donc de s'assurer qu'ils sont bien utilisés par l'interlocuteur.

Acronyme	Forme longue	Traduction
ASAP	as soon as possible	dès que possible
ASP	average selling price	prix de vente moyen
BFN	bye for now	à plus
B2B	business-to-business	B2B

B2C	*business-to-customer*	B2C
B2G	*business-to-government*	B2G
COB	*close of business*	en fin de journée
COD	*cash on delivery*	contre remboursement
COGS	*cost of goods sold*	coûts des ventes
CRM	*client relationship management*	GRC (gestion de la relation client)
FT	*full time*	temps plein
FYI	*for your information*	pour votre information
FX	*foreign exchange*	change de devises étrangères
GDP	*gross domestic product*	PIB (produit intérieur brut)
HQ	*headquarters*	siège social
HR	*human resources*	RH (ressources humaines)
IOU	*I owe you*	reconnaissance de dette
IR	*interest rate*	taux d'intérêt
KPI	*key performance indicator*	principaux indicateurs de performance
L/C	*letter of credit*	lettre de crédit
OEM	*original equipment manufacturer*	constructeur
P&L	*profit and loss*	profits et pertes
PO	*purchase order*	bon de commande
POP	*point of purchase*	point de vente
PP&E	*property, plant and equipment*	immobilisations corporelles
PPP	*purchasing power parity*	parité du pouvoir d'achat
ROI	*return on investment*	retour sur investissement
SG&A	*sales, general and administration*	FVGA (frais de vente, généraux et administratifs)
TM	*trademark*	marque
VAT	*value-added tax*	TVA (taxe à valeur ajoutée)
YTD	*year-to-date*	cumul annuel

Faites simple !

Au lieu de dire...	Faites plus court
I should be glad if you could	*Please*
In spite of the fact that	*Despite*
With regards to	*About*
In the event that	*If*
In the near future	*Soon, shortly*
At a later date	*Later*
We would like to ask you to	*Please*
We are in receipt of	*Thank you for*
Please be kind enough to	*Please*
We remind you that	*Please note*
The above-mentioned goods	*The latter*
Kindest regards	*Best*
It has come to my attention that	*I heard that*
Please be advised that	*Please note*
I am pleased to inform you that	*Please note*
I must inform you that	*Please note*

Une dernière astuce, utilisez **thank you for** en début de message, qui veut dire à la fois « j'ai bien reçu » et « je vous en remercie », cela passe très bien en anglais, c'est poli et professionnel.

Comment accéder aux compléments en ligne

Vous pourrez retrouver sur le site internet d'Eyrolles l'intégralité des supports écrits du manuel ainsi que des modèles complémentaires. Toutes les applications écrites sont téléchargeables et transformables immédiatement selon vos besoins. Tous les fichiers audio des dialogues oraux présentés dans le livre peuvent être également téléchargés afin de mémoriser les expressions qui vous seront utiles.

https://www.editions-eyrolles.com/dl/0057264

Table des dialogues

Dépôt légal : Février 2020

Imprimé en Allemagne par BoD